Michel Fliecx
Vom Vergehen der Hoffnung

BERGEN-BELSEN –
BERICHTE UND ZEUGNISSE

Herausgegeben von der
Stiftung niedersächsische Gedenkstätten

Band 3

Michel Fliecx

Vom Vergehen der Hoffnung

Zwei Jahre in Buchenwald, Peenemünde, Dora, Belsen

Aus dem Französischen
von Monika Gödecke

WALLSTEIN VERLAG

Diese Veröffentlichung wurde gefördert
vom Beauftragten der Bundesregierung für Kultur und Medien
aufgrund eines Beschlusses des Deutschen Bundestages

Bibliografische Information der Deutschen Nationalbibliothek

Die Deutsche Nationalbibliothek verzeichnet diese
Publikation in der Deutschen Nationalbibliografie;
detaillierte bibliografische Daten sind im Internet
über http://dnb.d-nb.de abrufbar.

Titel der französischen Originalausgabe:
Pour délit d'espérance – Deux ans à Buchenwald,
Peenemünde, Dora, Belsen

www.wallstein-verlag.de
Umschlaggestaltung: Susanne Gerhards, Düsseldorf
unter Verwendung eines Fotos des Autors von 1946; © privat
Druck: Hubert & Co, Göttingen
ISBN 978-3-8353-1246-3

Inhalt

Monika Gödecke:
Vorbemerkung
7

Hinweis für den Leser
12

Kapitel eins
Das Fort du Hâ und Compiègne
13

Kapitel zwei
Buchenwald
42

Kapitel drei
Peenemünde
54

Kapitel vier
Buchenwald und Dora
98

Kapitel fünf
Dora
140

Kapitel sechs
Belsen
168

Kapitel sieben
Belsen
213

Kapitel acht
Belsen
247

Regine Heubaum:
Erläuterungen zu Mittelbau-Dora
279

Thomas Rahe:
Erläuterungen zu Bergen-Belsen
287

Vorbemerkung

Michel Fliecx wurde am 25. März 1924 in Metz geboren. Er verlor früh seine Mutter und wuchs bei seinem Vater in Evreux auf. Schon im Oktober 1940, noch als Gymnasiast, war er im Widerstand aktiv. Ein tollkühner Versuch des damals erst Sechzehnjährigen, über Nordafrika nach Großbritannien und zu General de Gaulle zu gelangen, scheiterte kläglich, jedoch konnte sein Vater ihn 1941 nach Frankreich zurückholen. Wieder in Evreux, schloss Michel Fliecx sich der Résistancegruppe »Vengeance« (Rache) an.

Mit dem Scheitern seines zweiten Versuchs, über die Pyrenäen nach Spanien zu gelangen, beginnt sein Bericht; er endet am Abend des 15. April 1945, dem Tag der Befreiung im Konzentrationslager Bergen-Belsen. Kurze Zeit später kehrte Fliecx nach Frankreich zurück. Unter dem Titel »Pour délit d'espérance – Deux ans à Buchenwald, Peenemünde, Dora, Belsen« wurde der Bericht bereits 1947 veröffentlicht. Auf diesem Buch basiert die hier vorgelegte Übersetzung.

Über die Zeit in Nordafrika 1940/41 und seine Aktivität im Widerstand berichtet Fliecx in seinem Buch nur kurz. Eine um entsprechende Passagen erweiterte, vor allem aber im Satz umgestaltete Fassung des Buches wurde 1989 in einer sehr kleinen Auflage in Nizza gedruckt.

Ein Exemplar dieser Fassung schickte Michel Fliecx der Gedenkstätte Bergen-Belsen, nachdem er diese im Frühsommer 1991 bei einem Abstecher auf einer Urlaubsreise besucht hatte. Damals berichtete er den Mitarbeitern der Gedenkstätte, sein Vater habe mit Nachdruck darauf bestanden, dass er seine Geschichte sofort nach der Rückkehr aus der Deportation aufschrieb.

Im Lauf dieses Gesprächs klärte sich auch eine Frage, die bis dahin niemand hatte beantworten können: Ein Schwarzweißfoto aus US-amerikanischen Beständen, das auf den 28. April 1945 datiert und dem Lager Bergen-Belsen zugeordnet ist, zeigt einen jungen Mann in Anzug und Hut; er steht in einer Art Verschlag, in dem Urnen gelagert sind, und hält eine davon dem Fotografen entgegen (siehe Seite 246). Wer dieser Mann war, und ob es sich überhaupt um ein Foto aus Bergen-Belsen handelte, war lange Zeit unbekannt.

Michel Fliecx berichtete, als »Läufer« in Bergen-Belsen sei er in viele andere Teile des Lagers gekommen, auch zum Krematorium, und nach der Befreiung habe er amerikanische Soldaten herumgeführt und ihnen unter anderem das Urnenlager gezeigt. Noch nach 46 Jahren war in dem jungen Mann auf dem Foto ganz eindeutig der Besucher der Gedenkstätte Bergen-Belsen zu erkennen.

Im Rahmen des Interviewprojekts der Gedenkstätte Bergen-Belsen war auch mit Michel Fliecx ein lebensgeschichtliches Videointerview geplant. Da er jedoch sehr viele Reisen unternahm, konnte nie ein Termin dafür vereinbart werden. Zu seiner Familie bestand kein Kontakt, und 2004 sagte er bei einem Telefongespräch, sein Arzt habe ihm eindringlich geraten, an Bergen-Belsen solle er nicht einmal mehr denken. In dieser Situation war ein Interview nicht mehr möglich.

Michel Fliecx starb am 8. März 2007 in Nizza. Er war Offizier der Ehrenlegion und ausgezeichnet mit dem Orden »Croix de guerre avec palmes et étoile d'argent«.

Es ist gelungen, einige Verwandte ausfindig zu machen, jedoch keine nahen Angehörigen, die noch über sein Leben vor und nach der Deportation hätten berichten können oder Fotos bzw. Dokumente besitzen. Somit verfügen wir nur über äußerst spärliche biographische Informationen.

Die wenigen vorliegenden Fotos und Dokumente wurden in die Veröffentlichung einbezogen. Nicht übernommen wurden die im Anhang der Ausgabe von 1947 abgedruckten Fotos der britischen Befreier in Bergen-Belsen.

Die Übersetzung versucht Fliecx' Sprachduktus und Wortwahl von 1947 beizubehalten.

In der heterogenen Häftlingsgesellschaft und verursacht durch die dramatischen Lebensbedingungen blieben Konflikte zwischen einzelnen Häftlingen oder Häftlingsgruppen nicht aus. Es ist nicht untypisch für Häftlingsberichte, dass sich diese Konflikte wie bei Fliecx in pauschalisierenden Wahrnehmungen und Urteilen über Mithäftlinge niederschlagen. So erklären sich bei Fliecx auch Widersprüche zwischen manchen negativen Einschätzungen bestimmter Häftlingsgruppen und seinen differenzierteren Beurteilungen einzelner Mithäftlinge. Zugleich ist sein pointierter, sarkastischer Stil insgesamt eine der Stärken des Berichts, besonders hinsichtlich seiner Darstellung der SS-Männer.

Fliecx verwendet des Öfteren deutsche Begriffe; diese wie auch Begriffe aus anderen Sprachen sind in der Übersetzung kursiv gesetzt.

Soweit möglich, sind Informationen zu den von Michel Fliecx namentlich genannten Personen in Fußnoten ergänzt worden. Für weitere Informationen, insbesondere zu Michel Fliecx, danken wir im Voraus.

Dr. Monika Gödecke
Stiftung niedersächsische Gedenkstätten

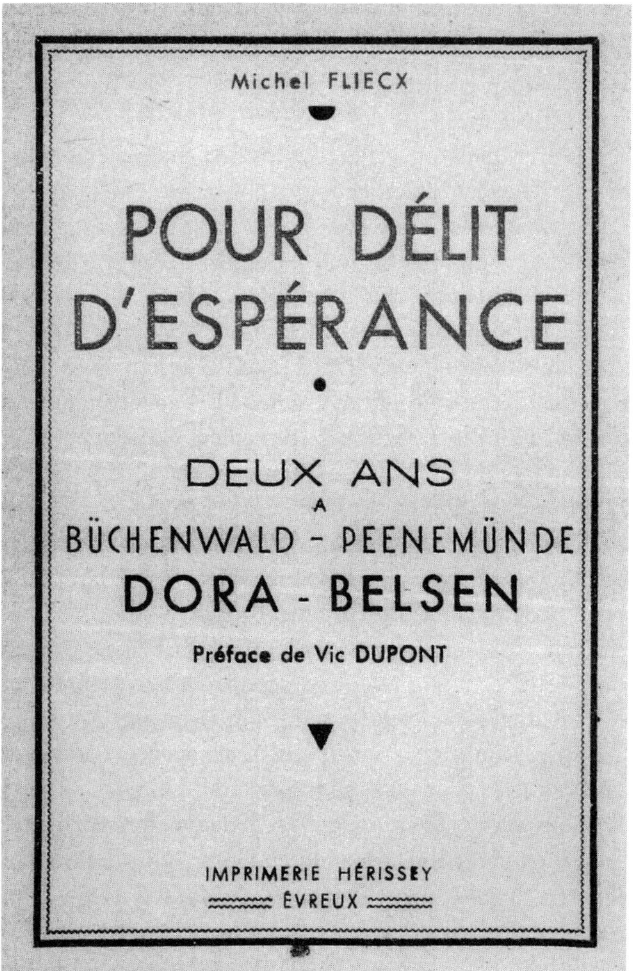
Michel FLIECX

POUR DÉLIT D'ESPÉRANCE

DEUX ANS A BÜCHENWALD - PEENEMÜNDE DORA - BELSEN

Préface de Vic DUPONT

IMPRIMERIE HÉRISSEY
ÉVREUX

Der Bericht von Michel Fliecx erschien in Frankreich bereits 1947. Foto: Gedenkstätte Bergen-Belsen/Stiftung niedersächsische Gedenkstätten

Michel Fliecx etwa ein Jahr nach seiner Rückkehr.
Reproduktion aus der Veröffentlichung von 1947;
Urheber nicht genannt.

Hinweis für den Leser

Vielleicht ist jemand der Ansicht, ich verwendete in diesem Bericht oft das Wort »ich«, und dass es viel um »mich« selbst geht.

Ich glaubte dies tun zu müssen, weil ich ausschließlich erzählen will, was ich selbst gesehen und empfunden habe. Keinesfalls möchte ich einen Bericht veröffentlichen, den ich nur aus zweiter Hand hätte und der sich daher eines Tages als erdichtet herausstellen könnte. Dieses Buch soll ein weiterer Augenzeugenbericht gegen den Nazismus sein, und wenn auch nur ein einziger der berichteten Fakten widerlegt würde, könnte man das gesamte Werk in Zweifel ziehen.

Wenn ich im Übrigen die unzähligen Berichte hinzufügte, die mitunter noch entsetzlicher sind als mein eigener – Berichte, die ich von meinen Kameraden kenne –, so würde mein Bericht vielleicht an Bedeutung gewinnen, aber er bekäme einen kompilatorischen Charakter, und das könnte Missfallen hervorrufen.

Kapitel eins

Das Fort du Hâ und Compiègne

»Papiere, die Herren?«

Michel und ich sehen uns an. Uns beide durchzuckt derselbe Gedanke:

»Das war's. Jetzt haben sie uns.«

Die deutschen Zöllner stehen um uns herum. Flucht ist unmöglich. Ich habe zwar meine 6.35er im Slip, aber bis ich meine Hosentasche aufgerissen und die Waffe in der Hand habe, wird es schon zu spät sein, und ich kann nicht mitten auf der Straße in Saint-Jean-de-Luz auf die Männer schießen. Überall sind Soldaten unterwegs. Ich würde auf der Stelle erschossen. Besser, ich gebe klein bei; vielleicht kann ich die Waffe wegwerfen, ohne dass sie es sehen.

Ich hatte diese Situation nicht in Erwägung gezogen und einzig daran gedacht, die Waffe erst in den Bergen zu benutzen, falls ich auf eine vereinzelte Patrouille stieße.

»Ihre Papiere sind gefälscht. Kommen Sie mit!«...

Auf solche Art lassen wir uns blöderweise ein paar Kilometer vor der spanischen Grenze verhaften, als wir frühmorgens Verpflegung für unterwegs kaufen.

Vor fünf Tagen sind mein Kamerad Michel und ich von Evreux aufgebrochen, um nach Spanien und dann nach Nordafrika zu gelangen. Fünf Tage ... Wir haben also den 22. April 1943. Wann mögen sie uns wieder laufen lassen? Ich denke lieber nicht darüber nach.*

* In einem 1989 verfassten Text erläutert Fliecx knapp den Hintergrund: »Wir waren aus der Stadt verduftet, denn nach einem Überfall

Auf dem Weg haben die *Boches** mich zu sehr im Auge, als dass ich die Waffe loswerden könnte.

In ihrem Büro werde ich sofort gründlich durchsucht. Michel ist in einem anderen Raum.

Bald trage ich nur noch meinen Slip ... und meine Pistole. So bleibe ich stehen.

»Auch *runter*«, befiehlt mir der Deutsche mit einer Handbewegung. Ich deute eine schamvolle Geste an.

»Keine Frauen hier, nur Soldaten. *Los ... runter.*«

Ich bin gezwungen, mich zu fügen. Die Waffe fällt auf den Holzfußboden. Die zwei *Boches* kriegen sich nicht wieder ein.

»Ach, eine Pistole! ... Pistole!«, brabbeln sie immer wieder.

Sie gehen die anderen informieren, und bald stehen alle um mich herum und starren mich an wie ein wildes Tier. Zum Glück gibt es keine Schläge. Endlich kann ich mich wieder anziehen.

Dann werden wir nach Hendaye gebracht, zum Verhör bei der Gestapo; das geht von elf Uhr morgens bis Mitternacht. Ein paar heftige Schläge wecken mich wieder auf, wenn ich vor Erschöpfung auf meinem Stuhl einschlafe.

Seltsamerweise gehen sie nicht besonders auf die Sache mit der Pistole ein. Ist mir auch lieber. Sie scheinen sich mehr dafür zu interessieren, wer die Leute sind, die uns über die Grenze bringen sollten. Wir könnten ihnen

auf die Dienststelle der L.V.F. [Légion des volontaires français (contre le bolchevisme): Französische Freiwilligenlegion gegen den Bolschewismus] hatten wir eine Akte mit Denunziationen gegen 52 Personen aus dem Département gefunden, und da schien uns der Boden zu heiß zu werden.«

* Schimpfwort für Deutsche.

darauf nur schwerlich eine Antwort geben, denn hätten wir jemand gekannt, wären wir vermutlich nicht so leicht gefasst worden. Als sie schließlich begreifen, dass sie aus uns nichts herausbringen werden, beenden sie das Verhör.

Zuvor hat ein *Hauptmann* vom Zoll mir erklärt:

»Ihr wisst, was ihr für das Mitführen einer Schusswaffe verdient habt? Wir könnten euch erschießen. Aber ihr seid zu jung; wir haben Verständnis für euren Irrtum und lassen euch leben. Ihr geht nach Deutschland, arbeiten, das wird eure einzige Strafe sein.«

»Anständiger Typ«, hatte ich zuerst gedacht – bis zu dem Tag, an dem mir klar wurde, was diese Sätze wirklich bedeuteten:

»Du verdienst den Tod, aber wir erschießen dich nicht hier, sondern schicken dich tatsächlich zum Arbeiten nach Deutschland, aber unter derartigen Bedingungen, dass du garantiert nicht wieder zurückkommst. Überflüssig, uns hier die Hände schmutzig zu machen.«

Ein paar Tage später, am Karsamstagabend 1943, kommen Michel und ich ins Fort du Hâ; es ist in Bordeaux und weit in der Umgebung berüchtigt. Unser erster Eindruck ist schlecht. Am ersten Morgen hat sich in der Nachbarzelle, der Nr. 13, ein Häftling in Isolationshaft erhängt, der berühmte Ben Saïd, ein in Bordeaux sehr bekannter Profifußballer.

Die quälendste Erinnerung aus diesen 54 Tagen in der Zelle im Fort du Hâ ist ganz ohne Zweifel der Hunger. In Zelle Nr. 72 verfügt niemand über die Mittel, sich das Wohlgefallen des Aufsehers zu erkaufen, der das Essen austeilt. Daher bekommen wir jeden Tag nur eine dünne Brühe, während die wohlhabenderen Häftlinge in den anderen Zellen Gemüse bekommen. Wenn überhaupt ein Handel schändlich ist, dann dieser, dass ein Häftling das Essen eines anderen verkauft.

Und die Erinnerung an die schrecklichen hygienischen Zustände in der Zelle!

Wir sind zu zehnt in einem Raum von 4 auf 2,10 auf 3 Meter, in den Monaten Mai und Juni in Bordeaux. Wir schwitzen ständig. Keine Luft. Wenn der Wärter die Tür öffnet, weicht er zurück, so übel ist der Gestank. Wir fangen das Toilettenwasser auf, das aus der Spülung über den Boden zum Abflussloch läuft. Obendrein fließt es nur nachts (der Druck ist schwach) und tagsüber nur spärlich. Wir krepieren vor Durst.

In den Latrinen machen wir das, wozu jede Latrine dient. Aber außerdem stopfen wir einen Wischlappen in das Loch, denn so können wir das Wasser auffangen und unsere Wäsche oder uns selbst waschen.

Ungeduldig wird der Sonntag erwartet, denn an diesem Tag verteilen die Quäker milde Gaben. Diese Wohltätigkeitsorganisation, die nur allzu viele Häftlinge vergessen haben, schickt uns ein Kilo Kekse und Lebkuchen. Die Verteiler sind erst im Erdgeschoss, da ruft schon der aufmerksame Kamerad, der im zweiten Stock an der Tür horcht: »Die Quäker! Ich höre die Tüten rascheln.« Es sei auf die bemerkenswerten Fähigkeiten hingewiesen, wie sie sich bei einem Häftling entwickeln, der von seiner Zelle aus nichts sehen kann und allein anhand der tausend kleinen Geräusche, die durch seine Tür dringen, alles errät, was von oben bis unten im Gefängnis vor sich geht.

Zu der Zeit, als ich im Fort du Hâ bin, können wir nur ein Mal pro Woche zehn Minuten spazieren gehen, im Hof, immer im Kreis.

Unter meinen Zellengefährten sind viele aus Bordeaux, die ins »Organisieren« deutscher Waren verwickelt waren.

Die Verhöre finden bei der *Kriegsmarine* statt, und den Berichten der Opfer und den schwarzen und violetten Verletzungsmalen nach zu schließen, die sie von den Nieren bis zum halben Oberschenkel aufweisen, nehmen die deutschen Matrosen diejenigen hart ran, die sich weigern, ein Geständnis abzulegen.

Außer diesen Männern aus Bordeaux ist noch ein Belgier da, Nicolas, und der richtet mich auf, wenn mir der Mut schwinden will.

Die Geschichte mit der Pistole lässt mir noch immer keine Ruhe, und es sollte mich wundern, wenn sie so darüber hinweggingen. Und von meinem Vater habe ich noch überhaupt nichts gehört. Schreiben ist unmöglich; wir müssen abwarten, bis jemand »raus kann«. Haben sie meinen Vater auch verhaftet?

Michel ist in Zelle Nr. 74. Nur per »Telefon« können wir zu bestimmten Zeiten Verbindung aufnehmen.

Das »Telefon« ist das Kommunikationsnetz und besteht darin, hinter den Gitterstäben des kleinen Fensters heraus in Richtung der Nachbarzellen zu sprechen. Die Patrouille im Hof kann uns nicht sehen, weil eine Betonhaube praktisch die gesamte Oberfläche des Fensterchens verdeckt. Der Kerl brüllt:

»Ruhe, Redeverbot!«

Sofort geht ein Hagel von Beschimpfungen auf ihn herunter, bezogen auf ihn ganz persönlich, sein *Reich* und die Deutschen im Allgemeinen und sogar auf die Treue seiner Frau.

Es kommt selten vor, dass man am Telefon erwischt

wird. Ein Kamerad horcht an der Tür, ob der Aufseher kommt. In diesem Fall ruft er: »22!« Nur ein Mal hat in der Zelle nebenan der Boche selbst »22« gerufen – als er schon in die Zelle kam. Er ging auf Socken!

Wer erwischt wird, bekommt acht bis 15 Tage Arrest. Kein Licht, feucht, kein Bett. Jeden Tag Brot, jeden vierten Tag Suppe.

Unter meinen Kameraden sei Señor José nicht vergessen. Er ist wegen Tragens von Waffen hier. 21 Jahre alt. Er hat seinen Revolver benutzt, um einen Schmuckhändler im Stadtzentrum von Bordeaux zu terrorisieren. Eine Sache von 15 Millionen. Und dann natürlich sofort ab nach Paris, wo er sie bei Gelagen in angesagten Lokalen und in Villen in Passy* und für Anzüge usw. auf den Kopf haut. Bis zu dem Tag, an dem er mit seinen beiden Komplizen geschnappt wird.

Vorher war er in der französischen Abteilung des Fort du Hâ. Die deutsche Polizei will ihn wegen Waffenbesitzes drankriegen. Und er sagt uns immer und immer wieder mit seinem starken spanischen Akzent:

»Aber das hier ist kein Gefängnis, das ist ein Hotel!«

Stimmt, in der französischen Abteilung sind die normalen Strafgefangenen noch viel schlechter dran als wir. Aber er kennt auch noch anderes. Als Fünfzehnjähriger war er im Spanischen Bürgerkrieg, und Gott weiß, wo er noch alles herumgekommen ist; und dann in Frankreich in den ziemlich berüchtigten Lagern Gurs und Le Vernet.**

* Einer der vornehmsten Stadtteile von Paris.

** Im Lager Gurs in den Pyrenäen (Département Pyrénées-Atlantiques) waren nach dem Spanischen Bürgerkrieg zunächst Spanienkämpfer interniert, die auf republikanischer Seite gekämpft hatten, und ab 1940

Wer immer es möchte, dem erklärt er geduldig, wie man es anstellen muss, um diskret und geräuschlos die Tür eines Safes zu knacken. Wir haben ihm vorgeschlagen, seine Methode mal an der Zellentür auszuprobieren.

Ab und zu musste ich mein Quäkerpaket mit ihm teilen und bemerkte, wie gutherzig er war, denn großzügig überließ er mir die Reste, die die anderen äußerst pingelig teilten:

»Du bist ein Kind, du hast nie gelitten, aber ich bin es gewohnt!«, erklärte er mir mit seinem Akzent.

Hier würde er einem Kameraden nicht mal einen Brotkrümel stehlen.

Einmal sagte jemand von uns zu ihm:

»Doch, wenn ich hungrig wäre, dann würde ich schon ein Brot stehlen, aber doch nicht ein paar Millionen, so wie du, José!«

Da wurde er richtig zornig:

»Millionen! Wenn du für ein Brot zum Dieb wirst, dann bist du doch ein noch viel größerer Dieb als ich!«

In Erwartung der Dinge, die der Tag bringen wird – die Essenausgabe –, versuchen wir uns die Zeit zu vertreiben und reden, während wir auf den Betten hocken oder um den Tisch, der so alt sein muss wie das Gefängnis selbst, denn er beherbergt Hunderte von Wanzen

wurden hierher vor allem Juden verschleppt, bevor sie über Drancy nach Auschwitz deportiert wurden. Im Lager Le Vernet – ebenfalls in den Pyrenäen (Département Ariège) – waren ab Oktober 1939 als feindlich eingestufte Ausländer und Franzosen interniert, zwischen 1942 und 1944 auch zahlreiche Juden vor der Deportation bzw. der Auslieferung an NS-Deutschland. Seit 1992 ist Le Vernet Gedenkstätte für die Internierungslager Frankreichs.

und trägt Inschriften, die Gefangene im letzten Jahrhundert eingeritzt haben.

Sonntags sind weniger Aufseher da, und dann ziehen wir aus einem Versteck in der Mauer ein Kartenspiel heraus, das hier gezeichnet worden ist.

Einmal werden wir erwischt. Der »Spion« geht auf, bevor wir irgendetwas gehört haben. Und als abends die Patrouille vorbeikommt und fordert, wir sollen das Spiel herausgeben, gibt ihnen ein alter Fuchs aus Bordeaux eine Reihe unterschiedlich langer Papierstreifen und versichert ihnen, damit hätten wir gespielt. Das ist nicht ganz falsch, denn mit diesen Markierungen hatten wir die Punkte gezählt. Die *Boches* verlangen genauere Erläuterungen, wie wir gespielt hätten. Völlig ungerührt legt er ihnen eine unglaubliche Spielregel dar. Halbwegs überzeugt sehen sie einander an. Werden sie jetzt unsere Zelle auf den Kopf stellen?

Plötzlich sagt einer von ihnen triumphierend:

»Aber ... um das Papier zu schneiden, war doch ein Messer nötig?«

Um den Kerl aus Bordeaux aus der Fassung zu bringen, bräuchte es schon mehr, und so hält er ihm einen Löffel hin, dessen Griff auf Stein scharf geschliffen worden ist. Ungläubig streicht der Deutsche mit dem Finger über die Klinge und ruft verblüfft: »Das schneidet ja!«

Der ist sicher noch nicht lange in einem Gefängnis und wird noch öfter etwas zum Staunen haben. Er lässt uns das Spiel und das Messer, und das ist uns nur recht.

Von Zeit zu Zeit werden wir zum Frisör geschickt. Ungefähr alle zwei Wochen, es ist kein Luxus. Der Frisör ist im Erdgeschoss, und wir müssen bis ganz hinunter laufen und ... warten, bis wir an die Reihe kommen.

Das ist hier ein Prinzip: Sobald wir einen Fuß aus der Zelle setzen, müssen wir laufen. Unten schüchtert uns ein Uffz* ein:

»Gesicht zur Wand. Nicht sprechen, Monsieur.«

Oh, das ewige »Monsieur«. Der Gipfel der Heuchelei!

Wenn man an der Reihe ist, tippt einem der Boche auf die Schulter, und dann werden einem der Bart oder die Haare »ausgerissen«, denn Rasiermesser und Haarschneidemaschine haben schon lange ausgedient. Und bei einem Bart von zwei Wochen ziept es ganz schön. Trotz des Redeverbotes fragen wir mit zusammengekniffenen Lippen den Frisör, der genauso gut Metzger oder Student sein kann:

»Also, was gibt's Neues? Stimmt es, dass ...?«

Bei der Ankunft haben sie uns Geld, Schmuck und Papiere abgenommen.

Unser Ausweis ist ein kleines Stück Pappkarton mit Name, Vorname, Geburtsdatum, Beruf und Gefangenennummer. Ich habe die 5.669.

Wir dürfen Wäschepakete bekommen. Aber die schmutzige Wäsche kann nicht zurückgeschickt werden, und wir müssen sie in der Toilette waschen oder in der Schüssel, aus der wir auch essen. Die Pakete werden sehnsüchtig erwartet, denn trotz der strengen Durchsuchung kann doch eine Nachricht oder ein Geldschein in einem Saum oder einer Zahnpastatube durchkommen. Da war auch die Idee mit den Zigaretten in den Waschmittelpaketen, aber das ist vor Kurzem aufgeflo-

* Geläufige und etwas despektierliche Abkürzung für »Unteroffizier«; im Original »sous-off«, die entsprechende Abkürzung für sous-officier.

gen. Nichts mehr mit Gauloises rauchen hinterm Vorhang in der Toilettenecke!

Und dann öffnet eines Morgens »Papa«, der diensthabende Aufseher, mit dem alle Gefangenen im Fort du Hâ Bekanntschaft gemacht haben, unsere Zelle und ruft meinen Namen auf:

»Gepäck nehmen. Fertig, Monsieur.«

Ich kann es nicht glauben, und meine Kameraden stecken mir Nachrichten für ihre Familien zu:

»Jungs, ihr wisst, es ist nicht gesagt, dass ich freikomme. Wenn die Briefe nicht ankommen, liegt es nicht an mir.«

»Papa« kommt nachsehen, ob ich fertig bin, und nimmt mich mit.

Unten warten schon mehrere Gefangene, ihr Bündel zu den Füßen und natürlich »Gesicht zur Wand«.

Ja, klar! Ich hab's verstanden. Ich komme nicht frei, sondern hier wird ein Transport nach Deutschland vorbereitet. Die Deutschen lassen nur ganz vereinzelt jemanden frei, und es wäre schon sehr verwunderlich, wenn alle zehn, die wir schon sind, heute in die Freiheit gingen. Kurz darauf kommt Michel, auch ganz niedergeschlagen. Dann noch mehr, ungefähr hundert.

Dann werden wir in Horden von einer Zelle in die andere gejagt. Die einzelnen Gruppen werden gemischt, dann werden wir wieder getrennt, das Ganze vier oder fünf Mal, und schließlich bekommen wir Suppe und eine rohe Artischocke. Dann wird unser Gepäck registriert, und wir werden zu einem letzten Appell aufgestellt und zur Ausgabe von einem Kilo Brot und drei Geleeschnitten. Dann werden wir in einen Hof geführt, wo Busse auf uns warten. An allen Ecken stehen Posten mit dem Gewehr im Anschlag.

Wir fahren bis zu einer Art Güterbahnhof.

Noch immer unter strenger Bewachung warten wir auf der Verladerampe, bis alle da sind. Noch mehr Busse bringen Gefangene herbei. Sie kommen aus der Boudet-Kaserne, die dem Fort du Hâ angeschlossen ist, da die Kundschaft dort zu zahlreich ist.

Viele verschlingen ihren Proviant, und – ach ja – ich mache es wie sie. Als ich zusammen mit fünfzig Kameraden in den Waggon steige, ist nur noch ein bisschen Brot übrig. Jetzt komme, was wolle!

Mit uns steigen vier Soldaten ein und belegen den Platz zwischen den beiden Schiebetüren. Auf dem Boden liegt etwas Stroh. Kein Töpfchen. Wenn wir unser großes Geschäft machen wollen, müssen wir uns von einem Kameraden am Kragen festhalten lassen und uns hinauslehnen … nach hinten, durch die halb geöffnete Tür.

Bei der Abfahrt lässt einer der *Boches* sein Gewehr durch ein Loch im Boden fallen. Er sieht sehr besorgt aus, denn ihm droht das Kriegsgericht.

Wir versuchen sie über das Ziel des Transports auszuquetschen. Sie gehören zur Wehrmacht und lassen sich herab, ab und zu ein Wort fallen zu lassen. Schließlich erfahren wir, dass wir in Richtung Paris fahren, vielleicht in das berühmte Lager Compiègne.

Die Nacht vergeht ruhig, aber wir fahren nur wenig, knapp bis Libourne.* Die Geleeschnitten und der Wassermangel machen uns entsetzlich durstig.

Der nächste Tag ist noch schlimmer. Es herrscht strahlender Sonnenschein, und wir sehen die franzö-

* Stadt an der Dordogne, östlich von Bordeaux.

sische Landschaft vorbeiziehen. Wenn man bedenkt, dass die Freiheit so nah ist. Wären wir doch nur auf dem Bahndamm, da wären wir frei. Ich würde mich im Gras wälzen, mich in der Sonne ausstrecken, in dem Bistro da hinten ein großes Bier trinken, und ich würde die herrlichen Kirschen pflücken, bei deren Anblick uns allen das Wasser im Munde zusammenläuft. Und was könnte man mir schon vorwerfen, als einem Gefangenen, der die Freiheit und das Leben wiedergefunden hat?

Zwischen Tours und Orléans folgen wir dem sanften und heiteren Tal der Loire. Die Erinnerung an dieses Entzücken sorgte dafür, dass ich die deutschen Landschaften, die zu sehen ich später die Gelegenheit hatte, immer etwas geringschätzig betrachtete.

In einem kleinen Bahnhof fährt der Zug auf ein anderes Gleis, um einen Schnellzug vorbeizulassen. Eisenbahner bilden eine Kette, um uns zu trinken zu bringen. Sie prügeln sich beinahe. Schon beginnen wir die Heuchelei und den Egoismus gewisser Herren im Zivilleben zu erkennen.

Abends kommen wir nach Juvisy.* Dort nehmen wir die große Umgehung durch Bobigny.

Und als wir sehen, wie sich in ein paar Kilometern Entfernung der Eiffelturm in der Dämmerung abzeichnet und alle miteinander schweigend daran denken, dass dort das Herz Frankreichs in seinem großartigen Rhythmus schlägt, als wir die große Stadt wie früher sehen, mit ihren Lichtern, ihrer Vielzahl von Autos und ihren wimmelnden Menschenmengen, diese Stadt, die zu

* Stadt südöstlich von Paris.

erobern so viele Könige und Machthaber sich bis zur Erschöpfung angestrengt haben, ist unser aller Stolz, und unwillkürlich haben wir alle volkstümlichen Lieder zum Lobpreis der Stadt auf den Lippen. Wir singen noch sehr lange, nachdem die Stadt im Schatten verschwunden ist. Auch die Deutschen blicken, das Gewehr zwischen den Knien, in die Richtung, in der die schönste ihrer Eroberungen entschwindet, und vielleicht verstehen sie, welche Empfindungen uns in diesem Moment erfüllen, aber vielleicht denken sie ja auch nur an ihre Familie.

Dann kommt mit der Nacht die Kälte, und dicht aneinandergedrängt legen wir uns hin.

Die ganze Nacht über hat der Zug im Wald gestanden, und am Morgen, während der Nebel, der einen schönen Tag ankündigt, sich zwischen den Bäumen auflöst, kommen wir nach nur wenigen Umdrehungen der Räder in dem kleinen Bahnhof von Compiègne an.

Unter strengster Bewachung bewegt sich unsere Kolonne durch die nachtschlafenden Straßen. Ein paar Vorhänge werden zur Seite gezogen, und traurige und harte Gesichter sehen zu, wie wir vorbeigehen.

Das Lager ist am anderen Ende der Stadt, in einer ehemaligen Kavalleriekaserne. Wir müssen ganz nach unten in das Quarantänegebäude gehen, und dort überlässt man uns unserem Schicksal.

Auf der einen Seite ist die Abteilung der Amerikaner, die in Frankreich gelebt haben. Sie strotzen vor Gesundheit, denn ihr Rotes Kreuz sorgt für sie. Trotz des Wachpostens rufen wir einander aufmunternde Worte zu.

Auf der anderen Seite sind die Leute aus Marseille; ein

Teil der Bewohner aus dem Viertel Vieux Port* ist hierher gebracht worden. Nach dem zu urteilen, was wir davon sehen, ist es ein regelrechtes Nomadenlager. Ganz offensichtlich sind dort mehr Araber, Italiener, Mulatten und Mischlinge als Franzosen.

Man bringt uns unser Gepäck, das uns bei der Abfahrt vom Fort du Hâ abgenommen worden war, und Soldaten unterziehen uns einer kurzen Durchsuchung. Trotzdem können wir alles an Messern, Taschenlampen, Schreibpapier usw. behalten, was wir wollen …

Das Essen ist sehr karg: täglich eine sehr dünne Suppe, ein Laib Brot von etwa 1200 Gramm für sechs Mann, zwei Mal pro Woche für fünf Mann, ein Teelöffel Butter oder Marmelade und, um all das besser herunterzubringen, jede Menge Kräutertee.

In den ganzen sechs Tagen, die ich im Juni 1943 in Compiègne verbrachte, habe ich nicht ein einziges Mal Helfer vom Roten Kreuz gesehen. Ich weiß aber, dass sie sich später ganz hervorragend verhalten und den Gefangenen zumindest bezüglich der Ernährung das Leben erleichtert haben.

Am Tag nach unserer Ankunft werden wir aus dem Quarantänegebäude herausgeholt, und wir kommen in Block 8 A. Dort werden wir auf mehrere Räume verteilt. Wir sind darin sehr unterschiedlich viele. Jeder hat ein Bett für sich, aber auch seine Ration an Flöhen!

Zum Glück ist das Wetter sehr schön, und wir verbringen den ganzen Tag in der Sonne. Binnen weniger

* Eines der ältesten Viertel von Marseille, besiedelt seit vorchristlicher Zeit.

Tage haben Michel und ich trotz der sehr unzureichenden Ernährung wieder eine gute Farbe bekommen.

Das Leben ist einfach. Morgens Appell: In dem riesigen Hof stellen wir uns auf, der eine im Slip, der andere in Shorts, wir rauchen oder lesen, sitzen auf einem Schemel und warten auf *Bouboule*.* Das ist der Deutsche, der uns zählt; er war im letzten Krieg in Gefangenschaft bei uns, und diese Zeit hat er in guter Erinnerung behalten. Deshalb ist sein Verhalten uns gegenüber voll o.k., und er zeigt uns seine Sympathie, indem er andauernd ein »Himmelherrgottsakrament« loslässt.

Zusammen mit der Ausgabe von Suppe und Brot ist dies das einzige Ereignis des Tages.

Der Hunger erscheint uns weniger grausam als in Bordeaux, denn wir können uns beschäftigen. In acht Gebäuden sind an die zweitausend Männer untergebracht – wie viele Bekanntschaften wir da schließen können! Wir können im Hof umhergehen, und, so verschroben es klingen mag, ich habe inzwischen doch den Eindruck, dass man sich auch von Luft ernähren kann.

Wir bekommen Plaketten mit einer Häftlingsnummer: Für mich ist es die 15.685.

Hier dürfen wir Pakete mit Lebensmitteln und Tabak bekommen, und diejenigen, denen es gelungen ist, ihren Angehörigen heimlich eine Nachricht zukommen zu lassen – es ist nämlich verboten, aus dem *Frontstalag* 122 zu schreiben –, haben ein ziemlich sorgenfreies Leben. Welche Familie, die einen der Ihren in den Klauen der *Boches* weiß, würde sich nicht zerreißen oder

* Ein freundlicher Spitzname, vermutlich auch eine Anspielung auf die rundliche Gestalt dieses Mannes (*boule* – Kugel).

sogar sich selbst einschränken, um ihrem Angehörigen das Beste zu schicken, was das Haus zu bieten hat?

Michel und ich haben eine Nachricht über den Zaun in die amerikanische Abteilung geworfen, von wo aus es sehr leicht ist, Briefe herauszubekommen; und jetzt hoffen wir, dass unsere Nummer recht bald auf der Liste der glücklichen Empfänger [von Paketen] auftaucht; das hilft uns, unser Unglück geduldig zu ertragen.

Ach, Compiègne! Zumindest war ich nicht so unbedacht, dass ich dich abscheulich gefunden hätte! Hatte ich in jenem Augenblick eine Vorahnung dessen, was unser Schicksal sein würde? Im Warten darauf, ihm ausgeliefert zu werden, genoss ich in vollen Zügen deine Ruhe und deine Sonne, wie ein Taucher, der tief Luft holt, bevor er sich unter Wasser stürzt.

Als Zeitvertreib gibt es ein Theater, wo einige Kameraden – Schauspieler, Musiker, Zauberer oder Conférenciers – sich alles Mögliche einfallen lassen, um, wenn schon nicht unserem Körper, so doch unserem Geist ein wenig Freiheit zu verschaffen.

Ich schließe Bekanntschaft mit einer Gruppe sympathischer Männer aus Rouen, die auch an der Grenze verhaftet worden waren, aber in den Zentralpyrenäen.

Am fünften Tag gibt es Generalappell. Der Transport nach Deutschland wird zusammengestellt. Ein Häftling, der mit einer lauten und gegen Ende vielleicht etwas weniger klaren Stimme gesegnet ist, ruft den ganzen Nachmittag lang unsere Namen auf. Nach und nach treten wir an, und die Deutschen haken uns auf ihren Listen ab. Wenn wir uns ein bisschen geschickt anstellen, können wir entziffern, was neben dem Namen verzeichnet ist, nämlich der Grund für die Verhaftung. Für mich senkt der Vorleser ein wenig sein Blatt, und ich lese:

»Wollte nach Spanien und Nordafrika. Träger einer Pistole.«

Meinen zukünftigen Chefs gegenüber könnte ich auf derartige Referenzen voll und ganz verzichten.

Nach dem Ende des Appells sind wir ungefähr elfhundert; wir kehren in die Gebäude zurück, etwas aufgeregt beim Gedanken an das Abenteuer, in das wir uns stürzen werden, und auch beim Gedanken an dieses Deutsche Reich, das seine Tore hinter uns schließen und uns absorbieren wird wie schon so manchen Transport, von dem wir noch immer nichts wieder gehört haben. Welchen Kampf werden wir dort bestehen müssen?

Nachts hören wir Schüsse; sie gelten den Leuten aus Marseille, die durch den Zaun in unser Lager schlüpfen, wobei sie eine tödliche Kugel riskieren, wenn sie versuchen, auf dem Misthaufen bei der Küche die Gemüseschalen einzusammeln. In ihrer Abteilung herrscht gnadenloser Hunger, aber trotzdem tauschen sie ihre Essensration noch ohne zu zögern gegen etwas zu rauchen ein, oder verlieren sie beim Kartenspiel. Daher ist die Todesrate bei ihnen hoch.

Am nächsten Tag teilt man uns mit, dass wir eine vorgedruckte Karte schreiben und ein Paket mit den Sachen abschicken können, die wir nicht mit nach Deutschland nehmen wollen. Hitler wird uns großzügigerweise das Porto spendieren.

Unter dem Eindruck der unmittelbar bevorstehenden Abfahrt nehme ich Michels Schweizermesser auseinander und baue nur die Säge wieder ein; damit ist das Werkzeug sehr flach, und ich schiebe es in meinen

Schuh, dessen Innensohle ich losgemacht habe. Im Waggon werde ich es wieder hervorholen.

Am Nachmittag Durchsuchung. Es ist verboten, Geld, Proviant und Messer mitzunehmen. Ich schmuggle meines problemlos durch, und die letzte Nacht schlafen wir in der Quarantänebaracke, die uns vor sechs Tagen empfangen hatte.

Sehr früh morgens werden wir geweckt und stellen uns sofort in Fünferreihen auf. Im Hof stehen zwei hoch mit runden Broten beladene Wagen. Für jeden ein Brot und 400 Gramm Wurst. Das ist großartig – aber für wie viele Tage? Normalerweise rechnet man drei Tage pro Fahrt. Manche verschlingen diese Lebensmittel jetzt schon. Kurz darauf gibt es ein Rot-Kreuz-Paket für jeweils fünf Mann, das heißt jeder bekommt zwei Stück Zwieback der Marke Rogeron, einen Riegel Schokolade, eine Handvoll Zucker und ein paar trockene Bananen. In wenigen Minuten ist das verputzt. Dann kommt ein Zug »Schupos« (Sicherheitspolizei).* Sie umzingeln uns, und dann Abmarsch. Als wir durch die Abteilung der Amerikaner gehen, singen wir die *Marseillaise*, und diejenigen, die schon aufgestanden sind, kommen ans Fenster und werfen uns Zigaretten und Konserven zu.

* Die Sicherheitspolizei (Abkürzung: Sipo oder SiPo) war in der NS-Zeit eine für das gesamte Deutsche Reich zuständige Behörde und im Sicherheitshauptamt eingegliedert. Der Sicherheitsdienst (SD) des Reichsführers-SS war Heinrich Himmler direkt unterstellt. Sicherheitspolizei und SD konzentrierten sich auf die Überwachung und Verfolgung politischer und weltanschaulicher Gegner. Auch die Schutzpolizei (Schupo) unterstützte das NS-Regime bei der Verfolgung politischer Gegner und gesellschaftlicher Minderheiten. Schutzpolizei und Gendarmerie wurden als Ordnungspolizei zusammengefasst. In den besetzten Ländern beteiligten sich alle Sparten der Polizei an der Deportation und Ermordung unerwünschter Gruppen der einheimischen Bevölkerung.

Ein »Schupo« ist ganz in meiner Nähe. Ich sehe ihn mit einem Lächeln an, um ihm zu zeigen, dass wir keine Angst haben und dem großen Ungewissen mit Entschiedenheit gegenübertreten. Das Lächeln, mit dem er mir antwortet, ist tränenverschleiert. Gegen meinen Willen bin ich gerührt. Heute verstehe ich, welche Gedanken ihn damals bewegten. Er sieht, wie all diese fröhlichen und singenden jungen Menschen dem entsetzlichen Tod in den Nazilagern entgegengehen. Und er denkt, dass all diese von einem inneren Feuer durchglühten Gesichter bald nur noch vom Leiden unkenntlich gemachte tragische Masken sein werden.

Auf Umwegen erreichen wir den Bahnhof. Die Bevölkerung wird strengstens von unserer Route ferngehalten. Ein paar Mal bietet sich die Möglichkeit, durch ein offenes Gartentürchen zu fliehen, aber da ist Michel, und es zu schaffen ist eine Sache von Sekundenbruchteilen, und dann habe ich auch noch die Säge in meinem Schuh – warum also hier das Risiko eingehen und allen, die mit mir zusammen sein werden, die Chance zur Flucht nehmen?

Als wir über die Oise-Brücke gehen, stürzt einer von uns sich übers Geländer; noch im Sprung wird er abgeschossen, er geht unter und taucht nicht wieder auf.

Auf dem Bahnhofsvorplatz herrscht leichte Verwirrung, denn die Menschenmenge vermischt sich mit uns, und einige schaffen es, sich davonzustehlen, indem sie einfach eine Frau beim Arm nehmen und sofort bewegte Abschiedsgrüße an uns richten. Der Leiter des Transports brüllt herum, um die Ordnung wieder herzustellen, und dann werden wir verladen, natürlich in Viehwaggons. Im Grunde ist mir das lieber. Pro Waggon fünfzig Mann und ein Bündel Stroh, das teilen wir untereinander auf und warten auf die Abfahrt. Michel und ich sind in einer Ecke, gegenüber der kleinen Luke, die sorgfältig mit Stacheldraht versehen ist. Ich lache, denn wir werden ihren Stacheldraht nicht anrühren! Ich fummele das Sägemesser aus meinem Schuh, und wenn der Zug losgefahren ist, wollen wir anfangen. Das Signal zur Abfahrt lässt bis zum Mittag auf sich warten. Bis dahin wird die Tür aufgemacht, und wir bekommen einen neuen Reisegefährten: den Kloeimer, 50 Liter, aber das ist wenig. Ein Liter für jeden, die Rationierung geht weiter!

Gegen Mittag beginnt es heiß zu werden, und da wir nichts zu trinken haben, verzichten auch die Allerhungrigsten auf den Brotlaib. Einer unserer Kameraden aus Compiègne erbietet sich, als Erster gleich nach der Abfahrt zu sägen. Wir werden uns beeilen müssen, denn sie werden es sicher so einrichten, uns möglichst schnell nach Deutschland zu bringen. Da wird es dann schwieriger sein, zu fliehen.

Endlich setzt sich der Zug in Bewegung; die Luftzirkulation kommt in Gang und bringt uns ein wenig Erfrischung.

Jetzt müssen wir darauf achten, wo die Wachposten sind. Einer von uns zieht einen Spiegel hervor und hält ihn nach draußen, um am Zug entlangblicken zu können. Nur wenige Augenblicke später knallt ein Schuss, beinahe aufgesetzt, der versengt ihm Wimpern und Augenbrauen und macht ihn für mehrere Stunden taub. Zum Glück hat die Kugel ihn nicht getroffen. Er hatte sehen können, was vor sich ging:

»Er ist auf dem Waggon vor uns. Sie werden uns im Auge behalten.«

Das ist aber auch unser Glück, denn wir sind im ersten Waggon des Transports, und der Wagen davor ist komplett mit »Fritzen«* belegt.

Wir beschließen, einen Halt abzuwarten, um zu sehen, was sie uns erzählen werden, denn nach diesem Vorfall werden sie es nicht versäumen, uns einen Besuch abzustatten. Es ist also überflüssig, mit der Sägearbeit anzufangen.

Durch die Luke sehe ich, wie die Landschaft schnell, viel zu schnell vorüberfliegt. Von Zeit zu Zeit hören wir Schüsse; vermutlich kümmern sich auch die Kameraden in den anderen Waggons um ihre Befreiung. Einmal sehe ich drei in ein Weizenfeld rennen; man sieht nur ihren Oberkörper. Sie sind schon hundert Meter weit gekommen, und noch immer war kein Schuss zu hören. Ich freue mich für sie, und es macht mir Mut.

Mehrmals auf dieser Reise bleibt der Zug ohne ersichtlichen Grund für einige Minuten stehen. Nach der Ankunft am Ziel unserer Fahrt erfuhr ich, dass die *Boches* dann jedes Mal die verwundeten Flüchtlinge erledigt hatten.

Halt in Laon. Die Wachposten inspizieren die Waggons. Der Lokführer füllt unablässig die Kanister und Behälter, die wir ihm durch den Stacheldraht hinhalten. Dann läuft ein Befehl den Zug entlang:

»*Einsteigen, einsteigen.*«

Wir haben den erwarteten Besuch nicht bekommen und werden jetzt anfangen können. Unser Kamerad kniet hinten im Waggon und wird den ersten Teil der

* Spitzname für deutsche Soldaten oder auch für die Deutschen allgemein, im Gegensatz zu *Boches* aber nicht pejorativ.

Arbeit machen: ein Brett von etwa 50 mal 50 Zentimeter aussägen, das macht zwei Meter Brett von zwei Zentimetern Dicke – mit dieser winzigen Klinge. Es wird mindestens zwei Stunden dauern. Das Fahrgeräusch des Zuges verhindert, dass man im vorderen Waggon das Sägen hört. Hubert arbeitet lange, sehr lange; er hat sich absolut in die Arbeit verbissen und lässt sich nicht ablösen. Es fehlen vielleicht noch 25 Zentimeter, als der Zug langsamer wird. Kein Glück, wir müssen aufhören, denn wir sind in Châlons-sur-Marne.* Die Posten steigen auf den Bahnsteig hinunter und untersuchen die Wagen. An unserem gehen sie vorbei, zögern, dann bleiben sie stehen. Dann lautes Rufen; ich verstehe Deutsch und erfahre so, dass wir es mit ihnen zu tun bekommen werden, denn sie sind die Offiziere holen gegangen.

Wir fünfzig verhalten uns alle ganz still; jeder hängt seinen Gedanken nach. Sie haben die Sägespur entdeckt, die sich als ein erdrückender Beweis auf der braunen Farbe des Brettes weiß abzeichnet.

Wieder Getrappel vor der Tür, die Riegel knirschen, ächzend öffnet sich die Schiebetür, und vier Männer vom *Sicherheitsdienst* springen ins Wageninnere, ein Gewehr oder eine Maschinenpistole in der Hand. Einer von ihnen, ein Offizier, untersucht das Delikt und fragt drohend:

»Wer war das?«

Totales Schweigen unsererseits. Man könnte glauben, niemand wüsste, worum es geht. Erneute Frage, erneutes Schweigen. Der Offizier regt sich auf, und zusammen mit einem seiner Männer beginnt er den Dolmet-

* Seit 1997 umbenannt in Châlons-en-Champagne.

scher, der sich freiwillig zur Verfügung gestellt hat, mit Fausthieben, Tritten und Stößen mit dem Gewehrkolben zu traktieren. Der Dolmetscher weicht aus, so gut er kann, und weigert sich, Hubert zu denunzieren. Als er gründlich durchgeprügelt ist, lassen sie ihn kurz los und befehlen ihm, den Schuldigen zu nennen. Da wendet er sich an uns:

»Hört mal, ich habe keine Lust, unter ihren Schlägen zu verrecken. Es reicht mir jetzt schon. Derjenige, der gesägt hat, soll das verstehen und sich selbst melden.«

Wortlos tritt Hubert vor; die *Boches* schnappen ihn und zerren ihn aus dem Waggon. Wir alle sind von derselben Ahnung erfüllt. Bevor er geht, fragt der Offizier noch:

»Wo ist das Werkzeug?«

Direkt vor Ihren Füßen, guter Mann, bücken Sie sich doch mal ein bisschen. Tatsächlich, da ist es! Er hebt das Ding auf und steckt es in seine Tasche, ohne zu fragen, woher es kommt. Zu meinem Glück habe ich es hinter ihm fallen lassen, als er den Dolmetscher verprügelte. Niemand hat etwas gesehen. Jetzt kommt die letzte Warnung:

»Wenn bei der Ankunft auch nur einer fehlt, werden zehn erschossen.«

Dann knirscht die Tür, und wir sind wieder eingesperrt. Noch eine Weile verharren wir schweigend. Dann werden nach und nach Kommentare laut. Wir fürchten für den armen Hubert das Schlimmste. Bei der Ankunft sehen wir ihn wohlbehalten wieder.

Der Aufenthalt zieht sich hin, und wir reichen unsere Gefäße wieder dem Lokführer, damit er sie mit Wasser füllt. Das geht so ein paar Minuten, bis ein Aufseher sie alle schnappt und aufs Gleis wirft. Bis zur Ankunft nichts mehr zu trinken. Und in diesem verfluchten Waggon ist es weiß Gott heiß, und weiß Gott, wann wir ankommen werden.

Diesmal gibt es keinerlei Fluchtmöglichkeit mehr. Dabei war nur noch so wenig herauszusägen! Man könnte sich wirklich schwarzärgern.

Der Zug setzt sich in Bewegung, und missmutig legen wir uns ins Stroh. Bei dem monotonen Rollen des Waggons schlafe ich ziemlich schnell ein.

Großes Getöse reißt uns aus dem Schlaf! Die deutsche Grenze: Neuburg an der Mosel.* Das Große Reich empfängt uns. Durch die Luke beobachten wir das Zeremoniell: Auf dem Bahnsteig eines kleinen Bahnhofs sind unsere *Boches* erbärmlich aufgeregt wegen der Rückkehr ins *Vaterland*. Wir sehen, wie der Nachbarwaggon in Schwindel erregendem Tempo von seinen Passagieren geleert wird. In einem wirren Durcheinander landen sie auf dem Bahnsteig, wo die *Fritzen* unter reichlicher Anwendung von Schlägen dafür sorgen, dass sie sich in Fünferreihen aufstellen. Sie sind kaum bekleidet, tragen nur noch Hemd und Hose, ihre übrigen Sachen haben sie über dem Arm. Auf einen Befehl gehen sie los, immer noch in Reihen, zum Ende des Zuges hin. Kurz darauf kommen sie zurückgerannt und klettern, so schnell sie können, in ihren Waggon. Wehe den Langsamen oder Gebrechlichen! Unsanft machen die Deutschen ihnen Beine. Dann sind wir dran. Wir haben es kommen sehen und lassen uns gruppenweise vor den Wagen fal-

* Von 1940 bis 1944 war der Name der Stadt Novéant-sur-Moselle in Lothringen eingedeutscht.

len, so eilig haben wir es, nach draußen zu kommen. Der Deutsche hat seinen Befehl: »Nehmt eure Schuhe, Mäntel, Jacken und alle anderen Sachen mit!«, noch nicht zu Ende gebrüllt, da ist die Hälfte meiner Gefährten schon draußen. Während die Zöllner uns mit einem Lächeln anstieren, das mir nichts Gutes zu verheißen scheint, warten wir auf Befehle. Wie unsere Kameraden müssen auch wir Schuhe und Kleidung ausziehen, dann gehen wir zu einem leeren Waggon, wo wir eilig unser Kleiderbündel abwerfen, und sofort geht es zurück. Da müssen wir dann unter dem Geschrei der Aufseher rennen, die sich einen Spaß daraus machen, Panik unter uns ausbrechen zu lassen. Das Schauspiel dieser Menschentrauben, die in fieberhafter Eile in die Waggons klettern, die Fußtritte, die einen im Getümmel ins Gesicht treffen, und die verzweifelten Anstrengungen der Kranken, hinaufzuklettern, muss wirklich lustig sein. Wir sind der letzte Schub. Als der Zug wieder losfährt, ist es schon dunkel. Im Stroh rücken wir eng zusammen, denn es wird kalt werden, und wir haben nur noch unser Hemd. Aber es ist erstaunlich, wie leicht man auf solch einer Fahrt einschläft.

In der Nacht wache ich auf. Wir werden ganz fürchterlich von einer Seite zur anderen gerüttelt. Jedes Mal, wenn wir über eine Weiche rumpeln, rutsche ich ein paar Zentimeter weiter. Na ja, stimmt, wir sind in Deutschland, und dort gibt es Bombenangriffe. Trotzdem schlafe ich wieder ein und schlafe bis zum späten Morgen durch.

Als ich aufwache, sind wir an einem kleinen Haltepunkt auf freiem Feld. In der Nacht haben wir die Ruhr überquert, und es ist nicht verwunderlich, dass die Gleise in so schlechtem Zustand sind. Bis drei Uhr nachmittags fahren wir ziemlich schnell ohne Unterbrechung. Wir sind auf einer Hauptstrecke und kommen durch Fulda, Gotha und Erfurt.

In Erfurt halten wir mitten im Bahnhof. Ein Junge auf dem Bahnsteig droht uns mit Worten und Gesten.

Boshafter Knirps! Denkst du vielleicht, wir seien Mörder?

Wir haben großen Durst, aber keine Gefäße mehr, und jetzt sind wir in Feindesland, wo keinerlei Hilfe zu erwarten ist. Im Bahnhof erblicken wir zwei Männer mit vertrauten Gesichtszügen, Franzosen, vermutlich freie Arbeiter. Wir sprechen sie an, aber sie wagen nicht zu antworten und sich so in Schwierigkeiten zu bringen.

Fünfzig Kilometer weiter halten wir in Weimar.

Uns gegenüber steht ein Schnellzug: Berlin – Paris. Uns allen schnürt es das Herz zusammen.

Unser Waggon steht direkt vor der Bahnstation vom Deutschen Roten Kreuz. Drinnen zwei Krankenschwestern. Wir machen ihnen verzweifelt Zeichen: Durst! Durst! Ein verschwörerisches Lächeln, und heimlich, sobald der Aufseher uns den Rücken zuwendet, geben sie uns Kräutertee, nicht viel, aber schon die Geste zählt.

Dann macht der Zug eine Reihe von unverständlichen Rangiermanövern, und schließlich landen wir im Frachtdepot. Ob wir da aussteigen? Man könnte es meinen. Das würde mir schon nicht allzu sehr missfallen: Weimar, Goethe und das sanfte Thüringen, auch die Landschaft ist ziemlich sympathisch; dort im Norden erheben sich waldige Hügel. Da soll unser Lager sein, im Grünen. Wir sollen im Wald oder in der Landwirtschaft arbeiten. Wir werden es nicht allzu schlecht haben und das Kriegsende abwarten. Tatsächlich kommen mir in diesem Augenblick solche Gedanken, und ich möchte gern hier aussteigen. Aber auch aus anderen Gründen wird es Zeit, dass die Reise endet. Der Durst ist unerträglich, der Proviant geht zur Neige, und der Kloeimer ist randvoll. Schon jetzt urinieren wir durch die Türritze, und das riecht nicht sehr gut.

Schwere graue Lastwagen mit Anhänger treffen auf dem Bahnsteig ein und machen meinen Träumereien ein Ende. Hastig nehmen wir die wenigen Dinge, die uns noch geblieben sind. Aber es besteht kein Grund zur Eile, denn sie fangen am anderen Ende des Transportes mit dem Entladen an. Mindestens eine Stunde Warten, während die mit unseren Kameraden vollgepferchten Lastwagen und Anhänger an uns vorbeifahren und mit lautem Krachen die Gänge gewechselt werden.

Dann sind wir dran. Auf dem gepflasterten Bahnsteig werden wir in Fünferreihen aufgestellt, und in raschem Tempo müssen wir auf den Lastwagen springen. Michel und ich sind zum Glück flink und sichern uns die Plätze direkt hinter der Fahrerkabine. Gerade haben wir eine Kompanie Soldaten vorbeiziehen sehen. Sie steigen mit auf, um uns zu bewachen. Auf ihren Helmen sind schwarz auf weiß die beiden SS-Blitze aufgemalt, und am Jackenaufschlag ist der Totenkopf aufgestickt: die SS! Scheibenkleister, da haben wir es ja übel getroffen! Meine gerade noch gehegten Illusionen lösen sich in nichts auf. Wir sind den Männern der Partei in die Hände gefallen.

Wir fahren durch Weimar, wo die Leute in ihrem Sonntagsstaat so tun, als sähen sie nichts. Dann geht es eine von Platanen gesäumte Straße hinauf. Automatisch reißen wir im Vorbeifahren Blätter ab, aber in Gedanken sind wir woanders. Junge Männer und hübsche gesunde Mädchen fahren auf Rädern den Hang hinauf. Sie lachen miteinander, als wenn wir gar nicht da wären. Ich blicke ins Tal hinunter, in die Richtung, aus der wir gekommen sind, in Richtung Frankreich, wo heute auch Sonntag ist.

Ein kleiner beiger Simca überholt uns. Zwei SS-Offiziere sitzen darin. Auf dem hinteren Kotflügel sind in weißer Farbe ein Totenkopf und die Buchstaben KZ Bu aufgemalt. Rätselhaft!

Der Lastwagen fährt noch immer bergauf; es wird schon spät, und die Kälte macht sich bemerkbar. Wir kommen auf der Hochebene an und biegen auf eine kleine Straße durch den Wald ein. Der Lastwagen fährt schneller, und der Fahrtwind wird eisig. Eine Biegung, eine bewachte Schranke, dann eine schöne Allee. Rechts und links Blumenwiesen, nette kleine grüne Baracken, eine Fabrik aus rotem Backstein. Noch eine Kurve um einen Wegweiser herum; dieser ist bebildert mit einem SS-Mann, der einen Juden, einen Priester und noch eine andere Gestalt verfolgt, es muss ein Mönch sein. Darunter entziffere ich die Aufschrift: *»Recht oder Unrecht … Mein Vaterland.«**

Der Lastwagen hält vor einem Gebäude, unter dem ein Durchgang verläuft; in der Mitte ist er von einem eisernen Tor versperrt.

Noch immer so schnell wie nur möglich steigen wir ab und stellen uns in Fünferreihen auf. Rechts und links

* *Right or wrong – my country!* Der Satz geht zurück auf den amerikanischen Offizier Stephen Decatur jr. (1779-1820) und drückt bedingungslosen Patriotismus aus.

hält eine Reihe Wachposten das Gewehr im Anschlag, mit zum Feuern entschlossener Miene.

Mit einem Schlag kommt mir wie ein Schwall alles wieder in Erinnerung, was ich jemals über die Verbrechen der Gestapo gehört oder gelesen habe, über ihre Folterkammern und Hinrichtungskeller und ihre geheimen Lager. Sicher erwartet uns hier etwas in dieser Art. Entsetzliche Angst.

Wir gehen auf das Tor zu, und die Aufseher schikanieren uns, damit die Abstände zwischen den Reihen beibehalten werden. In dem Durchgang zählt uns ein Unteroffizier: »*zwanzig … dreißig … vierzig …*«.

Wir gehen durch das Tor hindurch. Damit beginnt die Wahnsinnswelt der KZ.

Kapitel zwei

Buchenwald

Auf dem schier endlos weiten Platz werden wir aufgestellt. Wärter in Stiefeln, Reithose und marineblauem Waffenrock und mit einer Art Käppi, das ein bisschen wie eine Matrosenmütze aussieht, aber weicher ist, machen sich daran, uns in Gruppen aufzuteilen. Einem von uns, der ohne Kopfbedeckung ist, verpasst ein SS-Offizier eine Ohrfeige, und der andere nimmt es wortlos hin. Später erfuhr ich, dass diese Männer vom *Lagerschutz** sind. Dann setzen sich die Reihen in Bewegung, und wir gehen zu den grün gestrichenen Baracken hinunter. Dort erwartet uns eine unglaubliche Menge Menschen. Alle sind kahl geschoren und in unmöglichem Stil gekleidet: mit bunten Lumpen und zerschlissenen Sachen, zusammengeflickt und mit breiten roten Streifen versehen. Die Männer vom *Lagerschutz* halten diese schweigende Menge auf Abstand. Als wir vorbeigehen, versuchen sie uns anzusprechen, aber in Sprachen, die wir nicht verstehen. Wir selbst – steifgefroren, erschöpft, benommen und halb verdurstet – sehen sie wie betäubt an: Ist diese Behandlung auch für uns vorgesehen? Nein, ganz sicher nicht, die hier müssen ein Sonderfall sein. Außerdem haben sie alle Mördervisagen, und einige tragen blauweiß gestreifte Kleidung wie die Typen in einer Strafkolonie in Amerika.

Wir kommen in den Hof eines großen Betongebäudes.

* Ein Häftlingskommando, eine Art Hilfspolizei.

Dort sind schon all die Kameraden aus dem Transport. Wir sollen in Gruppen bleiben, aber da niemand uns bewacht, halten wir uns nicht daran, und bald herrscht Durcheinander. Um einen Wasserbottich herum bricht eine Schlägerei aus. Man rät uns, unseren Proviant aufzuessen, denn sonst werde er beschlagnahmt. Michel und ich haben schon seit Langem alles verzehrt. Einige haben ihre Ration noch kaum angebrochen; sie hatten nichts essen können, weil ihr Durst zu groß war. Wir teilen – ein unverhoffter Glücksfall.

Nah bei einer Tür ist Gedränge, denn da hindurch gehen wir in kleinen Gruppen. Durch die Fenster des Gebäudes sehen wir nackte Männer mit kahl rasiertem Schädel in Dampfschwaden herumlaufen, ein schrecklicher Anblick. Sie grüßen uns mit verzerrtem Mund; es soll ein Lächeln sein: Das sind unsere Gefährten.

Jetzt betreten auch wir den Gang. In einem Raum ziehen wir uns aus, und unsere Sachen werden in Listen verzeichnet; etwas weiter dann die Wertgegenstände, und bevor wir in die Duschen gehen, gibt es noch eine Untersuchung durch einen SS-Mann: unter den Armen und Füßen und zwischen den Gesäßbacken, um sicherzugehen, dass wir nichts mit ins Lager bringen.

Der Duschraum ist sehr groß und sehr sauber. In einer Ecke schnurren vier elektrische Haarschneidemaschinen und zerstören so manche Haarpracht, den Stolz ihres Besitzers. Dann liegen die Haare auf dem Boden und werden Verwendungszwecken des Großen Reiches zugeführt. Die gefräßige Haarschneidemaschine fährt uns noch unangenehm unter den Armen und am Unterleib entlang, wo wir ihre Bewegungen mit leichter Besorgnis verfolgen. Noch eine Runde über den Brustkorb derer, die dort behaart sind, dann können wir duschen gehen. Wir betrachten uns in den Spiegeln und brechen in nervöses, unkontrollierbares Lachen aus. Ein frisch kahl geschorener Mann ist ein schrecklicher Anblick, denn wir alle sehen aus wie Verbrecher:

»Ach ja, Steuerbeamter sind Sie?! Entschuldigung, ich hätte Sie für den Mörder der Frau in dem blutigen Koffer gehalten.«*

Sobald ich kahl geschoren bin, laufe ich unter die Dusche, und erst in diesem Augenblick kann ich meinen Durst stillen.

Nackt müssen wir dann im eisigen Luftzug durch die Gänge laufen, in den ersten Stock. In dieser Kleiderkammer werfen andere Häftlinge uns ein Hemd und eine Unterhose zu, die uns mehr oder weniger gut passen, je nachdem, ob man Glück hat, dann – wie es gerade kommt – eine Hose und eine Jacke, Zivilkleidung, alles sehr abgetragen und geflickt. Etwas weiter gibt es Pantinen mit Stoffbezug. Dann macht uns ein Häftling, der mit einem Pinsel und einem Eimer rote Farbe ausgerüstet ist, einen roten Streifen auf jedes Hosenbein und ein dickes Kreuz auf den Rücken. Und fertig!

Ach ja, ich habe die Ausgabe der *Mützen* vergessen. Mir fällt kein französisches Wort ein, das dieser Art Kopfbedeckung entspräche, denn es ist weder eine Baskenmütze noch eine Matrosenmütze, ähnelt aber beiden. Um Ihre Verwirrung vollständig zu machen, gibt das Wörterbuch »casquette«** an. All diese *Mützen* sind blaugrau gestreift. Aber was soll's, wir stülpen sie uns

* Anspielung auf einen berühmten Kriminalfall aus dem Jahr 1907 in Marseille.
** (Schirm-)Mütze.

so oft wie möglich auf den Kopf, denn seit wir kahl geschoren wurden, sind wir am Kopf ausgesprochen kälteempfindlich.

Unser Rundgang geht weiter, und wir kommen in die Verwaltungsbüros. An einem Schalter sage ich, wer ich bin, und man gibt mir zwei Exemplare einer auf weißen Stoff gestempelten Nummer: 14.234. Ist das die richtige? Ich hoffe, doch.

Dann eine Art Verhör durch die Häftlinge. Als all diese Formalitäten endlich erledigt sind, gehen wir wieder in den Hof hinunter. Dort warten wir, bis wir eine Gruppe von etwa fünfzig sind. Dann bringt uns einer, der schon länger hier ist, zu unserer Unterkunft. In der Dunkelheit stolpern wir über die Steine auf unserem Weg; Michel hält mich am Ärmel fest. Kein einziger Lichtstrahl, alles ist verdunkelt. In der Baracke sind rechts und links dreistöckige Bettgestelle mit Strohsäcken und Decken. Dort liegen schon Männer in tiefem Schlaf. Eine unverhoffte Ausgabe von einem Viertelliter heißem Kaffee, dann werden wir ins Bett geschickt, zu siebt in einem Abteil. Wie die anderen schlafe ich völlig erschöpft ein.

Wecken um halb fünf am nächsten Morgen. Die Männer vom *Stubendienst* jagen uns hinaus in die kalte Nacht:

»Los! Raus! Appell! Schneller! Schneller!«

Alle haben sie einen Knüppel in der Hand. Es gibt ein heilloses Durcheinander, wir schubsen uns gegenseitig, einige fallen hin. Durch ihre Schreie und die willkürlich ausgeteilten Schläge tragen die *Stubés** noch zur Ver-

* Im Lagerjargon Abkürzung für »Stubendienst«.

wirrung bei. Draußen bilden wir Zehnerreihen; keine leichte Aufgabe im Dunklen, bei unserer mangelnden Erfahrung und auch unserem Mangel an Disziplin, einer – zugegeben – typisch französischen Eigenschaft. Ich sage das nicht einfach so, denn ich habe es nur zu oft feststellen müssen.

So bleiben wir dann stehen, zweieinhalb Stunden lang, im eisigen Wind. Der Kontrast zu Compiègne macht uns ganz besonders zu schaffen, denn dort waren wir den ganzen Tag im Slip in der Sonne, und hier sind wir bekleidet und schlottern vor Kälte. Ein harter Anfang unseres ersten Tages in Buchenwald, so heißt nämlich unser Lager, es ist ein *Konzentrations-Lager*, ein KZ.

Unser Blockältester, ein deutscher politischer Häftling, dem wir den Spitznamen »Dompteur« verpassen, weil er ständig wütend mit seinem Kautschukknüppel herumläuft, dem *Gummi*, hält uns nach dem Appell eine kleine Ansprache:

»Wer nicht gerade aufgerichtet geht, wer disziplinlos ist, wer die Arbeit verweigert oder wer die Rationen seiner Kameraden stiehlt, wird totgeschlagen und geht durch den Schornstein des Krematoriums.«

Ein Mann vom *Lagerschutz*, dem ich später in Dora wieder begegnete, sagt uns in einem etwas schwerfälligen Französisch:

»Was glaubt ihr denn? In einem Jahr seid ihr vielleicht immer noch hier, deshalb müsst ihr lernen, zu gehorchen.«

Untereinander flapsen wir herum:

»Der ist doch krank! Von zehn Jahren Knast muss er einen Knacks im Hirn gekriegt haben. In einem Jahr?! Da sind die ›Boches‹ am Arsch. In drei Monaten wollen wir uns mal wieder sprechen mit dem Kerl vom *Lagerschutz*!«

Leider war er es, der Recht behielt, und schlimmer noch, denn zwei Jahre später war ich nur knapp davongekommen. Ich sage »ich«, denn von den tausend, die wir waren, haben höchstens fünfzig überlebt.

An jenem Morgen bekomme ich meinen ersten Schlag mit dem *Gummi*. Da ich meine Pantinen verloren habe, schleiche ich mich in den Block, sobald der Appell beendet ist. Niemand darf hinein, weil der Stubendienst den Boden wischt. Meine Füße sind eiskalt gefroren. Einer vom Stubendienst meldet mich dem »Dompteur«, und der stürzt sich sofort ohne ein weiteres Wort mit hoch erhobenem Knüppel auf mich. Ich haue ab, aber nicht schnell genug. Ich kriege einen ordentlichen Hieb in die Rippen ab, und der wird leider nicht der letzte gewesen sein.

Was ich von Buchenwald gesehen habe in den zwei Wochen, die ich dort war? Nicht viel, aber doch genug, um zu begreifen, welche Haltung man annehmen musste, wenn man eine größere Chance haben wollte, es zu überstehen: tun, was verboten ist; versuchen, sich vor der Arbeit zu drücken; sich krankmelden und möglichst oft das Krankenrevier aufsuchen.

Gewiss, das Leben ist nicht allzu hart. Wir sind 51 Mann im Quarantäneblock. Die Ernährung ist besser als in Compiègne: morgens ein deutsches Kastenbrot für drei Leute, ein Pfund Margarine für zwanzig, ein Löffel Quark oder Marmelade oder auch ein Stück Wurst, an die 50 Gramm. Mittags ein Liter ganz ordentliche Suppe. Wir haben Hunger, aber wir können durchhalten, zumindest, wenn wir nicht arbeiten.

Im Block gegenüber dagegen sind *Berufs-Verbrecher*, BV.* Unter ihrer Häftlingsnummer haben sie ein grünes Abzeichen mit einem S, das sind die deutschen Strafgefangenen. Wir selbst haben das Abzeichen in Rot mit dem Anfangsbuchstaben unserer Nationalität: F.

Die BVer sind schlecht dran. Gleich nach dem Appell müssen sie zur Arbeit, bei jedem Wetter und egal, ob sie krank sind. Ich habe gesehen, dass welche mit einem gebrochenen Bein auf dem Rücken eines Kameraden zur Arbeit getragen wurden. Und abends kommen sie oft mit blutig geschlagenem Gesicht zurück, oder Kameraden schleppen die Ohnmächtigen. Anfangs haben wir sie bedauert, aber als wir später in den Arbeitskommandos erlebten, wozu sie fähig waren, wünschten wir, sie alle sollten so bald wie möglich verrecken.

Außer ihnen gehen alle übrigen Häftlinge morgens nach dem Appell aus dem Lager in viele verschiedene Arbeitskommandos. Dieser Auszug ist ziemlich seltsam. Eine Stunde lang defilieren all diese Kommandos im Gleichschritt durch das Portal, und dazu spielt das Orchester. Aber ja doch! In Buchenwald gibt es ein Orchester, es sind ausgebildete Musiker, und den ganzen Tag üben sie in einer Baracke, die für ihre Proben reserviert ist. Sie tragen eine Uniform: Ledergamaschen, eine rote lange Hose und eine Art dunkelblauen Waffenrock sowie eine ebenfalls dunkelblaue *Mütze*. Aber das ist noch nicht alles, was es in Buchenwald an Vergnügun-

* BV: »Befristete Vorbeugehaft«. Die KZ-Häftlinge wurden von der SS in bestimmte, z.B. rassistisch definierte, Kategorien eingeteilt, die stark hierarchisiert waren. »Vorbeugehäftlinge« wurden durch die Kriminalpolizei unter Umgehung der Gerichte eingewiesen. Im NS-Jargon wurden sie auch als »Berufsverbrecher« bezeichnet.

gen gibt. Es gibt auch ein Kino, ein Theater, eine Bücherei, eine Kantine und sogar ein Bordell!

Die Mehrzahl der Ausländer sind Russen, zumeist Ukrainer. Manche sind erstaunlich jung, vielleicht acht bis zehn Jahre, und alle ganz pfiffig. »Kleine Partisanen«, erklären uns die Russen, nicht ohne Stolz. Dann gibt es noch Polen, Tschechen, Letten, Zigeuner* und andere ... Vor uns sind einige wenige Franzosen eingetroffen; sie tragen den schwarzen Winkel, das bedeutet Arbeitsverweigerung, Sabotage oder Schwarzmarktgeschäfte in Deutschland. Einige der Deutschen tragen ein lila Abzeichen – das sind Kriegsdienstverweigerer** – oder ein rosa Abzeichen, das steht für Sittlichkeitsvergehen, im Allgemeinen sind es Homosexuelle.

Den Tag über haben wir nichts zu tun, und wenn wir aus dem Block gejagt werden, laufe ich ziellos zwischen den Baracken umher und blicke von Weitem ins Tal mit den Wachtürmen, wo die Posten ununterbrochen Wache halten, über das dünne Netz elektrisch geladener Stacheldrahtzäune hinweg, das aber doch tausende Männer in Schach hält – wäre eine Flucht überhaupt möglich? Aus Buchenwald nicht, aber vielleicht aus den Kommandos. Von hier wissen wir nur von einem einzigen Fall; es waren ein Franzose und ein Belgier, beide aus unserem Transport. Sie waren in den Hochspannungstransformator der Lagerfabrik eingedrungen und hatten es dann geschafft, durch das äußere Netz der Posten hindurchzugelangen und die Hunde abzuhängen. Wirklich eine Glanzleistung.

* Der französische Begriff »tsiganes« hat keine rassistische Konnotation, wie etwa »Zigeuner« im Deutschen.
** Vermutlich insbesondere Zeugen Jehovas.

Am ersten Sonntag im Lager ist für den Nachmittag ein Boxprogramm geplant. Tatsächlich gibt es einen Ring und Boxer mit Handschuhen und kurzen Hosen. Es muss dazu gesagt werden, dass dies alles Blockälteste und andere Prominente unter den Häftlingen sind. Ein Amateurboxer ist zusammen mit uns aus Compiègne gekommen; er verteidigt sich ganz gut und schafft gegen einen Deutschen ein Unentschieden. Dann folgen noch ein paar Kämpfe in der Leichtgewicht-Klasse.

Zwischenspiel: Ein Russe, der ein Schild mit der Aufschrift »Ich habe einem Kameraden Brot gestohlen« trägt, fällt den Häftlingen zum Opfer. Schläge prasseln auf ihn ein, auch Steine. Wenn er hinfällt, wird er mit Fußtritten gezwungen, wieder aufzustehen. Verwirrt und verzweifelt und blutüberströmt, so dass er nichts sehen kann, taumelt er und läuft gegen die Bäume; schließlich stürzt er und steht nicht wieder auf. Die Russen sind am verbissensten. Bestürzt sehen wir diesem Schauspiel zu, erstaunt und beinahe entrüstet.

»*Morgen Krematorium*«, erklären uns diejenigen, die schon länger hier sind, und zeigen auf den gedrungenen Kamin aus roten Backsteinen, der über dem Lager aufragt. Das Gesetz des KZ.

Im Lauf verschiedener Arbeiten, zu denen ich eingeteilt werde, kann ich die riesigen sehr gut ausgestatteten und sehr sauberen Küchen sehen. Die Köche werden glühend beneidet, und wenn die Berufe abgefragt werden, melden sich unglaublich viele Köche und Bäcker. Aber es ist nicht leicht, eingestellt zu werden.

Zwei Mal gehen wir hinunter in den *Steinbruch*. Dort arbeiten diejenigen, die eine Strafe bekommen haben. Wenn sie mehr als einen Monat in diesem Kommando kassieren, sterben sie an Entkräftung oder werden totgeschlagen. Der *Steinbruch* ist in Buchenwald die furchtbare Drohung – später heißt sie »Dora«.

Auf dem Weg zum *Steinbruch* kommen wir durch Tannenwäldchen. Das ist angenehm, denn man könnte sich in Freiheit wähnen. Dann stoßen wir auf den verfluchten Ort, an dem schon so viele gestorben sind. Was sie umbringt, ist die mit Steinblöcken beladene Lore, die sie unter den Kommandos des *Kapo* fast einen Kilometer weit einen sehr steilen Hang hinaufziehen müssen: »*Eins … zwei … drei … vier … links … links.*« Die Kommandos werden rasch hintereinander gebrüllt und bekräftigt durch heftige Stockschläge für diejenigen, die hinfallen. Sie waren zu zehnt an der Lore, soweit ich mich erinnere; nach vorn gebeugt über ihre Rüstleiter, alle Muskeln angespannt, gehen sie vorwärts und leiden, mit starrem und schrecklich hartem Blick. So gelangt die Ladung nach oben, um die Radspuren und die schlammigen Stellen im Lager aufzufüllen.

Unsere eigene Arbeit ist viel leichter: Wir nehmen jeder einen Stein von angemessener Größe und bringen ihn ins Lager. Aber es ist trotzdem immer noch zu schwer. Es gilt der Grundsatz, den Stein in einem unbeobachteten Augenblick fallen zu lassen, ihn zu zerschlagen und eine Hälfte wieder aufzuheben.

Eines Nachmittags gehen wir in die politische Abteilung, die hinter dem Zoo lieg, wo die Bären eingesperrt sind, die angeblich ausgebildet werden, Flüchtige aufzuspüren, die auf Bäume geklettert sind. Wir werden einem Verhör unterzogen, und dazu erklingt aus Lautsprechern Musik, die in die Büros der SS übertragen wird. Im Übrigen sind, außer in der Quarantäne, auch in allen anderen Blocks des Lagers solche Lautsprecher. Schon lange habe ich keine Musik mehr gehört, und nur wenige Noten reichen aus, dass meine Kehle sich zuschnürt und mir die Tränen kommen.

So vergehen zwei ziemlich ruhige Wochen. Zusammen mit uns ist ein holländischer Akkordeonspieler gekommen; er spielt sehr gut. Er kennt alle amerikanischen Lieder, die gerade in Mode sind, und das ist ein sehr angenehmer und … dynamischer Zeitvertreib.

Man erzählt uns merkwürdige Geschichten … Es gibt hier ein Pathologie-Institut. Gegenstände der Untersuchungen sind Häftlinge, menschliche Versuchskaninchen. Krankheiten werden ihnen beigebracht, und dann werden verschiedene Behandlungsmethoden ausprobiert und noch eine Menge anderer Versuche gemacht, die im Normalfall zum Tod der dieser »Behandlung« Unterworfenen führen.

Dann wird eines Tages unser Transport zusammengestellt. SS-Leute in Begleitung eines Zivilisten fragen uns nach Alter, Beruf und Häftlingsnummer. Diese Informationen notieren sie auf einer weißen und einer gelben Liste. Michel und ich stehen auf derselben, auf der weißen. Kurz darauf bekommen alle auf dieser weißen Liste einen Stoffanzug; Hose und Jacke haben breite weiße und blaue Streifen. Das »Zebra-Kostüm«. All dies bedeutet den Transport in ein Arbeitskommando. Oben auf der Liste habe ich die mit Bleistift geschriebene Bemerkung entdeckt: »*Transport nach Peenemünde*«. Ich erkundige mich bei deutschen Häftlingen:

»Wo liegt Peenemünde?«

Ich bekomme ziemlich ungenaue Auskünfte. Es scheint eine Insel zu sein, irgendwo zwischen Stettin und Kiel. Ich überbringe meinen Kameraden die Nachricht. Ungefähr vierhundert von uns sind für diesen Transport bestimmt, fast alles Franzosen, aber auch ein paar Belgier und Holländer.

Eines Morgens werden in aller Frühe unsere Nummern im Block aufgerufen.

Auf Transport!

Vierzehntausendzweihundertdreiunddreißig – Michel.

Vierzehntausendzweihundertvierunddreißig – ich selbst.

Im Vorbeigehen bekommen wir unsere Ration Brot und Margarine und einen Löffel Quark ausgeteilt. Dann stellen wir uns vor dem Block auf, in eisiger Nacht. Als wir alle da sind, gehen wir auf den großen Platz hinauf. Wieder Appell, diesmal namentlich.

Und dann werden wir Zeugen eines beeindruckenden Appells, bei dem auf einem riesigen Platz tausende von Männern jeweils zu zehnt in perfekter Habacht-Stellung in Gruppen zusammengefasst werden. SS-Leute zählen; einer ist vor und einer hinter den Reihen. Dann ziehen die Kommandos los ... mit Musik. Als alles vorbei ist, gehen wir los. Auf der Straße stehen Lastwagen für uns bereit. Jeweils zu hundert quetschen wir uns auf die Wagen. Wir sind schrecklich eng zusammengepfercht, und trotz der recht kalten Außentemperatur sind wir bald schweißgebadet. Die Planen verhindern den Blick nach draußen. Der Lastwagen fährt los. Adieu, Buchenwald! Ich hätte nicht gedacht, dass ich so bald aus deiner Umzäunung herauskäme. Ich gebe zu: Ich hatte große Angst.

Kapitel drei

Peenemünde

Wir fahren sehr schnell. In den Kurven befürchten wir jedes Mal, umzukippen. Dann spüren wir, dass die Straße bergab führt; wir müssen wohl nach Weimar zurück fahren. Tatsächlich kommen wir ein paar Minuten später am Bahnhof an. Alles beim Alten: Wir sind zu fünfzig im Waggon, ohne Stroh, und müssen uns ineinandergeschachtelt hinsetzen, jeweils fünfundzwanzig rechts und links von der Tür. Der Platz in der Mitte ist den Wachposten vorbehalten, die mit uns einsteigen. Dann werden drei Säcke zu uns hinauf gereicht: für jeden ein Brot, drei Portionen Margarine und ebenso viel Pastete. Dann geht es los.

Die Posten sind zwei junge, übel aussehende SS-Männer, die uns befehlen, sitzen zu bleiben, sonst … Eine unmissverständliche Geste.

Der Transport fährt in Richtung Berlin. Wir kommen durch Leipzig. Dann werden wir eine ganze Nacht lang auf einem Nebengleis abgestellt. Am Morgen fahren wir weiter. Bald erreichen wir die Vororte von Berlin. Nirgends, wo wir vorbeifahren, sind Spuren von Bombardierungen. In Leipzig haben riesige Gebäude, die sicher Fabriken sind, keinen Kratzer; ein Flugfeld hat kein einziges Loch, und in Berlin sieht man auch nichts. Doch, in einer Ecke stehen an die hundert in die Brüche gegangene Waggons. Niemand von uns wagt seine Gedanken auszusprechen, aber der Ausdruck der Enttäuschung ist in allen Gesichtern mühelos zu erkennen.

Die Wachposten werden alle vier Stunden abgelöst. Nach den jungen kommen zwei ältere, und sie sind auch umgänglicher. Sie erlauben uns, in die Mitte des Waggons zu kommen, und so haben wir mehr Platz und können uns ausstrecken. Um uns die Zeit zu vertreiben, reden oder rauchen wir, oder wir verzehren unseren Proviant. Michel macht die Bekanntschaft eines Freundes, der seinen Bruder kennt. Die Landschaft ist eintönig. Am Stand der Sonne beobachte ich, in welche Richtung wir fahren, weil ich befürchte, dass wir uns nach Osten wenden, nach Polen, das einen üblen Ruf hat. Aber nein, es geht beständig nach Norden.

Langer Aufenthalt in Pasewalk, inmitten von Kiefern. Gegen Abend kommen Lagunen und Fischerboote in Sicht, also ist die See nicht weit. Wir verbringen noch eine Nacht auf einem Abstellgleis. Am Morgen kommen wir schließlich nach kurzer Fahrt an. An einem Haltepunkt neben einer asphaltierten Straße steigen wir aus. Überall Fichten. Wir stehen aufgereiht auf dem Bahnsteig, dann überqueren wir, dicht eskortiert, die Straße und gehen in den Wald. Eine von elektrisch geladenem Stacheldrahtzaun umgebene Fläche taucht auf, und sofort stoßen wir auf eine große, aus Beton gebaute Fabrik mit geschecktem Tarnanstrich, in dieser Farbe, deren Geruch alles in Peenemünde überdeckte. Merkwürdig übrigens, wie all meine Lager mir einen Geruch in Erinnerung rufen. Für Peenemünde sind es dieser Geruch und der Duft von frisch geschlagenem Fichtenholz; irgendwann bekommt man Kopfschmerzen davon. Für Dora ist es der Duft des russischen Machorka-Tabaks, dessen Namen wir verballhornten: *»marschorkowe – marche ou crève«* (lauf oder verrecke). Für Belsen ist es der fade Geruch von Dreck, Staub und Tod.

Wir gehen an dem Gebäude entlang und dann hinein. Wir sind in der geheimsten Fabrik Deutschlands überhaupt: in der Heeresversuchsanstalt und in den Labors für die V2.

Diesen Nachmittag verbringen wir damit, uns einzurichten. Alles ist neu und sauber. In jedem Raum sind wir zu hundert oder hundertfünfzig. Es gibt dreistöckige Bettgestelle, mit guten Sägespän-Matratzen. Jeder hat ein eigenes Bett und zwei Decken. Sofort beginnt das Wettrennen um die besten Plätze. Michel und ich ergattern zwei Betten ganz oben.

Dann unterhalten wir uns mit denen, die schon länger da sind; sie sind auch aus Buchenwald gekommen, schon vor einem Monat, um das Lager einzurichten. Hundertfünfzig Russen und fünfzig Deutsche (»BV«).

Ich erkundige mich:

»Was für eine Fabrik ist das?«

»Hier wird eine schreckliche Geheimwaffe gebaut.«

»Aha! Was denn für eine?«

»Wenn ihr morgen in die Fabrik hinaufgeht, werdet ihr es sehen.«

Wir alle haben denselben Gedanken: An einem Ort wie diesem wird es nicht lange dauern, bis die *Royal Air Force* uns einen Besuch abstattet.

Einstweilen geht es uns hier gut; es ist sauber. Wir haben schöne Waschbecken und Fußwaschbecken aus Steingut und Soda, so viel wir wollen, um uns den Dreck abzuwaschen. Die Ernährung ist halbwegs ausreichend.

Einen Tag gibt es mittags einen Liter Suppe und abends ein halbes Brot, ein Paket Margarine für jeweils zwanzig von uns und eine Scheibe Wurst oder einen Löffel Marmelade. Und am zweiten Tag gibt es mittags einen Liter Suppe und abends ein Drittel Brot, Margarine und Beilage und noch einen Liter Suppe vom Mittag. Das kann gehen. Aber wir haben trotzdem Hunger.

Insgesamt sind wir sechshundert, eingesperrt im Erdgeschoss der Fabrik, in einer Extraabteilung für uns, die sorgfältig abgesperrt ist. Lagerältester ist ein deutscher politischer Häftling, der einzige übrigens. Die Organisation (Essensausgabe, Krankenstation und die Funktion als Blockältester) liegt in den Händen der »BVer«. Etwa fünfzig SS-Leute bewachen uns. Die Aufgabe der einen besteht lediglich darin, auf den Wachtürmen *Posten* zu stehen und diejenigen Häftlinge zu begleiten, die im Freien arbeiten. Die anderen – allesamt Unteroffiziere – führen Aufsicht bei der Arbeit und beim Appell. Ihr Kommandant ist ein *Sturmführer* (ein besonderer Grad bei der *Waffen-SS*), ungefähr dreißig, ein hübscher Junge; uns gegenüber verhält er sich soweit ganz ordentlich, außer wenn er betrunken ist. Wie zum Beispiel an dem Tag, als wir Sechshundert Appell standen und er uns in unsere Unterkunft zurückschickte, nur um dann barsch zu brüllen, wir sollten wieder herauskommen: »Schneller, schneller, Schweinebande!« Mit einem Stock schlägt er um sich, hoch erfreut und äußerst erregt wegen unserer Verwirrung und des Durcheinanders, das wir in dem engen Durchgang anrichten. Vor mir stürzt eine Gruppe zu Boden, ich laufe drüber, sie brüllen, was soll's, ich laufe weiter. Der Kommandant ist hinter mir. Er findet, es gehe nicht schnell genug, zieht seine Pistole und schießt blindwütig um sich. Unbeschreibliche Panik. Dann beruhigt er sich etwas: »Halt! Alle zurück in den Block.«

Und seelenruhig geht er weg; für heute hat er sich genug amüsiert.

An einem anderen Tag fehlt jemand beim Appell. Nach einer viertelstündigen Suche wird er schließlich entdeckt: Er ist in einer Ecke eingeschlafen. Der Kommandant selbst holt ihn mit einem Knüppel und prügelt wild auf ihn ein; der andere will weglaufen, aber er kriegt den Knüppel zwischen die Beine und schlägt lang hin. Ich bin sicher: Kein französischer, englischer oder amerikanischer Offizier hätte sich jemals derart würdelos aufgeführt.

Am Tag nach unserer Ankunft: Appell vor der Fabrik.

Gefragt sind Mechaniker, Schlosser, Dreher usw. usw., alle Berufe eben, die in einer Fabrik gebraucht werden. Eine kleine Gruppe von uns bleibt schließlich übrig. Die meisten von uns verstehen nichts von diesen Berufen, da wir fast alle Schüler oder Studenten sind. Ich sehe es schon kommen: Wir werden die Drecksarbeit machen müssen. Aber ein *Boche* in Zivil kommt auf uns zu. Er sieht völlig bescheuert aus und trägt das Abzeichen der Nazi-Partei. Er fragt:

»Spricht jemand Deutsch?«

»Ja, ich.«

»Gut. Ich brauche fünf Mann; nehmen Sie die vier hinter Ihnen, und kommen Sie mit.« Ich bedeute meinen Kameraden, mich zu begleiten. Michel ist leider nicht bei mir.

Wir gehen in die Fabrik hinauf; sie ist groß und durch große Panoramafenster gut erhellt. Sie ist an die 20 Meter hoch, 250 Meter lang und 70 breit. Es ist übrigens eher eine Montagehalle als eine richtige Fabrik, denn die Einzelteile kommen schon fertig an.

Das ist O.K.!* Wir sind an einem guten Platz. Wir sind im Magazin für die Kleinteile (Schrauben, Bolzen, Muttern, Nieten usw.). Erste Aufgabe: alles ordentlich sortieren. Zwei deutsche Schreiner sind damit beschäftigt, Bretter zusammenzufügen und Regale zu bauen. Sie sind der Meinung, wir arbeiteten zu schnell, und einer von ihnen flüstert mir zu:

»Nicht so schnell, nicht so schnell, nimm dir Zeit.«

Ich komme aus dem Staunen nicht heraus. Flüstere es meinen Kameraden zu. Verstanden. Ein Kamerad und ich transportieren jede Blechplatte einzeln. Wir könnten zehn auf einmal nehmen. Das dauert eine Weile. Dann wird der Nazi ungeduldig und bedeutet uns, wir sollten immer zwei nehmen! Mit vorwurfsvoller Miene führen wir den Befehl aus.

Meine Arbeitskameraden? Ein Beamter aus Clermont-Ferrand, ein Angestellter aus einer Bürstenfabrik, ein Fotograf aus Vernon und derjenige, der in Belsen mein bester Freund werden sollte: Roger, der mit 19 Jahren Radioingenieur wurde, Tonassistent in einem Pariser Kino-Unternehmen. Er verließ unser Kommando nach kurzer Zeit und arbeitete mit den Ingenieuren im Büro.

Die Tage sind nicht anstrengend. Wir arbeiten von sieben Uhr bis Mittag und von halb eins bis halb sechs. Dann können wir uns, bis um sieben die Suppe ausgeteilt wird, auf unserem Bett ausruhen, uns waschen oder uns bei schönem Wetter unter die Fichten legen, die in einem hundert Meter breiten Streifen zwischen der Fabrik und dem elektrischen Stacheldraht wachsen.

* So im Original.

Na ja, wenn man raffiniert genug ist, »Schnauzbart« aus dem Weg zu gehen.

Ach ja, dieser »Schnauzbart« hat ein paar Zeilen verdient!

Er ist SS-Unteroffizier und hat die Oberaufsicht über die Wachposten während der Arbeit. Eine grobschlächtige Visage, geziert von einem riesigen Schnauzbart, der im Stil von Kaiser Wilhelm hochgezwirbelt ist. Wie so viele andere ist er ein echter Sadist. Er ist Rumäne.

Sobald die normale Arbeit beendet ist, beginnt »Schnauzbart« in der Fabrik Männer einzufangen, die dann den Boden fegen müssen, die Maschinen abstauben, Abfall einsammeln usw. usw. Kurzum, Aufgaben, denen wir ein Ruhepäuschen unter den Fichten vorziehen. Wenn er einen für eine Arbeit ausguckt, notiert er sich die Nummer, die auf dessen Jacke aufgenäht ist, und wenn die Arbeit nicht gemacht ist, dann wehe! Er findet einen rasch wieder. Mich hat er nur ein Mal erwischt, aber dann hat er vergessen, meine Nummer aufzuschreiben. Ich habe gewissenhaft meine Schubkarre beladen und bin rausgegangen, aber hinter der nächsten Ecke habe ich alles fallen lassen und dann ab, nichts wie unter die Fichten.

Bei der normalen Arbeit tut er rein alles, um einen Häftling bei einer Unregelmäßigkeit zu überraschen, damit er ihm mit dem Knüppel eine Lektion erteilen kann. Im Magazin haben wir keine Angst vor ihm. Einer von uns passt immer auf, und die anderen dösen hinter den Regalen. Wenn einer von den SS-Aufsehern kommt, trifft er uns alle bei der Arbeit an; einer zählt den Inhalt einer Kiste Nieten, und ein anderer errichtet liebevoll ein Gebäude aus Bolzen (sobald der SS-Mann wieder weg ist, genügt ein kleiner Schubs, und – krawumms! – stürzt das Ganze ein, bis es beim Besuch des nächsten SS-Mannes von Neuem aufgebaut wird).

Für »Schnauzbart« ist das zu ausgeklügelt; es gelingt ihm nicht, uns zu erwischen. Was seinem Begriffsvermögen entspricht, ist die Arbeit eines Mannes, der seinen Karren zieht, eine Schubkarre schiebt oder etwas schleppt. Daran hat er dann seine helle Freude. Vom Magazin aus beobachten wir ihn: Er versteckt sich hinter einem der riesigen Pfeiler aus Stahlbeton, die das Dach der Fabrik tragen, und belauert seine Beute. Dann kommt ein Ahnungsloser, der friedlich eine Karre mit Gummireifen zieht. Kein SS-Mann in Sicht, den zivilen Arbeitern ist es schnurz, alles in Ordnung, kein Grund zur Eile, sagt er sich. Hinter seinem Pfeiler lacht »Schnauzbart« sich ins Fäustchen; mit der linken Hand streicht er über seinen Bart, und mit der rechten trommelt er nervös auf seinem Knüppel herum. Wenn er den anderen in Reichweite hat, stürzt er hervor, schwingt den Knüppel und springt unter schrecklichen Beschimpfungen auf die Karre und überzieht den Unglücklichen mit Schlägen, bis zum Ende. Ben Hur auf seinem Streitwagen! Oft bezieht der Unglückliche bei der Ankunft nochmals Prügel. Wenn es einer ist, der eine Karre schiebt, verfolgt er ihn wütend, so dass dieser manchmal seine Ladung verliert. Diejenigen, die eine Last schleppen, verprügelt er nicht weniger blindwütig, und oft brechen sie zusammen.

Übrigens beschwert sich der Fabrikdirektor eines Tages über ihn beim Kommandanten: »Dass er die Arbeit eher behindert als voranbringt. Weil die Leute zum Arbeiten dort sind und nicht, um seinen Wahnsinn zu ertragen.«

Ein anderer Rumäne ist sein Komplize, genau so schrecklich, aber kleiner; wir nennen ihn »Uhu«. Ansonsten genau so verkommen. Einer meiner Kameraden aus Rouen wird eines Tages Opfer der beiden, weil er erwischt wird, wie er ein Messer anfertigt. Zu zweit haben sie ihn sauber zugerichtet! Er kauert in einer Ecke und hat längst schon keine Kraft zum Schreien mehr, und doch prügeln sie noch immer auf ihn ein. Misshandelte Gliedmaßen, blaue Striemen auf dem Rücken und ein blutendes Gesicht – das ist das Übliche. Und dieser Ausdruck von Hochgenuss der beiden Sadisten bei und nach der Aktion!

Es gibt noch einen anderen vom selben Kaliber, einen Deutschen; er trägt das Ordensband vom Russlandfeldzug, bei dem er ein Auge verloren hat. Es ist durch ein künstliches ersetzt worden, und natürlich nennen wir ihn »Glasauge«. Aber für unseren Geschmack hat er trotzdem zu viel Durchblick. Abgesehen von diesen dreien geht es einigermaßen. Einer ist ein anständiger Kerl, ein alter SS-Mann, »Großvater«. Seine Stimme klingt wie ein Huhn, dem man die Gurgel zudrückt. Er hält die Appelle ab und kriegt es immer in möglichst kurzer Zeit hin. In der Fabrik guckt er weg, um nicht diejenigen zu sehen, die sich vor der Arbeit drücken.

Die Zivilarbeiter kümmern sich nicht darum, ob wir arbeiten oder nicht. In dieser Hinsicht kommen wir gut mit ihnen aus, denn wie oft stehen die Kumpel aus der Montage schließlich Schmiere für sie, wenn sie im Schwanz der draußen aufgestellten V 2 schlafen! Sie scheinen über ihre neue Waffe nicht allzu begeistert zu sein. Schon in der ersten Woche erleben wir die Tests mit einem seltsamen Apparat: Ein Flugzeug mit großen gekrümmten Tragflächen, wie die Flügel einer Schwalbe, bewegt sich mit einem fürchterlichen Geräusch am Himmel, und aus seinem Hinterteil quillt eine riesige dunkle Rauchwolke. Es fliegt mit Schwindel erregendem Tempo, vielleicht 1500 Stundenkilometer. Wir spüren oft, wie der Boden bebt, wenn dieses Ding startet, dabei ist sein Flugplatz drei Kilometer weit weg.

»Da ist ein Pilot drin«, sagen die einen.

»Nein, es wird ferngesteuert«, sagen die anderen.

Aber genau weiß es niemand.

Wir bauen hier die V2.

Was die V2 ist? In den Zeitungen wurde viel darüber geschrieben, und den Engländern war der Angstschweiß ausgebrochen; sie haben aber nichts davon gesagt, denn das hätte den Gegner ermutigt.

Die V2 ist ein riesiger Torpedo, ungefähr 14 Meter lang, mit einem Durchmesser von 1,7 Metern und vier kleinen Flossen an ihrem Hinterteil, in denen Ruder arbeiten.

Angetrieben wird das Ganze durch eine Mischung aus Alkohol, dessen Beschaffenheit ich nicht kenne, und Sauerstoff. Die Steuerung der Richtung erfolgt nicht über Funk, wie viele glauben, sondern durch zwei beim Start entsprechend eingestellte Kreiselkompasse, die jeweils zwei Ruder bedienen. Die Funkanlage besteht aus einem Gerät, das beim Empfang des von einem UKW-Sender ausgehenden Signals sozusagen die Lunte zündet. Darauf beschränkt sich die Rolle des Funks bei der V2.

Anfangs glaubte niemand von uns, dass dieser riesige Haufen praktisch ohne Tragflächen jemals würde fliegen können. Hier übrigens die Einschätzung der Ingenieure, mit denen Roger im August 1943 bekannt war:

»Als ich zum ersten Mal das Büro der Ingenieure in Peenemünde betrat, lernte ich Dr. Fuchs kennen, der ein wenig Französisch sprach. Obwohl ich Häftlingskleidung trug und seitens der Nazis als ein für Deutschland gefährliches Subjekt betrachtet wurde, schüttelte er mir sofort die Hand und stellte mich seinen Kollegen genau so vor, als sei ich ein richtiger Ingenieur. Unter ihnen war auch Oberth, der Erfinder der V2. In dem Gespräch, das ich mit Fuchs führte, sagte er mir einmal (sic!): ›Ich wünsche den Alliierten den Sieg, denn sonst bedeutet es das Ende der deutschen Kultur.‹

Ein andres Mal fragte er mich, ob wir misshandelt würden, und als ich das bejahte, sagte er: ›Nur Mut, diese Zeit muss durchgestanden werden, es dauert nicht mehr lange.‹

Alle behandelten mich wie einen der ihren, und in dieser Zeit erfuhr ich die Ergebnisse der Tests mit der V2. Im August 1943 hatte sie bei einer Reichweite von 300 Kilometern nur einen Trefferradius von riesigen 50 Kilometern. Meine Arbeit bestand in der Überprüfung der Kreiselkompasse, und ich konnte feststellen, dass die meisten falsch oder schlecht eingestellt waren. Ich muss wohl nicht sagen, dass ich – da es nach mir keine weitere Kontrolle mehr gab – mehr schlecht eingestellte in die Fabrik zurückschickte als von dort gekommen waren …«.

Nach einer Woche werde ich zur Nachtschicht eingeteilt. Tatsächlich gibt es nachts einen personell stark eingeschränkten Dienst. Ich bin allein, nicht mit dem Nazi, sondern mit Haac,* einem alten Wehrmachtssoldaten, extra abkommandiert, Berliner, kein schlechter Kerl.

* Dieser Name dürfte eher eine andere Schreibung haben (z. B. Haag, Haak oder Haack).

Nachtschicht mit ihm ist ein Druckposten. Sozusagen keine Arbeit; es müssen nämlich nur an die 200 Nieten binnen zehn Stunden verteilt werden. Abends um acht komme ich an, schalte den Scheinwerfer und die Tischlampe ein und verdunkle die großen Fenster. Dann setze ich mich an den Tisch und esse meine Abendration. Er schreibt seiner Frau und liest Zeitungen. Gegen zehn Uhr macht er es sich auf zwei Stühlen bequem, zieht die Schuhe aus, deckt sich mit seinem Umhang zu und bereitet sich zum Schlafen vor. Jedes Mal gibt er mir denselben Rat: »Gib mir Bescheid, wenn der SS-Mann kommt!« Das Magazin ist zum Glück in einer Ecke ganz am Ende der Fabrik, und die Werkstatt der Nachtmontage ist am anderen Ende. Wir können die Gefahr rechtzeitig bemerken.

Einmal schlafe aber auch ich ein, und nach einer unbestimmten Zeit weckt ein Vorgefühl mich auf. Ich drehe mich um, und fast bleibt mir das Herz stehen: »Schnauzbart«! Da steht er, Hände auf dem Rücken (ich ahne, wie er den Knüppel zwischen den Fingern malträtiert), und betrachtet mich. Haac ist auch aufgewacht. Zum Glück ist er da, das erspart mir die Strafe. Ohne ein Wort verziehe ich mich hinter die Regale, außer Sichtweite des schrecklichen Aufsehers. Ich höre, wie er sagt: »Ich weiß sehr wohl, dass es keine Arbeit gibt, aber ich will nicht, dass er während der Schicht schläft.«

Um Mitternacht bekommen die Arbeiter eine Suppe aus der Fabrik. Haac holt seine und isst drei Löffel, dann stößt er ein angewidertes *Scheiße* aus und stellt die Suppe für mich zur Seite. Ich lasse es mir mit Hochgenuss schmecken. Es ist bedauerlich, aber wir alle sind so weit gekommen. Manche prügeln sich sogar um eine absichtlich weggeworfene Kippe – unter den verachtungsvollen und zufriedenen Blicken der SS-Leute.

Manchmal gibt er mir Brotstücke, die für seine Zähne zu hart sind. Er bringt mir auch Illustrierte mit, damit ich besser wach bleiben kann. Jede Woche bin ich freiwillig in der Nachtschicht. Mit Rohr, diesem Dummkopf von Nazi, habe ich nichts mehr zu tun. Die Geschichten zwischen Rohr und Haac sind lustig. Fast jeden Abend findet Haac bei seiner Ankunft einen Zettel auf seinem Tisch: »Ich wüsste doch gern, wo die Nägel geblieben sind, die ich da und da hin gelegt hatte.« Unterschrift: Rohr.

Morgens hinterlässt dann Haac einen Zettel: »Ihre Nägel sind mir wurscht, ich habe sie nicht angerührt.« (Dabei weiß ich ganz genau, dass er sie genommen hat, um seine Schuhe zu besohlen.) »Ich möchte lieber wissen, was Sie mit meinem Zweifarbstift gemacht haben, den ich gestern auf dem Tisch gelassen habe.«

Abends wieder ein Zettel: »Selber schuld für Ihren Stift. Warum haben Sie dies und jenes Regal woandershin stellen lassen? Heute noch lasse ich es da und dort anbringen.«

Haac nimmt mich zum Zeugen: »Ja, ja, Rohr ist ein großer Filou, alles stiehlt er mir.«

»Comme ci, comme ça« hatte für alle Ausländer, die ich in den Lagern gekannt habe, die Bedeutung von »stehlen«. Wieso? Ich vermute, wegen der Handbewegung, die man macht, wenn einen jemand fragt, wie es einem geht, und man antwortet: »Ach, comme ci, comme ça«. Sie haben sich die Handbewegung gemerkt und nicht versucht, die Bedeutung der Worte zu verstehen. Das hat mich oft wütend gemacht, und ich habe versucht, den Russen, den Deutschen und den Polen die tatsächliche Bedeutung zu erklären. Sie haben sie verstanden, aber den Ausdruck trotzdem weiterhin im Sinne von »stehlen« verwendet.

Abends, bevor es dunkel ist und wenn ich die Elektroinstallation fertig habe, mache ich manchmal einen Gang oben auf der Fabrik. Eine hölzerne Passerelle führt von einem Ende zum anderen. Da oben steht ein Flakposten mit einer 37er-Kanone, die zum Himmel ragt. In der Ferne sieht man die Ostsee, deren Ufer ganz nah ist, vielleicht in 800 Metern, aber es ist teilweise versteckt von den Fichten, die von der Fabrik bis zum Wasser hinunter stehen. Unsere beiden Gebäude bilden das *Versuchsserienwerk Süd*. Nur unseres ist mit elektrischem Stacheldraht umzäunt und wird von SS-Leuten bewacht.

Gegenüber sind sehr viele Gleise, eine große Kaserne und ein Dorf, sicher Peenemünde. Die Kameraden, die mit dem Ausbreiten der Tarnnetze auf dem Dach beschäftigt sind, haben mir gesagt, dass es 200 Meter von unserer entfernt, zur See hin, noch eine Fabrik gibt. Ich kann mir noch so große Mühe geben, aber auf den ersten Blick sehe ich nichts. Erst auf den zweiten Blick erkenne ich diese Fabrik, die genauso groß ist wie unsere. Diese verdammten *Boches* sind einfach Genies in Sachen Tarnung, das muss man ihnen lassen. Man sieht nichts. Man muss wissen, dass dort etwas ist. Die Mauern haben die Farbe der Bäume, und auf dem Dach machen mit Fichtenzweigen besteckte Netze die Illusion perfekt. Manchmal haben wir Alarm; dann müssen alle sofort nach drinnen, und eine dichte Rauchwolke steigt um die Fabrik herum auf.

Trotz der Nachtschicht bin ich von den Sonntagsappellen nicht befreit, bei denen wir exerzieren müssen. Die beiden Blocks, jeweils 300 Mann, müssen sich in Fünferreihen auf der betonierten Straße längs der Fabrik aufstellen.

Jeder Blockälteste lässt seine Untertanen exerzieren. Unser Blockältester ist ein Deutscher, ein BVer, dem wir wegen seiner unglaublichen Ähnlichkeit mit diesem Schauspieler den Spitznamen »Harry Baur« verpasst haben. Schnurgerade aufgereiht, hören wir: »*Ruhe … stillgestanden … Ruhe … stillgestanden …*«

Und dann die unvermeidlichen: »Vorwärts marsch, halb um rechts« usw. Aber das Schlimmste ist das: »*Mützen … ab*!« Wir stehen stramm, bei dem Wort »Mützen« fliegt die rechte Hand an die Mütze, und bei »ab« reißen wir uns die Mütze vom Kopf und knallen sie uns ans Bein. Das hört sich einfach an, ist es aber ganz und gar nicht. Das Geräusch der 300 Mützen muss exakt gleichzeitig und so laut wie nur möglich sein. Dann ist »Harry Baur« zufrieden, und wenn der Kommandant da ist, sieht er ihn mit einem unterwürfigen Blick an. Aber bis wir dieses Ergebnis erzielen, brauchen wir eine oder zwei Stunden. Und wenn es dann endlich zufriedenstellend ausfällt, muss es zusammen mit den anderen Blocks gemacht werden. Diesmal müssen 600 Mützen genau gleichzeitig knallen. Das bedeutet noch mal eine knappe halbe Stunde Üben.

Das Groteskeste ist die Prozedur, die jedes Mal darin besteht, die Mützen wieder aufzusetzen. »*Mützen … auf*!« Wir setzen die Mützen irgendwie wieder auf und lassen den Arm sofort wieder sinken.

»*Korrigieren*!« Diesmal versuchen wir mit beiden Händen, die Kopfbedeckung möglichst vorteilhaft für das eigene Gesicht hinzubekommen. Und solange nicht das »*Fertig*!« des Kommandanten erklungen ist, müssen wir die Hände in der Luft lassen und an der unseligen Mütze herumfummeln, aus der nach diesen Sitzungen der Staub für die Woche herausgeklopft wird.

Eines schönen Nachts werde ich wieder beim Schlafen erwischt. Diesmal wird meine Häftlingsnummer aufgeschrieben, und als ich am nächsten Morgen in den Speisesaal gehe, um die Kaffeebrühe zu trinken, sehe ich, wie der Kommandant hereinkommt und Nummer 4707 aufruft (die neue Nummer, die ich bekommen habe, denn jetzt gehören wir zum Lager Ravensbrück). Donnerwetter, jetzt muss ich aufpassen.

Er nimmt mich mit ins Zimmer des Lagerältesten:

»Du hast diese Nacht geschlafen?«

»Ja, ich war müde.«

»Was? Müde? Du hast nichts zu tun! Du kriegst den Hintern voll und kommst in ein anderes Kommando. Dummkopf!«

Dann strecke ich mich flach auf dem Bauch auf dem Tisch aus, Füße auf dem Boden. »Harry Baur« soll zuschlagen. Ich habe es schlecht getroffen. Und die Sitzung wird eine Weile dauern, denn der Kommandant hat sich neben mich gesetzt, um das Schauspiel noch besser zu genießen. Weder Knüppel noch Schlagstock in Sicht. Was soll's, ein Besen wird zu meinen Ehren kaputt geschlagen.

Es hat nicht lange gedauert, aber gespürt habe ich es doch. Nur drei Hiebe. Ich hatte mit wenigstens 15 gerechnet. Warum hat der Kommandant so früh das Zeichen gegeben, aufzuhören? Noch habe ich keine Ahnung. Aber »Harry Baur«, dieses Schwein, hat mich schön zugerichtet, denn er hat den Besenstiel mit beiden Händen genommen und mir die drei Schläge mit aller Kraft verpasst. Das brennt.

Man öffnet mir die Tür, ich darf schlafen gehen. Ich besichtige die beschädigte Stelle: drei lilarote Streifen zeichnen sich schon ab. Trotzdem bin ich noch ganz gut weggekommen. Was mir viel mehr Kummer bereitet, ist, dass ich meinen Arbeitsplatz verloren habe. Wer weiß, wohin es mich jetzt verschlagen wird.

Na ja, ich treffe es nicht allzu schlecht! Mit Hammer und Meißel mache ich Löcher im Boden der Fabrik. Was ist dieser Zement hart! Wir arbeiten im Sitzen, das ist das Wichtigste. Nur sind wir mitten in der Fabrik, mitten in »Schnauzbarts« Operationsfeld. Wir müssen ununterbrochen hämmern, nicht sehr kräftig, denn man kann natürlich so oder so hämmern. Jetzt bin ich in der Tagschicht. An der Fabriktür erheben sich schon fünf riesige Torpedos, die V2-Raketen. Wie soll so was fliegen können? Das scheint sich Ingenieur Baal auch zu fragen, denn, von Haus aus hundsgemein wie ein SA-Mann, sitzt er stundenlang vor dem Destillationsmotor einer V2 und raucht in Gedanken versunken seine Pfeife. In seiner Vorstellung muss er schon London und England zerstört sehen, die Engländer, wie sie um Gnade bitten, Moskau in Flammen, die Russen, wie sie sich voller Entsetzen in die tiefste Tiefe ihrer Steppen flüchten, New York ohne Wolkenkratzer und die Amerikaner, die sich niederwerfen.

Gegen halb zwei morgens am 18. August wache ich auf. Im Schlafsaal flüstern meine Kameraden miteinander. Ich mache mich schlau.

»Was ist los?«

»Hast du nicht gehört: Alarm!«

»Ach, umso besser, sicher greifen sie Stettin an und werden es schön herrichten.«

Ein paar Minuten vergehen, dann hören wir das Brummen eines Flugzeugs. Ich versuche wieder einzuschlafen. Und plötzlich hören wir, noch weit entfernt, Bomben fallen. Da überfällt mich riesige Angst: »Das war's«, denke ich, »sie haben uns entdeckt, jetzt machen sie alles platt.« Ich habe schon von amerikanischen »Bombenteppichen« reden hören, und hier werden sie es bestimmt so machen. Ich versuche zu rationalisieren: Ihr Geheimdienst muss ihnen übermittelt haben, dass hier politische Häftlinge sind, aber das ist als Argument ziemlich dünn. Tatsächlich, was bedeutet schon das Leben von sechshundert Männern angesichts der Gefahr, die diese fürchterliche Waffe für zehntausende Menschen darstellt! Und die Angst wächst, je näher die Bomben kommen. Ich steige aus meinem Bett und gehe an einem Betonpfeiler in Deckung. Strom gibt es längst nicht mehr, und in der Dunkelheit hören wir, wie der Kommandant uns zubrüllt, wir sollen dableiben und nicht in die Bunker gehen. Dabei ist dort genug Platz, und sie sind stabil gebaut: 2,10 Meter Stahlbeton bilden die Decke, und die 80 Zentimeter dicken Wände sind auch aus Stahlbeton; die riesigen Türen sind gepanzert, und im Innern sind mehrere Abteile, die ebenfalls durch gepanzerte Türen abgetrennt werden können. In jedem dieser Bunker befinden sich von Hand zu bedienende Pumpen für die Luftzufuhr. Ich liege auf dem Beton und spüre jeden Bombeneinschlag; unsere Gebäude stehen auf Sand, und die Geräusche und Bewegungen des Bodens werden sehr stark übertragen. Diese Bomben fühlen sich an wie gewaltige Hammerschläge auf den Boden, und sofort darauf erfolgt die Explosion. Ich rufe Michel zu mir.

Jäh bricht es mit schrecklichem Getöse über uns herein. Von diesem Augenblick an bin ich wieder bei völlig klarem Verstand. Vor mir ein großes Licht, ein Geräusch zersprungener Flaschen, Ziegelsteine fliegen in alle Richtungen, die Betten brechen über mir zusammen, all das in einem Blitz. Im Raum herrscht große Verwirrung, alle wollen raus. Aber es braucht viel Aufwand, um bis zur Tür zu kommen.

Die Welle ist vorüber. Wir hören nur die Verwundeten schreien und das Feuer prasseln. Eine andere Bombe ist auf den Speisesaal gefallen und hat mehrere unserer Kameraden getötet. Der ganze Flur ist voller Trümmer und Verwundeter, und wir treten auf sie, ohne sie zu sehen. Bei vollem Verstand und mit Michel hinter mir gehe ich nach draußen. Im Lebensmittelmagazin hat sich die Plünderung von Brot und Zigaretten bereits eingespielt. Ich sage mir, wenn sie unter den Bomben bleiben wollen, nur zu, aber ich will lieber aus der Fabrik raus. Durch eine in Stücke gerissene Tür sehen wir das Draußen: Die Leuchtraketen tauchen es in taghelles Licht. Wir warten ab, bis eine weitere Angriffswelle ihre Bomben in der Nähe abgeworfen hat, und wagen uns durch diesen improvisierten Ausgang nach draußen. Und als die Flugzeuge sich entfernt haben, springen wir über die Straße und rennen in den Wald. Ich bin barfuß und habe nur meine Hose und mein Hemd an. Michel ist auch barfuß, aber er trägt seine Jacke und nur seine Unterhose. Unser Ziel ist einfach: uns von der Fabrik entfernen und zur glitzernden See laufen, die den Fliegern sagt: »Hier gibt es für euch nichts zu zerstören.« Wir haben das Glück, auf einen Wachturm zu stoßen, an dessen Fuß eine Bombe hochgegangen ist. Keine Spur mehr von einem Wachturm. Nur ein klaffendes Loch, ein paar Bretterreste und auf der Erde der elektrische Stacheldraht, dessen Schnüre kleine bläuliche Funken werfen; sehr nützlich übrigens, damit wir nicht in den Tod rennen. Dann kommen noch ein paar Flugzeuge vorbei und werfen auf gut Glück einige Geschosse ab. Wir kauern in einer Mulde und hören, wie die Splitter die Äste von den Bäumen reißen, und phosphoreszierende Materie geht in einem Schauer auf uns nieder. Es ist der letzte Alarm. Erst in diesem Moment bemerken wir, dass wir beide Verletzungen an den Füßen haben. Es ist nicht sehr schlimm, aber doch ziemlich schmerzhaft.

In einiger Entfernung brummen die Flugzeuge und werfen unablässig ihre Ladungen von Sprengkörpern ab. Die Erde wimmert und öffnet sich in blutigen Blitzen, sie schleudert ihre Trümmer von Boden, Gebäuden und Menschen gen Himmel. Die ganze Gegend ist eine einzige Feuersbrunst, und die fliegenden Monster da oben tun alles, um sie in Gang zu halten. Bewegt denke ich an all die alliierten Freunde, die nur wenige hundert Meter entfernt sind, nur eben in der Luft, und das Bedauern darüber, dass ich mich General de Gaulle nie habe anschließen können, lastet schwer auf meiner Seele.

Wir überqueren die Gleise der elektrifizierten Eisenbahn, die in der Nähe des Lagers vorbeifährt. Etwa einen Kilometer von der Fabrik entfernt stoßen wir auf einem kleinen Pfad auf zwei SS-Männer. Sie scheinen über diese Begegnung nicht gerade erfreut – wir übrigens auch nicht. Das müssen Patrouillen von den Wachtürmen sein, die sich klugerweise zurückgezogen haben. Werden sie uns der Flucht bezichtigen? In Wirklichkeit denken wir darüber kaum nach, so, wie wir gekleidet sind und mit kahl geschorenem Kopf, blutenden Füßen, ohne Geld und ohne jede Ahnung, wo es aufs feste Land geht. Ziemlich grob fordern sie uns auf, sie zu begleiten: »Zurück, *nach dem Lager.*«

Auf dem Weg, den sie einschlagen, kommen wir zu einer kleinen Anhöhe. Von dort aus sehen wir die glutrote, völlig zerstörte Fabrik. Etwas weiter links die riesige Kaserne, deren Dach eingestürzt ist; auch sie brennt, und die Flammen schlagen aus allen Fenstern. Noch weiter links das Dorf Peenemünde; ein regelrechter Flammenteppich erstreckt sich über mehrere Hektar. Im Gegenlicht zwischen uns und diesem Schauspiel stehen reglos die verkohlten und verstümmelten Silhouetten dieser grässlichen kleinen pommerschen Fichten.

Unsere beiden SS-Männer hatten einen solchen Anblick nicht im Geringsten erwartet. Der eine sieht ganz besonders überwältigt aus: »*Krieg ... verfluchte Scheiße!*«

Wir bleiben einen Augenblick stehen. Dann gehen wir zur Fabrik zurück, da das Geräusch der Flugzeuge sich entfernt. Durch eine Lücke im Stacheldraht lassen sie uns wieder hinein. Sie selbst gehen in eine andere Richtung; ganz offensichtlich legen sie ebenso wenig Wert wie wir darauf, dass diese Begegnung bekannt wird. Von der Waldlichtung aus betrachten unsere Kameraden den Brand. Innerhalb der Fabrik versuchen ein paar, Kleider und Nahrung in Sicherheit zu bringen. Ich gehe wieder zu meinem Schlafsaal, der nicht brennt. In diesem Chaos finde ich meine Jacke nicht wieder, aber sei's drum, da nehme ich halt eine andere. Ich reiße die Häftlingsnummer ab. Michel macht es mit einer Hose genauso. Wir tasten unter den Betten herum und finden jeder ein Paar Schuhe; jetzt sind wir gewappnet. Dann höre ich Schreie im Innern der Fabrik und vereinzelte Schüsse. Das muss aus dem Lebensmittelmagazin kommen; im Dunklen wage ich mich hin. Bei Kerzenschein spielen alle BVer Polizei und zwingen den anderen ihren Willen auf. Gewöhnliche Strafgefangene, Mörder, Gauner und Diebe stellen die Autorität dar – das erscheint ziemlich befremdlich. Sie stopfen sich mit Brot voll und rauchen eine Zigarette nach der anderen, und bewaffnet mit riesigen Knüppeln schlagen sie unter grobem Gelächter auf die ausgehungerten Schatten ein, die sich zu nähern versuchen. Von diesem Schauspiel angewidert gehe ich wieder in den Schlafsaal. Eine Gruppe Kameraden sitzt in einer Ecke auf noch stabilen Bettgestellen und diskutiert.

»Sch…! Da haben wir ja schön was abgekriegt!«

»Wir in unserer Stube haben noch Glück. Habt ihr die Einschlagstellen gesehen? Neben jeder Wand des Raumes eine Bombe, und jede weniger als 20 Meter weit weg. Zum Glück waren es keine Zweitonnendinger!«

»Trotzdem, umso besser für ihre Dreckserfindung. Jungs, morgen müssen wir aufpassen, die werden mit Vorsicht zu genießen sein. Ich sehe Baal schon jetzt, wie er herumrennt und mit einem Teelöffel nach seinem Motor sucht! Das wird mir eine schöne Rache sein für die Prügel, die er mir neulich von ›Schnauzbart‹ hat verabreichen lassen!«

»Ach, die Engländer sind aber trotz allem mächtig stark!«

»Wieso?«

»Habt ihr nicht gesehen? Die erste Bombe ist genau auf das E-Werk der Fabrik gefallen.«

»Du spinnst! Du glaubst, die haben das extra gemacht? Wenn sie so stark gewesen wären, meinst du, dann hätten sie all diese Bomben danebengeschmissen? Im Wald sind mindestens zehnmal mehr gelandet als auf der Fabrik.«

»Apropos, der Häftlingsälteste ist im Speisesaal getötet worden, zusammen mit dem Übersetzer. Ich frage mich, wer den wohl ersetzen wird. Die BVer zeigen allmählich ihre Zähne, und wenn die das Sagen kriegen, haben wir nichts zu lachen.«

»Auf jeden Fall ist der Kommandant ein hundsgemeiner Kerl, denn er hätte uns in die Bunker lassen können, und dann wäre kein Einziger getötet worden. Andererseits – vorher war er uns gegenüber ziemlich anständig.«

»Ja, aber jetzt begreifst du: Die Fabrik ist zum Teufel, wir werden nicht mehr gebraucht, wir können für sie keine interessante Arbeit mehr machen, und da kommen wir wieder in den Rang simpler Handlanger.«

Ich bin zu müde, dem Gespräch zu folgen, und schlafe ein.

Die Kühle weckt mich, und es ist schon früher Morgen. Im trüben und unendlich traurigen Morgengrauen suchen einige immer noch etwas in den Trümmern. Auf der anderen Straßenseite zahlreiche Verletzte auf Decken. Tote in einer Ecke. Ziemlich wenige übrigens: achtzehn.

Allmählich tauchen die SS-Männer wieder auf und erkundigen sich nach den Schäden und Verlusten. Sie sehen alle angespannt aus, und der Bombenangriff hat ihnen sichtlich moralisch zugesetzt, aber kein Einziger würde es wagen, so etwas auch nur anzudeuten.

Später erfuhr ich die genaue Bilanz dieses Bombenangriffs, den 600 viermotorige Maschinen geflogen hatten. Unter den 15000 Einwohnern der Insel wurden fünftausend Tote gezählt, darunter 150 Fachingenieure. Darüber hinaus waren die wichtigsten Einrichtungen zur Produktion der Geheimwaffen außer Betrieb gesetzt worden.

Im Inneren der Fabrik herrscht großes Durcheinander, denn die Mauern sind auseinandergebrochen, und die Trümmer bedecken den Boden. Das Dach ist eingestürzt, und die Maschinen sind beschädigt. Einige der Brückenkräne sind heruntergestürzt und die übrigen blockiert und in vielen Fällen kurz und klein geschlagen. Auf den ersten Blick erscheinen die Schäden nicht sehr groß, aber doch groß genug, dass die *Boches* beschließen, diese Fabrik stillzulegen.

»Was werden sie jetzt mit uns machen?« Wir alle stellen uns diese Frage. Die Fabrik ist zerstört, und es wird lange dauern, bis sie wieder etwas werden bauen können. Vielleicht gehen wir wieder auf Transport.

Bis zum Mittag lassen sie uns in Ruhe. Dann kommt ungefähr um diese Zeit ein Lastwagen mit Suppe. Damit haben wir nicht gerechnet. Jetzt begann das Leben, das zwei Monate lang dauern sollte. Alle BVer haben sich mit Titeln geschmückt: Kapos oder Vorarbeiter. Als Lagerleiter wählen sie Miska, der früher Kapo bei den Drehern war. Er sieht wie ein richtiger Mephisto aus und hat sage und schreibe siebzehn Verurteilungen auf dem Buckel. Als Erstes hält er uns eine kleine Ansprache:

»Wer mir nicht gehorcht, kriegt Prügel. Ich entscheide für euch über Leben und Tod. Heute Nachmittag fangen die Aufräumarbeiten an. Nach der Suppe stellen wir die Arbeitskommandos zusammen, und dann wehe den Nichtstuern.«

Dann beginnt die so sehnlich erwartete Ausgabe. Jeder bekommt einen halben Liter Suppe, obwohl die erlaubte Menge ein Liter ist. Der gesamte Nachschlag geht an die BVer. Als die Ausgabe beendet ist, füllen sie mehrmals ihre Näpfe und schlagen sich den Bauch voll, bis sie nicht mehr können, während wir ihnen ausgehungert und hasserfüllt zusehen. Als sie fertig sind, steht Miska auf und ordnet eine Versammlung an. Erst in diesem Augenblick wird vielen klar, dass wir werden arbeiten müssen, und das gefällt uns nicht so sehr. Manche versuchen, sich in die Trümmer, die Krankenstube oder den Wald zu verdrücken. Aber dafür umzingeln die BVer unsere Gruppe viel zu rasch, und mit heftigen Knüppelschlägen jagen sie uns die Straße entlang. Diese Sportart muss ihnen gefallen, denn in der Zeit, die wir noch hier verbringen, werden sie sie noch oft ausüben.

In meinen anderen Lagern sollte ich noch oft an diese Zeit vor dem Bombenangriff auf Peenemünde zurückdenken, und sie erschien mir wundervoll.

Aber es war schon besser so, denn der Bombenangriff verzögerte die Serienproduktion der V2 um vier oder fünf Monate.

Erst von diesem Tag an beginnen wir zu leiden. Das richtige KZ beginnt.

Da die Schlafsäle zerstört sind, müssen wir in den Bunkern schlafen. Am ersten Abend, den wir in einem einzigen Raum des Bunkers 14 verbringen, bin ich einer von 57. Der Raum ist 4 mal 4 Meter groß und 2,50 Meter hoch. Das ergibt 40 Kubikmeter Luft. Wenn man das Volumen des Mittelpfeilers und der Luft-Pumpe abzieht, bleiben kaum 35 Kubikmeter übrig. Und das für 57 Männer zwölf Stunden lang. Tür und Fenster sind verschlossen, und nach einer Stunde keuchen wir. Erst abwechselnd, dann jeweils zu zweit versuchen wir die Luft-Pumpe zu bedienen, aber die Anstrengung ist zu groß für das dünne Resultat. Wir kauern aufeinander, und die Wut packt uns. Erbittertes um sich Treten, Schläge, Schreie.

»Halunke, du zerquetschst mir die Pfote!«

»Hörst du wohl auf, mich in den Rücken zu treten? Wenn ich mich nur umdrehen könnte, würde ich dir liebend gern eine reinhauen.«

»Kannst du aber nicht, und ich sch… drauf. Mach dich halt nicht so breit.«

Es ist traurig, aber so ist es. Als der Tumult zu groß wird, geht die Tür auf, und ein Schwall frischer Luft dringt herein, aber auch der Bunkerchef mit seinem Knüppel. Er stellt die Ruhe wieder her, indem er von einem Körper auf den anderen springt, denn wir sind so dicht zusammengedrängt, dass man den Boden nicht mehr sieht. Dabei teilt er aufs Geratewohl heftige Schläge aus: »Ruhe, Schweinebande, ich kriege auch keine Luft.«

Was für ein Lump! Sie sind ein halbes Dutzend und haben im Eingangsbereich des Bunkers fast gleich viel Platz wie wir. Und sie müssen die Eingangstür offen lassen. Sie sperren uns hier aus schierer Bosheit ein. Ich bin sicher, dass es ihnen nicht von der SS befohlen worden ist. X

Wenn wir aufs Klo müssen, pochen wir an die Tür und gehen so lange raus wie wir brauchen. Aber wenn wir zurückkommen, haben wir keine Möglichkeit, unseren Platz wiederzufinden. Anfangs hat es derart gewaltsame Auseinandersetzungen ausgelöst, dass manche bis zum Morgen stehen bleiben mussten, und daher verkneifen wir es uns jetzt, aufs Klo zu gehen.

Als er es schließlich nicht mehr aushält, öffnet ein Belgier das gepanzerte Fenster und rutscht vorsichtig nach draußen, um frische Luft zu schnappen. Einige Gefährten folgen ihm. Kurz darauf hören wir in den Gängen Getrappel, und drei von ihnen kommen in aller Eile durch dieses Fenster zurück und legen sich sofort hin, aber der Belgier ist nicht bei ihnen. Draußen hört man entsetzliche Schreie, Schläge und gutturales Heulen. Der Unglückliche muss auf die BVer gestoßen sein, die auch Luft schnappten und ihm jetzt wutentbrannt über diese Entdeckung eine Tracht Prügel verpassen. Am nächsten Tag ist er in der Krankenstube, mit gelb, blau und schwarz geschwollenem Gesicht, und seine Gliedmaßen sind ebenso gezeichnet wie die Geschlechtsteile. So etwas erwartet uns bei der geringsten Unbotmäßigkeit. Wir werden listig sein müssen.

Die ersten Tage lasse ich mich einem Kommando zuteilen und muss trotz meiner Verletzung barfuß Bretter aus den Trümmern tragen. Ich habe das Pech, dem Kapo unsympathisch zu sein. Der ist natürlich ein BV; er hat eine Visage wie ein Degenerierter und leidet an Kehlkopftuberkulose. Einen ganzen Vormittag lang verfolgt er mich auf meinem Weg mit Knüppelschlägen. Die Nägel in den Brettern zerfetzen mich, und der Verband aus Papier ist längst schon zerrissen und im Schutt geblieben. Die Wunde an meinem Fuß blutet. Ich zeige sie ihm, um ihn zu erweichen:

»Scheiße!«, antwortet er, »macht schneller.«

In den Ruinen habe ich ein Stück schwarzen Stoff gefunden, das während der Nachtschicht zur Verdunklung der großen Fabrikfenster diente, und wie viele andere will ich mir eine Weste daraus machen. Dieser Stoff ist auf jeden Fall hinüber. Der Kapo bemerkt es:

»Was ist das?«

»Leinwand, das hält warm.«

»Sabotage! Du, wenn du frierst, brauchst du nur zu arbeiten, da wird es noch wärmer. Los, in Position.« Das bedeutet: Bück dich, damit ich dich bestrafen kann. Ein Vorarbeiter hält mich fest, während er mir mit einem Stück Elektrokabel auf die Beine schlägt. Zum Glück muss er schon erschöpft sein, da er schon seit dem Morgen prügelt, denn nach zehn Schlägen hört er auf. Noch einen zum Abschluss auf den Kopf, damit ich mir ein für allemal klarmache, dass ich ihm auf Gnade und Verderb ausgeliefert bin, und dass ich Glück habe, wenn er mich nicht totschlägt. Und da er vermutet, dass ich nicht mehr gehen kann, empfiehlt er mich dem Kapo eines anderen Kommandos, der genau so ein Leuteschinder ist. Da müssen wir nicht umhergehen, sondern nebeneinander in einer Kette räumen wir mit der Schaufel die Trümmer aus einem Gang. Der Kapo schreitet die gesamte Reihe ab und knallt seinen Gummiknüppel regelmäßig auf die Männer, obwohl sie doch arbeiten. Jeder Schlag wird von einem energischen »Los!« unterstrichen. Das ist der »normale« Zustand. Aber wenn er einen von uns dabei erwischt, wie er etwas langsamer macht, dann kommt die »spezielle« Variante: Er nimmt ihn mit zur Seite in einen Winkel und bricht ihm die Hälfte der Knochen. Die SS-Leute, die zur Bewachung da sind, können derart guten Vorarbeitern nur zustimmen. Die ganze Arbeit wird ihnen abgenommen.

Michel hat es demgegenüber geschafft, in die Krankenstube aufgenommen zu werden. In der Pause gehe ich hin und besuche Reynold, den BV-Krankenpfleger, der vor einigen Jahren seine Verlobte erwürgt hat. Er hat aber ein gutes Herz und teilt mich zu den leichten Arbeiten ein. Dieser riesige Rohling versorgt mich mit unglaublicher Sanftheit. Bevor ich wieder gehe, klaue ich noch zwei Papierbinden, und sobald ich draußen bin, mache ich mir einen riesig dicken Verband; dann gehe ich los und ziehe konsequenterweise das Bein nach.

Jetzt muss ich nur noch eine Anstellung finden, die zum Umfang meines Verbandes passt. Einstweilen bewaffne ich mich mit einem Besen, einem hier sehr gebräuchlichen Gegenstand, und tatsächlich gibt es ein Kehrkommando, das für die Verwundeten reserviert ist. Sie sind ungefähr zu zehnt in der ganzen Fabrik verteilt, vorzugsweise in den dunklen Gängen und abgelegenen Winkeln, von wo aus man die Gefahr rechtzeitig nahen sieht. Den Männern in diesem Kommando gelingt es, ganze Tage lang, versteckt hinter einem Schrank oder einem Stück Mauer, keinen einzigen Besenstrich zu tun. So angenehm das erscheinen könnte, aber diese Arbeit gefällt mir nicht. Es gibt Besseres.

Im ersten Stock arbeiten auch Leichtverletzte, und mit einem Lappen bewaffnet stauben sie die dicken Maschinen ab, in einem Tempo unterhalb der Wahrnehmungsschwelle. Na ja, aber eben im Stehen. Und dann der Traum: In einem der Magazine herrscht unvorstellbare Unordnung. Eine Bombe ist dorthin gefallen und hat Schraubenkästen kreuz und quer durcheinandergeschleudert. Eine ganze Mannschaft Hinkebeine sitzt da an einem Tisch und ist dabei, mit Sandpapier rostige Schrauben abzuschmirgeln.

Diese Arbeit mache ich eine Zeit lang. Wenn es hoch kommt, schmirgeln wir hundert Schrauben pro Tag blank. Wir sind in einer Ecke der Fabrik, und auf der einen Seite ist die aufgeplatzte Wand, von daher ist also nichts zu befürchten, und auf der anderen Seite sind Schränke wild durcheinander aufgestellt; dieses Labyrinth ist uns vertraut und verbirgt uns hervorragend vor den Blicken derer, die in der Fabrik umhergehen. Abwechselnd hält einer von uns Wache, während wir dösen. Von Zeit zu Zeit entdeckt uns ein SS-Mann. Wenn er zu uns herankommt, heucheln wir Überraschung, dabei wissen wir doch längt, dass er in der Nähe ist. Und wenn er dann bei uns ankommt, trifft er uns dabei an, wie wir mit Nachdruck an unseren kostbaren Schrauben herumrubbeln. Ich lege mein eingewickeltes Bein immer gut sichtbar auf einen Hocker. Meistens lässt der Typ dann von uns ab.

Eines Morgens werde ich angefordert, um den Bunker der Krankenstation zu kehren. Über einem Waschbecken hängt ein Spiegel. Ich bleibe davor stehen, und verdutzt über mein Aussehen murmele ich unwillkürlich: »Lieber Gott, was sehe ich mies aus!« Ein Kamerad, der mit mir dort ist, hat es gehört und betrachtet sich ebenfalls: »Du hast recht, ich habe mich auch mächtig verändert. Wir sehen aus wie richtig üble Kerle.« Stimmt, inzwischen sehen wir aus wie jemand, den man kaltblütig entschlossen nennt. Ja, kaltblütig entschlossen, zu allem, um hier herauszukommen.

Während dieser Zeit essen wir unregelmäßig: An

einem Tag gibt es einen halben Laib trockenes Brot, am nächsten Tag ein Brot für sechs Mann mit einem halben Pfund Margarine und einem Pfund Wurst, und dann wieder bekommen wir einen ganzen Laib Brot und 25 Gramm Margarine. Man versorgt uns mit den Beständen, die in den Ruinen auf der Insel gefunden werden. Es ist völlig klar, dass wir auf diese Art und Weise keine regelmäßige Ernährung bekommen können. Einmal gibt es 36 Stunden lang überhaupt nichts. Die Suppe ist eher dünn, und es ist schwierig, etwas zu »organisieren« (mit diesem Ausdruck werden die verschiedensten Methoden bezeichnet, mit denen wir versuchen, uns heimlich Nahrung oder Kleidung zu verschaffen).

Der Kommandant, der sich früher ziemlich gut um uns gekümmert hat, lässt uns fallen, denn wir sind nicht mehr interessant. Die BVer machen mit uns, was sie wollen. Eines Sonntagsnachmittags holen sie uns unter dem Vorwand eines Transports aus einem Bunker nach dem anderen heraus, und wir müssen uns in einer Fünferkolonne auf der Straße aufstellen. Dann filzen einige von ihnen die armseligen Lumpen, die wir tragen, ziehen uns nackt aus und lassen uns mit unseren Sachen in der Hand stehen. All die armseligen Kleinigkeiten, die wir gefunden oder selbst gemacht haben, werden konfisziert. Als wir ganz nackt sind, überfällt sie jäh der Wahnsinn; tatsächlich ist er auf den 90-prozentigen Alkohol zurückzuführen, den sie wer weiß wo gefunden haben und der für die Krankenstube zum Desinfizieren unserer Kleidung bestimmt war; sie haben ihn in großen Mengen geschluckt. Sie jagen uns mit Eisenstangen und Knüppeln, werfen mit Steinen nach uns oder prügeln mit Gürteln auf uns ein. Ein paar SS-Männer sind da und lachen sich krumm. Einer der BVer, der Oberpfleger, ist noch aufgeregter als die anderen und kriegt um ein Haar einen epileptischen Anfall. Wie soll man diese Mörder beschreiben, deren kahl rasierte Schädel die beunruhigenden Stigmata der durch den Alkohol verdoppelten Bestialität und blindwütigen Grausamkeit noch unterstreichen? Sie sind wirklich niederträchtig. Endlich findet das düstere Schauspiel seinen Abschluss. Einige Kameraden sind blutüberströmt. Wir ziehen uns wieder an und gehen in die Bunker zurück. Von einem Transport ist natürlich keine Rede mehr.

Ein anderer lustiger Sonntag in Peenemünde: Jählings interessiert sich der Kommandant für uns, aber nur, um uns zwei Stunden lang auf der Straße exerzieren zu lassen, vor dem Teil der Fabrik, der den Unterkünften der SS vorbehalten ist. Dann hält er uns eine kleine Ansprache:

»Einige eurer Kameraden haben in der Fabrik Brennspiritus und Trockenmittel gestohlen. Sie haben das getrunken. Auf dem Rückweg werdet ihr sie sehen. Ihr Beispiel soll euch eine Lehre sein!«

Dann gehen wir in Fünferreihen an einer Leiter vorbei, daran ist ein BVer, der Frisör des Lagers, mit Händen und Füßen gefesselt. Mit Schaum vor dem Mund windet er sich, und sein Kopf rollt von einer Seite zur anderen. Die anderen sind schon tot, daher werden sie für uns nicht zur Schau gestellt. Dieser da ist nach einer Stunde auch tot. »Fäustchen-Rudi«, der Austeiler, dessen eine Hand verkümmert ist, teilt es uns bei der Suppenausgabe mit.

Eines Morgens gehe ich zu den Toiletten hinunter, die mitten zwischen den Fichten in den Boden gegraben sind. Zu sechst sitzen wir auf dem Stamm eines gefällten Baumes und genießen ein paar ruhige Minuten. Plötzlich sehe ich, wie der »Uhu« eine Leiter an die Mauer lehnt, unterhalb der Öffnung, die hinter unsere Werkstatt geht. Der Scheißkerl hat kapiert, dass er uns anders niemals kriegen wird! Schon steigt er hinauf, und es ist zu spät, Alarm zu schlagen. Er wird alle Kumpel eingeschlafen am Tisch vorfinden, na, Mahlzeit. Wir brauchen da gar nicht mehr raufzugehen, das Versteck ist futsch. Es ist noch mein Glück, dass ich nicht dort bin. Tatsächlich erzählen mir meine Kameraden hinterher von dem Trubel, den der »Uhu« ihnen beschert hat.

Was mich betrifft, sollte ich doch nicht davonkommen. Auf der Suche nach einer neuen Arbeit laufe ich ziellos in den Fluren umher, aber zu meinem Unglück habe ich keinen Besen gefunden, dieses kostbare Werkzeug, um mein Hin und Her zu rechtfertigen. Ich sehe »Glasauge« kommen, zu spät zum Entrinnen! Einige rostige Nägel liegen auf dem Boden herum. Ich tue so, als wollte ich sie einsammeln, aber er ist nicht blöd, und am Schlafittchen hängend drehe ich mich um die eigene Achse und beziehe mordsmäßig Dresche. Als er mit mir fertig ist, wendet er sich ab und kümmert sich nicht weiter. Ich dachte, er brächte mich ins *Strafkommando*. In allem Unglück habe ich noch Glück. Damals schien mir, den meisten SS-Leuten sei es völlig egal, ob die Arbeit voranging oder nicht, und dass ein Häftling, der bei einer Verfehlung ertappt wurde, ihnen lediglich eine gute Gelegenheit böte, sich wieder etwas gelenkig zu machen und ihrem Hass auf uns, die wir nicht der »Herrenrasse« angehörten, Genugtuung zu verschaffen.

Schließlich lande ich bei dem Kommando, das Mörtel

von Ziegelsteinen abkratzt. Kranke und leicht Verletzte sitzen in der Sonne und befreien die noch brauchbaren Ziegelsteine mit einem Hammer von der Mörtelkruste und schichten sie auf. Das ist ganz ruhige Arbeit, da kann ich mitmachen. Ich bin in der Nähe von Roger, der eine besondere Kunstfertigkeit darin entwickelt hat, der Bande von französischen Strafgefangenen, die zusammen mit uns hierhergeschickt worden waren, die Würmer aus der Nase zu ziehen. Im Moment befasst er sich mit X., einem Totschläger, der im bürgerlichen Leben »drei« auf dem Gewissen hat. In einem anschaulichen Jargon erzählt er seine Geschichten. Was hat er hier zu befürchten? X. besitzt auch einen »Betrieb« und rechnet damit, als Wirt eines Bistros eines Tages in aller Ruhe sein Brot zu verdienen. Aber Vorsicht: Er hat Nietzsche und Schopenhauer gelesen!

An einem anderen Tag unterhält Roger sich mit Y., der auch jemanden auf dem Gewissen hat. Seit dem Bombenangriff gibt Y. vor, blind zu sein. Er ist ganz eindeutig am Kopf verletzt, aber herauszufinden, ob er wirklich blind geworden ist, das ist etwas ganz anderes. Er spielt seine Rolle jedenfalls so hervorragend, dass die SS-Leute und die BVer darauf hereinfallen, und das ist die Hauptsache. Kriegen kann man ihn nur so (dafür muss man eine Fluppe opfern, und die sind rar in Peenemünde): man lässt ihn in einer Ecke allein und wirft die Fluppe weg. Er tastet sich voran, und nicht weit weg von der Fluppe sieht er sich vorsichtig um, ob niemand da ist, und dann stürzt er sich auf das viertel Gramm Tabak zu seinen Füßen. Dann nimmt er seine tastende Gangart wieder auf. Auch in Dora wickelte er die *Boches* ein und bekam einen guten Platz. Unter den »Hartgesottenen«

ist auch »Marschall«, ein falscher Name. Er ist der Typ eleganter Betrüger. Mit achtzehn war er ein Jahr lang mit der L.V.F.* im Russlandfeldzug, und dann ist er desertiert. Er wechselt den Namen, tritt in die Gestapo ein und findet sich mit deutschen Papieren ausgestattet, die es ihm ermöglichen, die Offiziersuniform zu tragen und fruchtbringende Durchsuchungen vorzunehmen.

Er ist ein hübscher Kerl, sehr ruhig, hat wirklich Klasse. Im »France Soir«** vom 25. November 1945 höre ich wieder von ihm. Auch er ist aus dem KZ herausgekommen und hat nochmals den Namen gewechselt; außerdem nennt er sich jetzt »Marquis«. Von diesem Titel profitiert er, um die Mitgift einer jungen heiratswilligen Frau einzustecken und noch eine ganz unglaubliche Reihe von Betrügereien zu begehen. Jetzt sitzt er hinter schwedischen Gardinen. Bestimmt vermisst er die KZ, wo es ihm nie schlecht ging, da er die ganze Zeit in der Versorgung des Lagers eingesetzt war.

Diese Beschäftigung behalte ich also ein paar Tage, bis ich eines Morgens ins Strandkommando verfrachtet werde. Leider geht es hier nicht darum, schwimmen zu gehen oder ein Sonnenbad zu nehmen, obwohl die Ostseestrände dafür ja gerühmt werden. Am Ufer sind Bomben gefallen und haben die Wasserleitungen beschädigt, die zwei Meter unter dem Sand liegen. Das ist übrigens auch der Grund, warum wir im Lager kein Wasser haben; so trinken wir das dünne Rinnsal, das aus einer zerplatzten Kanalisation kommt, oder, gleich nebenan, aus dem Bombentrichter, der vollgelaufen ist, als

* Vgl. Fußnote S. 13/14.
** Französische Tageszeitung, die bis Ende 2011 in Paris erschien.

das Rohr platzte. Es heißt aber, dass auf seinem Grund Tote liegen. Auf jeden Fall haben wir da schon einen abgetrennten Fuß gefunden.

Es ist einen Kilometer vom Lager entfernt; im Gleichschritt gehen wir in SS-Begleitung hin. Wir kommen durch Peenemünde, und dort gibt es kein einziges Haus, das nicht abgebrannt oder zerbombt ist! Von diesem Dorf mit fünfzehnhundert Einwohnern ist absolut nichts Bewohnbares mehr übrig. Und den ganzen Weg entlang nichts als Bombenlöcher, ungefähr alle zehn Meter eines. Am Einsatzort angekommen, müssen wir die Gräben nachziehen und die riesigen gusseisernen Rohre herausholen. Zu zehnt nehmen wir ein Rohr mit zwei darunter hindurch gezogenen Stäben, und dann müssen wir sie zweihundert Meter weit schleppen, während unsere Füße im feuchten Sand versinken. Der Kapo brüllt und prügelt wild drauflos; es ist Reynold, der ehemalige Krankenpfleger, der sich seinen jeweiligen Funktionen ganz erstaunlich angleicht. Die Arbeit macht uns völlig k.o. Am Abend schleppe ich mich nur noch vorwärts. Aber meine Entschiedenheit hält mich aufrecht: Morgen kriegen sie mich nicht zu sehen. Beim Kommandoappell schlüpfe ich in die Reihen derer, die in der kleinen Werkstatt arbeiten, wo die noch intakten Maschinen aus der Fabrik aufgestellt sind und wieder zu laufen beginnen. Da sie keine Zeit haben werden, mich zu suchen, werden sie an meiner Stelle den Nächstbesten nehmen.

Während dieser ganzen Zeit ist die Situation ein klein wenig besser geworden. Ein paar zusätzliche Bunker sind uns überlassen worden, und wir sind nur noch vierzig pro Raum; das ist noch nicht perfekt, aber doch besser, denn wenigstens können wir schlafen.

Von Zeit zu Zeit gibt es eine Desinfektion. Wir ziehen uns aus und laufen ans andere Ende der Fabrik, bis zur Waschküche. Dort steht eine Badewanne, die halb voll ist mit einer schwärzlichen Flüssigkeit, Desinfektionsmittel, wie es scheint. Alle sechshundert müssen wir da durch, immer drei auf einmal. Wehe dem, der ganz untertaucht! So ausgehungert er auch sein mag, der Appetit wird ihm für eine ganze Weile vergehen: die schmutzigen Füße, die Hintern und die nässenden Wunden sind nicht eben appetitlich, wenn man in die Flüssigkeit tauchen muss, in der sie schon waren. Trotzdem ist es lustig, die drei ineinander verkeilten Typen da drin zu sehen! Schon weniger lustig, wenn man selbst dran ist.

Unser Bunker hat den Vorteil, dass er am nächsten zu dem gelegen ist, wo die Lebensmittel ausgegeben werden und die »hohen Tiere« des Lagers wohnen. Sobald es Nachschlag gibt, kriegen wir es als Erste mit, und es kommt nur selten vor, dass ich abends mal keinen vollen Napf zusätzlich habe. Wenn es zum Kartoffelschälen geht, werden immer Männer aus unserem Bunker genommen. Ich bin jedes Mal dabei. Eine Stunde lang müssen wir für die Küche der SS-Leute Kartoffeln schälen. Als Lohn bekommen wir einen Nachschlag Suppe. Ich treffe es sogar noch besser, denn ich bleibe immer nahe bei den Glaskugeln für Lampen, die an der Wand liegen, und sobald der Kapo nicht hinsieht, fülle ich eine davon mit diesen kostbaren Kartoffeln. Da passen mindestens drei Kilo Gemüse rein. Wenn die Kugel voll ist, decke ich sie mit einer anderen zu, und da das Ganze sich am Eingang zum Krankenbunker abspielt, gehe ich am nächsten Morgen ohne Umschweife wieder hin, nehme meine Glaskugel, als gehörte ich zum »Elektrikerkommando« und gehe zu Bernard, einem Kameraden aus Rouen, der in einem von der Fabrik völlig abgeschiedenen Winkel heimlich ein Feuer gemacht hat. Das nennt man »organisieren«.

Eines Morgens gibt es eine gute Neuigkeit: »Schnauzbart« begleitet das Kommando, das die Blindgänger zerstören muss, und jetzt ist ihm selbst einer zwischen den Beinen explodiert. Er war nur verletzt, aber hatte gebrüllt und nach seiner Mutter gerufen. Der Kommandant hat gegenüber den Häftlingen gesagt, der sei es nicht wert, bei der SS zu sein.

Am nächsten Tag komme ich in das Kommando in der Werkstatt. Der Kapo ist ein nicht sehr schlauer BVer. Er kriegt mich nur beim Appell zu sehen. Ich gehe nicht einmal an den Arbeitsplatz. Auf dem Hinweg verdrücke ich mich, immer zusammen mit Bernard, in einen Quergang. Ein Kamerad ist eingeweiht, wo wir zum Schlafen hingehen. Wenn es eine Kontrolle gibt, werden wir gewarnt.

Wir haben unser Lager in einem Teil der Fabrik aufgeschlagen, wo sich Keramikbecken befinden, die mit gewissen chemischen Produkten gefüllt werden sollen. Der Boden ist auf ungefähr vierzig Zentimeter angehoben und bildet ein Podium. Dieses Podium ist hohl. Eine Öffnung in einer Ecke ist gerade groß genug, dass man hineinkriechen kann. Drinnen ist es dunkel, und die Decke ist so niedrig, dass wir robben müssen. Dieser geheime Schlafraum ist gut eingerichtet. Es gibt Strohsäcke, Decken und sogar einen Marmeladeneimer für die dringenden Bedürfnisse. In der Dunkelheit krabbeln wir über ausgestreckte Leiber:

»Macht nicht so einen Krach, verdammt, wir werden doch entdeckt!«

»Ticho, bladjé, ididtch na kojki!« [»Ruhe, Hurensöhne, geht ins Bett!«]

Was die Russen brüllen, die noch gewalttätiger sind, schreibe ich nur phonetisch, ohne Rücksicht auf die Rechtschreibung.

Vorher gab es einen besseren Platz, unter den elektrischen Transformatoren. Aber eines Tages war Miska darüber informiert worden und war mit einigen BVern angerückt. Alle, die sie zu fassen kriegten, bekamen Stockschläge. An diesem Platz hatten wir mehr Luft, und es gab Stroh und Decken. Es scheint, das funktionierte schon vor dem Bombenangriff.

Hier ist es unmöglich, geschnappt zu werden. Es gibt fünf Ausgänge, aber nur zwei sind sichtbar. Wir haben leichtes Spiel. Nur für die Mittagssuppe kommen wir raus. Sobald die alle ist, gehen wir zurück, und manchmal bricht vor dem winzigen Eingang eine Schlägerei aus, weil alle den besten Strohsack haben wollen. Natürlich eine lautlose Schlägerei, schließlich wollen wir nicht die Aufmerksamkeit der SS-Leute erregen, die den Abschnitt bewachen!

Es ist unerhört, wie viel man schlafen kann. Acht von den zehn Stunden, die wir hier verbringen, schaffe ich zu schlafen, dazu noch der Schlaf nachts. So ging es bis zum Schluss. Ab und zu habe ich mal ein bisschen weniger Glück und werde zu einer Arbeit eingeteilt. Da habe ich dann einen miesen halben Tag, denn in der Pause verschwinde ich sofort. Aus meiner Verletzung kann ich keinen Vorteil mehr schinden, denn sie ist gut verheilt.

Während dieser Zeit ist Michel immer noch in der

Krankenstation. Eines Tages hat er eine Störung der Leber, die unbehandelt zu Bauchtyphus* führen kann. Nach ein paar Tagen isst er nichts mehr und wird immer schwächer. Dann verlässt er die Krankenstation nicht mehr, weil er unfähig ist, aufzustehen. Von diesem Augenblick an habe ich keine Möglichkeit mehr, ihn zu treffen. Mehrmals versuche ich, zu ihm zu kommen. Der Krankenpfleger, ein Pole, scheucht mich jedes Mal weg. Ich sage ihm:

»Ich bin mit ihm verwandt, ich möchte etwas für ihn tun.«

»Selbst wenn du sein Vater wärst, könntest du doch nicht verhindern, dass er draufgeht.«

Manchmal gelingt es mir abends, wenn die Verbände gewechselt werden, in seinen Raum vorzudringen. Er kann nichts essen und erbricht alles. Er ist sich nicht darüber im Klaren, wo das für ihn enden kann.

Als ich es schaffe, wegen Krätze in die Krankenstation aufgenommen zu werden, ist es zu spät. Michel ist schon im Koma und erkennt mich nicht mehr. Damit er die anderen nicht stört, wird er in einen extra Raum gebracht. Da kann ich dann wenigstens bei ihm bleiben. Zwei Tage später, am 9. Oktober, stirbt er in der Nacht, ohne Schmerzen. Am Morgen wird er weggebracht. So endet die Tragödie für meinen armen Freund, der ein begeisterter Gefährte im Abenteuer war; er stirbt als Opfer der Gleichgültigkeit der Häftlingskrankenpfleger.

Wir alle begreifen sehr wohl das Gesetz der KZ. Wer krank ist, kann fürs Überleben nur auf sich selbst zählen. Das ist wenig zum Leben, aber zum Sterben reicht es.

* Der medizinische Terminus lautet »enterisches Fieber«.

Erst drei Monate sind wir in Deutschland, und Michel ist schon tot. Und ich mache allein weiter. Wie viel Zeit bleibt mir noch? Und welche Prüfungen werde ich noch zu bestehen haben?

Auch wenn ich durchkomme, wird meine Freude nicht vollständig sein, denn ich werde sie nicht mit dem treuen und zuversichtlichen Freund teilen können, der zusammen mit mir davon geträumt hat, auf einem von Leclercs* Panzern zu kämpfen.

Natürlich, wenn man den Gerüchten glaubt, ist der Krieg in zwei Wochen zu Ende. Schon zwanzig Mal wurde es »aus absolut sicherer Quelle« verkündet, »ein SS-Mann hat es gesagt« … »Ein Kamerad hat in einer Zeitung gelesen, dass sie gelandet sind.«** – Nur ist es immer unmöglich, herauszufinden, wer das Gerede in die Welt gesetzt hat. Und wie viele fallen auf dieses Spiel herein! Heute schlucken sie gutgläubig eine wunderbare Neuigkeit, und morgen wird sich herausstellen, dass die Meldung falsch war, und der Unglückliche, der sie geglaubt hatte, wird am Boden zerstört sein. Da fallen mir Pétains Worte wieder ein: »Ich hasse die Lügen, die uns so weh getan haben.« Hier haben diese Worte wirklich einen Sinn. Wie viele habe ich beobachtet, die sich von einer Falschmeldung zur nächsten haben erschüttern lassen. Sie erinnerten mich daran, wie Schiffbrüchige sich verzweifelt an Wrackteile klammern, die unter ihrem Gewicht versinken. Ein Trugbild, das sie nieder-

* Leclerc: Philippe François Marie, Comte de Hauteclocque; französischer General im Zweiten Weltkrieg, im Widerstand trug er den Namen Jacques-Philippe Leclerc. Seit Mitte der 1980er Jahre ist ein spezieller französischer Kampfpanzer nach ihm benannt.

** Umschreibung für die Landung der Alliierten in der Normandie.

drückt, sobald es entschwindet. Mit der Neuigkeit erscheint ihnen ihr Zuhause, alles, was ihnen lieb ist, die Freuden, die sie sich ausmalen, all das erscheint ihnen fast zum Greifen nah: »Ach, Jungs, bald haben wir's hinter uns!« Und wenn sie dann morgen ihren Irrtum bemerken, verblasst das Trugbild vor dem düsteren Bild des Stacheldrahts und der Wachtürme im Regen, der dunkelgrün gekleideten Posten, die reglos im Licht der Scheinwerfer stehen, der Schreie, der erbarmungslosen Müdigkeit, des Hungers, des Schlamms, der Scheiße, des TODES.*

Ich hatte schnell begriffen, dass der einfältige Optimismus als Reaktion auf jedes neue Gerücht für den Häftling eine tödliche Gefahr darstellte. Dieses wiederholte Auf und Ab ist schlussendlich verhängnisvoll für die innere Verfassung. Man glaubt schließlich an gar nichts mehr; man gibt die Hoffnung auf. Und wer die Hoffnung aufgibt, ist verloren. Ich bin immer hinsichtlich der Kriegsdauer eher pessimistisch gewesen, aber ich habe niemals die Hoffnung verloren, und das hat mich in Dora und Belsen gerettet.

Ich denke, ich habe die Kriegsereignisse immer zutreffend eingeschätzt, vielleicht manchmal sogar unterschätzt, wenn sie günstig waren. So bin ich nie enttäuscht worden. Das ist einfach ein System, wie es auch andere gibt. Ich erkenne eine Nachricht nur an, wenn ich selbst davon gelesen habe. In Peenemünde gelang es uns von Zeit zu Zeit, die »Pommersche Zeitung« zu bekommen, und da ich gut genug Deutsch konnte, um die

* Im Original zur Betonung groß geschrieben: »la Mort«.

Meldung zu entschlüsseln, vertraute ich nur den Dingen, die ich selbst lese.

Aber auch ich blieb nicht davon verschont, ab und zu Trübsal zu blasen. Beispielsweise konnte ich an jenem Tag in Belsen, als ich las, dass die *Boches* begannen, die V2 nach England zu schießen, nicht umhin, einige bittere Überlegungen anzustellen. Aber das dauerte nur kurz. Ich schließe daraus, dass es eine Art Instinkt gibt, den Wert der Nachrichten zu unterscheiden.

Aber trotzdem: Wie deprimierend und entmutigend kann die Haltung unserer Wärter sein! Immer dieselbe Disziplin, ohne auch nur einen Augenblick nachzulassen, uns gegenüber immer dieselbe wilde Grausamkeit, und immer die so mitreißenden Gesänge, wenn sie in Gruppen marschieren.

Die einen sagen: »Ihr werdet sehen, wenn es zu Ende geht, werden sie sanft wie Lämmer sein!« Ich habe das nie geglaubt, und ich hatte Recht, denn in Belsen haben sie noch vor dem Lautsprecherwagen der Briten auf uns geschossen.

Andere wollen aus der Stimmung der SS-Leute Rückschlüsse auf den Verlauf des Krieges ziehen.

»Es muss schlecht für sie aussehen, denn sie haben ganz verdrießliche Gesichter!«

Manchmal stimmt das, aber im Allgemeinen gibt es keinen Zusammenhang. Vergessen wir nicht, dass der SS-Mann eine spezielle Mentalität hat, dass er bis zum Ende an den Führer glaubt, dass er der Meinung ist, die Ausfälle seien nur vorübergehende Rückschläge, und das REICH* werde eines Tages einen unzweifelhaft

* Im Original groß geschrieben: »le Reich«.

siegreichen Gegenangriff ausführen. Wann? Wie und womit? Davon weiß er nichts, aber – gutgläubiger Mystiker, der er ist – von Hitlers Allmacht ist er überzeugt. Und hat er denn so ganz Unrecht? Die V1 und V2 werden bald herauskommen. Und Deutschland arbeitet leidenschaftlich an der Atombombe … Muss man heute noch erwähnen, dass zweifellos nur wenig fehlte, dass die Nazis dieses außergewöhnliche Gerät eingeweiht hätten?

Und der tatsächliche Wendepunkt des Krieges war vielleicht doch der Bombenangriff auf Peenemünde. Indem sie diese geheime Versuchsanstalt komplett zerstörten und das wissenschaftliche Personal massakrierten und dabei uns, die politischen Häftlinge, auf beinahe wundersame Weise verschonten und so die Serienproduktion der V2 um fast sechs Monate aufhielten, haben die englischen Piloten zweifellos und vielleicht ohne sich darüber klar zu sein, die Welt vor der Hitlerdiktatur errettet.

Kapitel vier

Buchenwald und Dora

Einige Tage nach Michels Tod geht das Gerücht um: *Transport, Transport.* Und diesmal ist es wahr. An einem Sonntagnachmittag steigen wir in Waggons, die zur Fabrik gekommen sind, und dann werden wir weggebracht und lassen nach nur drei Monaten 31 Kameraden tot zurück. Diese Zahl scheint uns hoch, aber verglichen mit den Massen von Toten, die uns noch erwarten, ist sie winzig klein.

Dieser Transport, der uns von Peenemünde nach Buchenwald zurückbringt, bleibt eine meiner weniger schlechten Erinnerungen von dort.

Da ich im Augenblick der Abfahrt in der Krankenstation bin, steige ich in den Waggon, der den Kranken vorbehalten ist. Wir sind nur 28, dazu die beiden Bewacher von der SS. Wir können uns bequem im Stroh ausstrecken. Max, ein deutscher BVer, der als Krankenpfleger im Lager uns gegenüber ziemlich anständig war, teilt bei der Abfahrt an jeden von uns ein Brot, drei Portionen Margarine und Wurst aus. Das ist die normale Ration, die uns für einen Transport zusteht. Die Nacht ist kühl; ich ziehe mir meine Decken über den Kopf und schlafe ein.

Ein heftiger Schlag auf den Kopf weckt mich auf. Beunruhigt riskiere ich einen Blick: Verblüfft sehe ich ein Brot da auf meiner Decke liegen! Ich kann kaum glauben, dass es für mich ist. So verteilt Max an jeden von uns noch eines zusätzlich. Und danach geht das Fest noch weiter: Jeder bekommt ein ganzes Paket Margarine und ein ganzes Viertelpfund Marmelade. Keine Ahnung, woher das alles kommt. Hauptsache, wir haben es.

Max warnt uns: »Esst das alles schnell auf, denn bei der Ankunft in Buchenwald wird es euch abgenommen!« Wir sind schon in Halle, 60 Kilometer vor Weimar. Der Zug ist die ganze Nacht mit Hochgeschwindigkeit gefahren. So kommt es zu einer unbeschreiblichen Szene der Gefräßigkeit. Die Aussicht, dass ein solch unverhofftes Glück uns entrissen werden könnte, vervierfacht das Fassungsvermögen unseres Magens. Zum Glück gibt es Behälter mit genug Kräutertee, sonst wären wir alle erstickt. Jetzt möchte ich meine Kameraden mal sehen, die in Momenten des Heißhungers schworen, sie könnten ein ganzes Brot binnen einer Stunde verschlingen! Und dass sie problemlos einen Liter Marmelade verputzen könnten! Angeekelt von dem Geschmack nach Petroleum und Blech habe ich schon Mühe, mit meinem Viertelpfund fertigzuwerden. Sprechen wir nicht von der Margarine, denn davon habe ich jetzt noch Brechreiz!

Bei der Ankunft in Weimar hat jeder von uns noch eine ziemliche Menge Brot und Margarine übrig, aber trotzdem schaffen wir es, sie einzuschleusen. Zu unserem Glück übrigens, denn während der ganzen 36 Stunden, die wir uns in Buchenwald aufhalten, bekommen wir tatsächlich keinerlei Verpflegung.

Ich weiß nicht, warum uns diesmal der Eintritt ins Lager weniger trist vorkommt als beim ersten Mal. Na ja, die Sonne scheint ein bisschen, und wir haben uns auch schon etwas daran gewöhnt.

Wir werden in Quarantäne geschickt, in Block 61.

Zuvor sind wir desinfiziert und umgekleidet worden und haben neue Nummern bekommen. Ich habe die 28190. 28000 minus 14000 macht 14000! So viele Zugänge in drei Monaten! Das ist erschreckend.

Durch den Stacheldraht hindurch erkundigen wir uns, was während unserer Abwesenheit passiert ist. Im September sind zwei Transporte aus Compiègne gekommen. Die »20000er« und die »21000er«. Viele von ihnen sind sofort nach Dora geschickt worden.

»Was ist Dora?«

»Ach, ein Kommando.«

»Ist es da gut?«

»Man kann nur hoffen, dass ihr nicht da hinkommt, denn so wie ihr angezogen seid, als Zebras,* seid ihr reif für einen Transport.«

»Was wird in Dora gemacht?«

»Anscheinend wird ein Tunnel gegraben.«

»Kommen welche zurück?«

»Ja, fast jeden Tag ein ganzer Lastwagen voll Toter!«

Einige Kameraden aus dem Transport von Compiègne, die in Buchenwald geblieben sind, junge Männer aus Rouen, haben erfahren, dass wir dort sind, und kommen ihre Landsleute besuchen. Wie gut sie aussehen!

»He, was ist mit euch los? Arbeitet ihr in den Küchen?«

»Nein, in der Fabrik. Aber wir haben Pakete und Briefe bekommen. Und ihr?«

»Wie bitte – Pakete und Briefe? Wie haben eure Eltern denn die Adresse bekommen?«

* Anspielung auf den gestreiften Anzug der KZ-Häftlinge.

»Wir haben doch eine Woche nach eurer Abreise geschrieben.«

»Die Schweinehunde! Wir haben ein Mal nach drei Monaten geschrieben, und das wurde nicht mal abgeschickt. Abgesehen davon, wie geht's hier so?«

»Nicht schlecht, besser als in Dora. Wenn ihr da hinkommt, werdet ihr euch schinden müssen. Wenn man hier bei einem Vergehen ertappt wird, kommt sofort die Drohung: ›Wir schicken dich nach Dora.‹«

Nun ja, hinsichtlich dieses berühmten Kommandos Dora scheinen sie alle einer Meinung zu sein. Hoffen wir, dass wir da nicht hinkommen. Schließlich gibt es so viele andere Kommandos, da müssten wir schon richtig Pech haben, ausgerechnet in dieses zu kommen.

Die Hälfte unseres Transports wird noch am selben Abend in ein Kommando geschickt. Am übernächsten Tag sind wir dran.

Zu fünfzig pro Lastwagen und genauso vielen pro Anhänger fahren wir los. Es kann nicht weit sein, denn wir fahren nicht in Richtung Bahnhof.

Ich glaube, der Fahrer spinnt. Er fährt mit einem Höllentempo, und in den Kurven tritt er das Gaspedal durch und knallt mit dem Fahrgestell auf. Zum Glück sitzen wir, sonst würde der Lastwagen umkippen. Ich bin ganz hinten und schlucke jede Menge Staub. Durch die Bewegungen des Lastwagens wird mir rasch übel. Ich möchte mich übergeben, schaffe es aber nicht. Vor mir, auf dem Anhänger, stehen Miska und »Fäustchen-Rudi«, und nur ihre Drecksvisagen ragen über den Rand; sie sehen mich mit erfreuter Miene an. Sie haben ihr Lächeln wiedergefunden, sie kommen zurück ins Kommando, schön für sie. Aber es scheint, dass sie im Zug ganz honigsüß taten, denn im Waggon hält sich kein Kapo mehr, oft werden alte Rechnungen beglichen, und mehr als ein Schläger und mehr als einer, der die Häftlinge hatte hungern lassen, wird bei der Ankunft mit bläulichrotem Hals ins Krematorium gebracht. Die SS-Leute sagen nichts zu dieser Art von Vorkommnissen. Im Grunde ist es nur einer weniger. Aber wir waren noch zu neu in den KZ, um das zu wissen, sonst …

An Erfurt rasen wir vorbei. Wohin mögen wir wohl fahren? Es ist viel die Rede von einem Trümmerräumkommando in Köln, wo man anscheinend alles essen darf, was man findet. Aber es ist ein gefährlicher Abschnitt.

Schließlich kommen wir in einem seltsamen Lager an, das mich an die Camps der Goldgräber in den amerikanischen Filmen erinnert. Kleine runde Baracken aus buntem Karton mit spitzen Dächern stehen am Fuß eines Berghanges verteilt, mit frisch abgeschlagenen großen Sträuchern als Tarnung. Der Boden ist rötlichgelb. Schon geht das Gerücht um: »Das hier ist Dora.« Es sieht gar nicht mal so schrecklich aus! Trotz des im Übrigen dummen Redeverbotes beginnen die Unterhaltungen.

»Wie geht's hier so?«

»Ihr werdet es gleich sehen.«

»Und das Essen?«

»Mieser als in Buchenwald.«

»Sind die SS-Leute streng?«

»Ja, den ganzen Tag lang flitzen die umher.«

»Und was soll gemacht werden?«

»Den Tunnel graben und drinnen eine Fabrik aufbauen.«

»Wo ist denn der Tunnel?«

»Ihr fahrt heute Abend da runter.«

»Da drin wird geschlafen?«

»Und wie!«

Wir bekommen eine Ration Brot und Margarine, und dann werden wir bis zum Abend zufriedengelassen. Ich kann nichts essen, denn die Übelkeit nach der Fahrt auf diesem Lastwagen, der wir ein Boot schaukelte, macht mir immer noch zu schaffen.

Als die Nacht kommt, werden wir als Gruppe aufgestellt, denn wir sollen jetzt in den Tunnel hinunter.

Ach, dieser erste Anblick des Tunnels von Dora! Trotz all der Zeit bleibt das Bild genauso präzise in meiner Erinnerung eingeprägt.

Dieses riesige Tor, das Hunderte, ja Tausende von Männern in Fünferreihen verschlingt, aschfahl, schmutzig, mit ausdrucksleeren Gesichtern, alle in grau-blau gestreiften Anzügen, zum Geräusch der Holzpantinen, die im Gleichschritt auf dem Boden dröhnen. Im Inneren dringt der Tunnel in den Berg vor. In großen Abständen leuchten schwache Glühbirnen und lassen die tödliche Feuchtigkeit glänzen, die aus den Wänden sickert. Hinter einer breiten Kurve bleibe ich in der Menge hängen, denn ein Querstollen öffnet sich. Er bietet den Anblick einer Röhre von 20 Metern Durchmesser. Er ist noch nicht bis zur halben Höhe aufgefüllt wie derjenige, in dem ich im Augenblick bin, und hinuntersteigen müssen wir über eine schmale Leiter, an der man sich nur jeweils zu zweit einander gegenüber halten kann. Es ist ein albtraumartiges Schauspiel: die Reihe von winzigen Larven, die sich, so weit das Auge reicht, fortbewegen und dort unten im Dunkel verschwinden, im Staub und Rauch dieses riesigen Stollens, der vom gelben Licht der Glühbirnen nur spärlich beleuchtet ist. Sind wir in der Vor- und Frühgeschichte oder in einem Buch von Jules Verne? Am vorderen Ende der Leiter ist es noch schlimmer, da sind wir bei Dante. Diese Tausenden von Wesen, die seit Stunden darauf warten, an die Reihe zu kommen, sie schreien, brüllen, prügeln sich, ersticken einander. Wir sind entsetzlich zusammengedrängt. Manche sind an Ort und Stelle erstickt. Und unter dem Vorwand, Ordnung zu schaffen, vergrößern die Leute vom *Lagerschutz* die Verwirrung noch, indem sie unermüdlich ihre Schlagstöcke aus Kautschuk rechts und links auf die Köpfe knallen.

Lautes Gebrüll lässt mich hochschrecken. »*Platz, Platz.*«

Eine Patrouille von SS-Posten kommt daher. Wir machen uns noch etwas kleiner, um sie vorbeizulassen. Wenn es nicht schnell genug geht, kommen Gewehrkolben und Stiefel ins Spiel, manchmal auch Hunde. Hinter ihnen schließt sich die Schneise wieder in wildem Strom. Hier kann man leicht zwei Stunden mit Warten verbringen, bevor man an die Leiter kommt, vorausgesetzt, man kann in dem Getümmel seinen Platz behaupten. Pech für die Schwachen, denn hier zählt nur Stärke, oder aber Gewieftheit, die unbestrittene Mitgift des französischen Elements.

Wieder durchdringende Schreie: Ein Waggon – im Tunnel gibt es nämlich ein Bahngleis – braust in vollem Tempo heran und bahnt sich den Weg durch die Menge. Oben drauf stehen einige Häftlinge, die brüllen auf Deutsch oder Russisch und brechen in glückseliges Gelächter aus angesichts des Gedränges derer, die vor dem

Waggon ausweichen. Von hinten schieben an die zehn Häftlinge mit aller Kraft, denn sie wissen, das Durcheinander wird umso größer sein, je schneller sie sind. Die oben treiben sie mit Schreien an, die an Kosaken in der Steppe erinnern.

Einige BVer – ganz nach Art der SS-Leute mit Stiefeln und dicker marineblauer *Mütze*, ganz Kapos – bahnen sich einen Weg mit dem berühmten Signal »*Platz, Platz*« und natürlich mit Stockhieben.

Endlich bin ich an der Leiter. Links setzt sich der Tunnel fort und verliert sich im Halbdunkel. Unten komme ich nur mühsam voran. Der felsige Boden ist schlüpfrig von der Feuchtigkeit, und es haben sich Pfützen gebildet. Pulvergeruch steigt mir in die Kehle, und ich höre Explosionen. Als ich mich umdrehe, nehme ich durch einen Nebel das konfuse Wimmeln derer wahr, die noch warten. Schon höre ich nur noch wie ein undeutliches Murmeln, was eben noch eine ohrenbetäubende Kakophonie war. Der Weg führt wieder bergauf, und der Stollen mündet in einen zweiten Tunnel, der parallel zum ersten verläuft. Ich folge der Kolonne. Block 7 war mir als Versammlungsort genannt worden. Im Vorbeigehen sehe ich weitere fast fertig gestellte Stollen. Immerzu diese röhrenartige Form mit 20 Metern Durchmesser, und ganz hinten, in einem Chaos von Felsen und im Schein riesiger Karbidlampen, zerschlagen ganz von weißem Staub überzogene Häftlinge* die Steine und laden sie auf Loren. Wenn ich jetzt dieses Schauspiel wieder vor Augen habe, muss ich immer an

* Im Original »bagnards«, Sträflinge; der Terminus erinnert an typische Arbeiten in Strafkolonien früherer Zeiten und knüpft insofern an Fliecx' frühere Assoziationen zu Jules Verne und Dante an.

die unermessliche Traurigkeit unseres Häftlingslebens denken, ein Leben ohne Hoffnung, oder wenn es doch eine gibt, dann so fern, so blass. In dieser Atmosphäre von Dora, wo man sich ganz allein Hunderten von tückischen Angriffen auf sein Leben ausgesetzt fühlt, wo jeder ein Feind ist, wo man sich mit nicht immer fairen Mitteln verteidigen muss, wo Gefühle Schwäche bedeuten und wo es verhängnisvoll ist, sich an die Vergangenheit zu erinnern. Hier darf man nur an den gegenwärtigen Augenblick denken, man muss vergessen, dass man einmal zivilisiert war, und man muss alle Fähigkeiten, die einem die Natur verliehen hat, einsetzen, um gegen alle und alles zu kämpfen.

Bei einem Block denkt man im Allgemeinen an eine Holzbaracke, in die 300 bis 400 Menschen passen. Ein Block im Tunnel von Dora ist aber ein ganzer Stollen, 200 Meter Stollen im Fels. Da drinnen leben, leiden und sterben 1500 bis 2000 Häftlinge. Wir sind in riesigen vierstöckigen »Boxen« untergebracht, die auf ihren dünnen Gerüsten schwanken. Deshalb sind immer zwei aneinandergerückt. Trotzdem kommt es manchmal vor, dass eine zusammenbricht und dabei einige Schlafende erdrückt.

Hier ist immer noch ein schönes Durcheinander. Man braucht unglaubliche Tricks, um an seine Essensrationen zu kommen. Die Altgedienten machen damit ihr Geschäft. Manche haben anfangs Dutzende von Rationen »organisiert«.

Am ersten Tag – Abend möchte ich nicht sagen, denn im Tunnel von Dora sieht man nicht, wie sich der Himmel ändert – frage ich mich, wie man es schaffen soll, zu schlafen. Es herrscht höllischer Krach: Die Chefs der »Boxen« rufen mit Gebrüll zur Versammlung für die Essensausgabe, die Kapos schreien sich heiser mit ihrem *»Aufstehen«* oder *»stavaitsch«* [»erhebt euch«], je nach ihrer Nationalität; auf dem Boden wird zügellos auf Brotdiebe Jagd gemacht; die entsetzlichen Schreie der Kerle, die 25 Stockhiebe bekommen; ein und dieselbe Strafe für alle kleinen oder großen Vergehen; die Streitereien um Platz in den Boxen, um geklaute Decken und verschwundene Pantinenpaare. Und über all diesem noch das ohrenbetäubende Geräusch der Dynamitexplosionen, mit denen neue Stollen angelegt werden, das blecherne Scheppern der Presslufthämmer, die lauten Zusammenstöße der Loren im Tunnel – denn nur einige Planen am Eingang zum Block trennen uns vom Tunnel –, und das geht so vierundzwanzig Stunden lang. Das hier übertrifft an Schrecklichem und Schmutzigem bei Weitem selbst die anrüchigsten Viertel von Bettlern und Dieben.

Nach ein paar Stunden hundert Mal unterbrochenem Schlaf müssen wir aufstehen.

Alle aus unserem Transport gehen zum Appellplatz hinauf, wo wir am Vorabend angekommen waren. Wir haben schon Kameraden aus Peenemünde wiedergesehen, solche, die noch am selben Abend aus Buchenwald abgefahren waren. Seltsam: Wir alle sind hierher gekommen, auch die Verletzten und Kranken. Kein Einziger ist in Buchenwald geblieben. Die anderen haben uns schon gesagt:

»Wir sind alle in der Fabrik eingesetzt. Da wir aus Peenemünde kommen und schon an der V2 gearbeitet haben, haben wir hier Vorrang. Ihr kommt bestimmt auch runter in die Fabrik.« Das geschah tatsächlich.

Alle meine Kameraden sind in Kommandos von Drehern, Mechanikern, Elektrikern usw. Ich selbst melde mich wegen der Wunde an meinem Fuß, die wieder aufgebrochen ist, erst einmal krank. Ich werde in die Krankenbaracke geschickt und von da aus in die *Schonung*, die Abteilung, die für die Gebrechlichen reserviert ist und sich in einer dieser runden Hütten von fünf bis sechs Metern Durchmesser befindet. Dort drängt sich eine Menge von Hinkefüßen. Wir verbringen da ganze Stunden mit leerem Gerede unter Landsleuten, über den Krieg, über das Wetter und besonders über Kochrezepte. Geduldig warten wir auf die Suppenausgabe, dann auf die Brotausgabe und dann auf den Abstieg in den Tunnel.

So vergehen mehrere ziemlich ruhige Tage. Unten im Block treffe ich abends meine Freunde aus Rouen wieder: »Wie geht's bei der Arbeit?«

»Scheußlich. Offiziell zwölf Stunden Arbeit, um die Maschinen zu transportieren und aufzustellen. Dann gehen wir ins Lager hinauf zum Essen. Noch zwei verlorene Stunden, und bevor wir dann zum Schlafen runtergehen, schleppt die SS uns ab, und wir müssen die Platten für die Baracken transportieren, die im großen Lager gebaut werden. Das dauert manchmal drei Stunden, im Laufschritt und mit dem Knüppel im Nacken und den Hunden hinter einem. Ach, Alter, wo ist unser kleines Peenemünde! Du hast gut dran getan, dich in *Schonung* schicken zu lassen. Hier muss man schuften! Fünf Stunden Schlaf, falls man überhaupt schlafen kann.«

Den Sonntag, der sonst hochwillkommen ist – in Dora fürchten und verachten wir ihn. Mittags Arbeitsstopp, außer für ein paar Kommandos von Glückspilzen, die weitermachen. Die anderen gehen auf den Appellplatz, wo sie sich in Reihen zu zehn mal zehn aufstellen müssen. Bis die 6000 Mann in Reih und Glied stehen, geht schon eine gute Stunde drauf. Noch eine gute Gelegenheit, verdroschen zu werden, wenn man sich nicht schnell genug einreiht. Die Kapos, die *Vorarbeiter*, die Blockältesten und die vom *Lagerschutz*, all diese Banditen beteiligen sich nach Herzenslust. Danach müssen wir auf die SS-Leute warten. Mindestens eine Stunde lang treten wir auf der Stelle, egal ob es regnet, stürmt oder schneit. Auf dieser Hangseite ist der Wind besonders übel.

Gegenüber, ein paar Kilometer entfernt, sehen wir die Stadt Nordhausen sich vor dem Himmel abzeichnen. Links, in der Ebene, kommen Züge vorbei und pfeifen, und da wir nichts anderes zu tun haben, regt dies alles uns zum Nachdenken und zur Erinnerung an. Hier ist es sehr schlecht, nachzudenken und sich zu erinnern, hier, wo ums Überleben und gegen den Tod ein erbitterter Kampf herrscht, den wir Minute für Minute durchstehen müssen.

Ein Zittern läuft durch die Reihen, und die gestreiften Rücken richten sich auf. »Es ist so weit, da sind sie.« Die Herren SS waren schließlich so gnädig, anzukommen Mehrere von ihnen zählen uns. Das ist keine geringe Arbeit und dauert noch eine Stunde. Dann große Beratung der SS-Leute; einige gehen weg, kommen wieder zurück, diskutieren, rufen den Lagerältesten. Plötzlich ein Kommando: »Ruhe!« Das große Schauspiel: Der Bock wird herbeigebracht, eine Art Schemel mit gewölbter Fläche. Dann folgt eine Liste mit Nummern. Wer immer im Lauf der Woche von einem SS-Mann bei einer Verfehlung ertappt oder von seinem Kapo denunziert worden ist, wird jetzt seine Sünden büßen. Theoretisch 25 Stockhiebe auf den Hintern. Unmöglich, sich zu rühren, denn die Fußgelenke werden von einer Holzstange gehalten, der Rumpf ist in der Wölbung des Schemels ausgestreckt, und die Arme hängen vornüber, die Handgelenke stecken in Handfesseln, und für noch mehr Sicherheit drückt der SS-Mann seinen Stiefel brutal auf die kurze Kette, die die Fesseln verbindet. Dann kommt der »Rotschopf«, ein SS-Unteroffizier, fanatischer Nazi und sadistischer Schläger. 25 Jahre alt, rothaarig, sommersprossig: der typische deutsche Strolch. Mit dem Motorrad kommt er auf den Appellplatz gefahren und fährt immer wieder ohne mit der Wimper zu zucken im Bogen in die Reihen, nur so zum Spaß. Dann steigt er ab, schiebt sein Käppi nach hinten und nimmt einen Stock. Ein anderer SS-Offizier, ein sehr großer, hübscher Kerl, der für die Kontrolle am Tunnelausgang zuständig ist, legt auch »Arbeitskleidung« an.

Das Opfer in ihrer Mitte, wechseln sie sich bei den Schlägen ab, mit wahrhaft germanischer Strenge und Präzision. Bis zum zehnten Schlag hören wir nichts als das dumpfe Geräusch der Stöcke auf dem Fleisch. Dann beginnt der Unglückliche, leise, unterdrückte Schreie auszustoßen. Zu den letzten Schlägen hin stößt er ein entsetzliches Heulen aus, das nichts Menschliches mehr hat, eine Mischung aus Weinen, Wut und Schmerzen. Oft kriegt er noch was extra. Der Mann ist wie betäubt; er wird losgebunden und geht taumelnd wieder an seinen Platz. Wenn er das Pech hat, hinzufallen, wird er mit Stiefeltritten in den Bauch, in die Seiten, ins Gesicht und in die Schenkel überzogen, deren Fleisch schon entsetzlich verletzt ist.

Wie viele habe ich gesehen, wie sie sich mit geschwollenem Gesicht und blutüberströmtem Schädel elendiglich durch den berühmten Schlamm von Dora wieder an ihren Platz im Glied zurückschleppen. Und dort gibt es keinerlei Stärkung. Manchmal ein Freund, der sie stützt, oft aber sarkastische Bemerkungen und noch mehr Schläge. Das Wort Mitgefühl ist hier vergessen und erweckt Misstrauen. Abends, wenn er sich in der Krankenstation versorgen lassen will, seine Hose herunterlässt und seine schwarzblaue und stellenweise aufgeplatzte Haut entblößt, weist der Krankenpfleger – auch ein Häftling – ihn ab:

»Hier kümmern wir uns nur um Verletzte oder Kranke. Du bist zur Strafe verprügelt worden. Es ist verboten, dich zu versorgen, Anordnung der SS!«

So wird jeden Sonntag ein Dutzend zusammengeschlagen. Nach dieser Sitzung müssen die Kapos und die *Vorarbeiter* Meldung machen. Da wissen wir dann, dass es nicht mehr lange dauert; wir lockern die Reihen auf und drängen uns dicht zusammen, um uns warm zu halten. Andere reiben sich wechselseitig den Rücken.

Und tatsächlich kommt kurz darauf das sehnlich erwartete *»Fertig«*. Jetzt drängt sich diese ganze regennasse und frostgekrümmte arme Menschheit durch den engen Ausgang des Appellplatzes. Wenn man das Pech hatte, am entgegengesetzten Ende des Platzes aufgestellt zu sein, muss man noch eine gute Stunde länger im Schlamm herumpatschen, in diesem furchtbaren Schlamm von Dora, der manchmal 20 Zentimeter tief ist und zäh wie Fensterkitt. Jedes Mal, wenn man einen Fuß herauszieht, macht die einströmende Luft ein Geräusch wie ein dicker Kuss. Manchmal hört man auch nichts, und die Pantine bleibt stecken; der Menschenstrom ist aber zu dicht, als dass man sie aufheben könnte. Dann muss man barfuß weitergehen. Und so verbringen wir den ganzen Sonntagnachmittag beim Appell.

Die schlimmsten, an die ich mich erinnere, sind die im November 1943, bei eisig schneidendem Wind oder im geschmolzenen Schnee. Nordhausen liegt verborgen hinter dem dichten Vorhang der Flocken. Die Posten sind bis zu den Augen eingemummelt und schützen sich vor dem Wind, so gut es geht, hinter Blech- oder Holzplatten. Das tröstet uns ein bisschen: »Siehste, du Schwein, du hast noch vier Stunden vor dir! Da soll dir die Lust am Krieg vergehen.« Das ist kindisch, aber es macht Spaß. Manchmal gibt es Sterbende oder vor ein paar Stunden Verstorbene. Wenn keine Zeit ist, sie in der Krankenstation oder im Leichenhaus zu registrieren, müssen wir sie trotzdem mit zum Appell nehmen.

Diese Sitzung ist wirklich ein Albtraum, und oft kann ich in der Nacht auf Sonntag kaum schlafen, weil schon der Gedanke daran, was uns am nächsten Nachmittag erwartet, eine Folter ist.

Nach ein paar Tagen sieht meine Verletzung viel besser aus, und ich werde aus der *Schonung* entlassen. Ich werde zum *Lagerkommando* eingeteilt. Dieses Kommando macht alle Arbeiten innerhalb des Lagers. Bei schönem Wetter ist das ein guter Arbeitsplatz. Wir gehen mit einem Besen oder einer Schaufel in der Hand ziellos im Lager herum und genießen in ein paar abgelegenen Winkeln die Strahlen der fahlen deutschen Sonne. Fürchten müssen wir nur die Leute vom *Lagerschutz* und den Kapo unseres Kommandos. Das ist ein Deutscher, ein Politischer; er hat bei Citroën gearbeitet und spricht etwas Französisch. Er zieht uns übrigens gegenüber den Polen und Russen vor. Nur brüllt er andauernd herum, und seine schärfste Drohung lautet: »Ich stecke dich in den Tunnel, da unten kannst du krepieren, hier ist die Luft besser, aber du musst arbeiten.« [*Je t'envoyé à tunnel, toi crève là-bas, ici meilleur bon air. Mais travailler.*] Morgens teilt er uns die Arbeit zu und schickt uns in kleinen Gruppen, begleitet von *Vorarbeitern*, zu unseren jeweiligen Einsatzorten. Wenn wir nicht arbeiten wollen, reicht es, dass wir es schaffen, uns aus den Reihen zu verdrücken, bevor der *Vorarbeiter* unsere Nummer aufgeschrieben hat. Wenn das klappt, hat man für den Rest des Tages seine Ruhe. Sofern es aber eine interessante Arbeit gibt, versuchen wir, da eingeteilt zu werden; manchmal bieten sich ausgezeichnete Gelegenheiten, aus der Küche Gemüse oder Suppe mitgehen zu lassen. So mogele ich mich eines Tages in eine Gruppe, die ein großes Loch für Küchenabfälle gräbt, und das genau hinter dem Gebäude. Den ganzen Tag lauern wir auf die Kartoffeln, die aus dem Becken fallen, in dem sie oberflächlich gewaschen werden. Wir schaffen es, dass jeder zwei Kilo pro Tag kriegt. Für einen Häftling ein traumhaft einträglicher Posten! Auf dem Grund des Lochs machen wir ein Holzfeuer, und so lerne ich den Geschmack von in Asche gebratenen Kartoffeln kennen.

Und dann werde ich eines Tages in den Tunnel geschickt, weil ich durch meine Abwesenheit bei den zugewiesenen Arbeiten zu sehr aufgefallen bin. Der Kapo des *Lagerkommandos* übergibt mich dem Kapo vom Sievers-Kommando. Oha! Das ist ein großer, arroganter und grausamer Pole. Für Franzosen hat er nicht viel übrig, und zu meinem Pech sagt der andere ihm auch noch: »Da hast du ihn, das ist ein Nichtstuer, aber er ist sehr kräftig! Wenn er nicht vor Kälte krepieren will, muss er wohl arbeiten.« Mit derartigen Referenzen wird man bestimmt gut für mich sorgen! Ich versuche, mich aus der Affäre zu ziehen: »Was für ein Kommando ist das hier?«

»Betonieren.«

»Aber ich bin doch Mechaniker! Maurer war ich nie!«

»Halt die Schnauze, wir wissen, dass du Student bist!« Sinnlos, noch weiter darauf zu bestehen, ich würde nur Prügel beziehen.

Das Sievers-Kommando ist nach dem Unternehmen benannt, für das es arbeitet, und gilt als sehr hart. Ich komme in eine der acht jeweils 20 Mann starken, Gruppen, aus denen es besteht. Der *Vorarbeiter* ist auch Pole. Michailowitch hat in Frankreich gelebt, in Marseille. Daran hat er ausschließlich gute Erinnerungen. Das hindert ihn aber nicht, uns noch um einen Teil unserer mageren Kost zu betrügen. Von den 10 Litern, die wir bekommen, schafft er es, drei für sich abzuzweigen, und nur »Dickes«! Wenn er uns bedient, hütet er sich sorgsam, die Suppe zu sehr umzurühren. So bleiben die Kartoffeln auf dem Boden, und wir haben nur Brühe mit einem klein bisschen Gemüse. Dieses Wenige macht für uns enorm viel aus. Trotz allem kommen diejenigen, die zuletzt vorbeigehen, etwas näher an den Boden heran und werden besser bedient als die Ersten. Wie viele kleine Schändlichkeiten also, damit man an das Ende kommt. Einer hat seinen Napf vergessen und kommt mit Verspätung; wir haben aber gesehen, wie er um die Ecke des Stollens schielte, um den besten Augenblick abzupassen. Als X. bemerkt, dass er schlecht bedient werden wird, gibt er seinerseits auf – ein plötzlicher Anfall von Übelkeit – und kommt später wieder, wenn es weniger dünnflüssig ist. Kein Verständnis, keine Kameradschaftlichkeit, keinerlei Anstrengung, unsere Chancen zu teilen. Jeder für sich. Jeder sieht zu, dass er aus der Sch… herauskommt, Pech für die anderen. Dabei sind die meisten von uns Franzosen, und wir könnten den anderen Ausländern unseren Willen aufzwingen. Aber nein, im Elend herrscht der Egoismus. Es ist traurig, es zu sagen, aber man muss es sagen, und das hilft ein wenig, die entmutigende Mentalität unserer Zeit zu verstehen. Das ist der Hauptgrund, der immer wieder ein ernsthaftes Vorgehen gegen die Kapos und *Vorarbeiter* verhindert, und sie können uns daher schamlos betrügen.

Mit diesem winzigen Liter Suppe müssen wir zwölf Arbeitsstunden lang durchhalten.

Da ich kein Maurer bin, haben sie mich als Handlanger mit einer Schaufel abgestellt, und ich muss einen kompletten halben Tag lang ohne Pause diesen schweren Beton rühren, der aus der Maschine quillt, und ihn in den Verzimmerungen ausbreiten. Die erste Zeit über betonieren wir so den Boden von Stollen 16, der eine Sackgasse ist. Nach zwei Stunden Arbeit vermischen sich der Rauch aus dem Motor der Betonmischmaschine, die Zementwolken, die aus den Säcken aufsteigen, und der Staub von den explodierenden Minen zu einem so dichten Dunst, dass man keine zehn Meter weit sehen kann. Über all dem verschlägt uns der Geruch von verbranntem Benzin und Sprengpulver den Atem. Was für hübsche Lungen werden wir davon kriegen!

Bei Sievers gibt es schon zwei Schichten, denn es wird 24 Stunden lang gearbeitet. Wenn unsere zwölf Stunden vorbei sind, kommt die zweite Schicht uns ablösen, und wenn unsere Schicht von Mitternacht bis Mittag dauert, gehen wir zum Essen nach oben. Dort kosten wir unsere Brühe, und wenn wir Glück haben, entwischen wir den SS-Leuten, die uns für Arbeiten in der Baracke einteilen wollen. Dann gehen wir wieder in den Block hinunter. Das ganze Sievers-Kommando schläft in Block 2. Der Blockälteste und die meisten Stubenältesten sind Tschechen, gut gebaut, wie es mir fast immer bei diesem Volk aufgefallen ist, aber den Franzosen gegenüber schrecklich hart. Das ist anscheinend ein Groll, der auf internationale Politik zurückgeht, aber ich war zu jung und hatte keine Ahnung. Ich habe mich damit erst beschäftigt, als der »Boche« bei uns ankam. Hier angekommen, verteilen wir uns auf die »Boxen«, die unserem Kommando zugewiesen worden sind. Dann kommt die Schlägerei um die Decken. Bei der Abfahrt von Buchenwald hat jeder von uns eine bekommen. Aber viele Häftlinge zerreißen sie, um sich russische Socken* zu machen oder Westen oder Schals. Viele Decken verschwinden so. Dazu kommen noch die anderen, die von den Durchfallkranken unbrauchbar geworden sind. Die einzigen, die wir uns verschaffen können, sind die der Toten. Dann versuche ich zu schlafen. Im Allgemeinen gelingt es mir, so anstrengend sind diese zwölf Stunden. Das ständige lärmende Durcheinander

* Eher eine Art Fußlappen.

in den Blocks habe ich schon erwähnt. Hier, in Block 2, gibt es noch etwas: Die Stubenältesten prüfen nämlich nach, ob die Schlafenden wirklich ausgezogen sind. Wer in Hose oder Jacke vorgefunden wird, kriegt Prügel. Ich hatte immer den Eindruck, dass es ihnen bei der Suche nach Schuldigen mehr um die Prügel ging als um die Hygiene. So werden wir jede Nacht von Leuten aufgeweckt, die uns an den Füßen ziehen und uns ohne Umschweife die Decke wegreißen. Wenn sie dann festgestellt haben, dass unsere Kleidung der Vorschrift entspricht, gehen sie weiter zum Nächsten. Wir heben unsere Decke wieder auf, und weiter zur nächsten Visite, denn in den wenigen Stunden Schlaf, die uns zugestanden werden, kommt das zwei- oder dreimal vor.

Eine Stunde vor Arbeitsbeginn werden wir mit lauten Schreien geweckt. Die Stubenältesten gehen durch den Block und prügeln rechts und links auf die Unglücklichen ein, die sich mühsam aus ihren Waben herausquälen, einer mit dem Kopf, einer mit dem Hintern voraus. Wir sind noch schlaftrunken, und in diesem Augenblick macht sich die Müdigkeit am schmerzlichsten bemerkbar. In diesen Augenblicken denke ich nicht an das breite Bett zuhause, sondern nur an diesen elenden Strohsack, auf dem ich mich wieder ausstrecken möchte und schlafen, schlafen; nicht länger meine schmerzenden Beine spüren, meine geschwollenen Lider und diese Sorte Kopfweh, die der Schlafmangel verursacht. Abgestumpft machen wir uns mit schwerem Kopf auf den Weg zu unserem Arbeitsort. Ein kurzer Appell, dann lösen wir die zweite Schicht ab. Wir nehmen die trübsinnige Arbeit wieder auf und schaufeln mechanisch Zement oder Kies. Das erfordert zumindest keine geistige

Anstrengung, und ich kann in aller Ruhe meinen Vorhaben nachträumen. Während der ersten Stunden ist die Temperatur noch auszuhalten, aber nach der halben Zeit beginnt sich die Kälte bemerkbar zu machen. Wir müssen uns mehr bewegen, um wieder warm zu werden.

Zwischen unsere dünne Pelle aus Holzfaser und unseren mageren Körper ziehen wir eine Schicht aus leeren Zementsäcken an; mit Löchern oben, rechts und links ergibt das eine prima Weste und ist sogar ziemlich warm. Nur ist es verboten. Warum? Keine Ahnung. Dieses Papier wird niemals wieder verwendet und ist für die Müllwagen bestimmt.

Eines Nachts sperren »Rotschopf« und seine Trabanten uns in einem Stollen ein und machen sich daran, jedem den Rücken abzutasten. Klar, es ist angenehm, wenn einem der Rücken abgetastet wird, aber nicht so, denn hier raschelt das Papier verräterisch. Sofort kommt die Strafe, mit einem riesigen Brett. Ich glaube, fast das ganze Kommando kriegt etwas ab, ich selbst auch. In einem jähen Anfall von Mut nehme ich einen dicken Steinbrocken, und durch das Gewicht vornübergebeugt nähere ich mich den beiden Henkern, und die Schreie des Opfers, das gerade dran ist, spornen mich nur noch mehr an. Ich komme näher, gehe an ihnen vorbei, ob sie mich wohl anrufen? Nein, sie halten mich für einen guten Arbeiter und lassen mich in Ruhe. Ich entferne mich, denn da unten im Staub und dem Rauch sieht man Silhouetten gestikulieren und hört entsetzliche Schreie. Uff!

Das Erstaunlichste ist, dass der »Rotschopf« seine Opfer ihre Weste nicht einmal mehr ausziehen lässt. Er amüsiert sich ganz einfach.

Dieses Mal entkomme ich zwar, aber eine Woche darauf habe ich ganz unbestreitbar Pech.

Erster Akt. Während der Arbeit bitte ich meinen *Vorarbeiter* um die Erlaubnis, auf die Toilette zu gehen, das sind große Becken, die hier und da in den Stollen verteilt aufgestellt sind, mit einem Brett quer darüber; darauf verrichten wir vor aller Augen unsere Bedürfnisse. Das ist aber nur ein Detail. Ich bekomme meine Erlaubnis und gehe ziemlich langsam los und nutze die Gelegenheit, mich ein bisschen zu entspannen. Ein SS-Bewacher sieht mich und bedeutet mir, zu ihm zu kommen: »Wohin gehst du?«

»Auf Toilette.«

»Franzose?«

»Ja!«

»Ach ja, Franzose … spazieren gehen!« Er packt mich grob am Kragen, beugt mich vornüber, zieht meinen Mantel hoch und verpasst mir zehn Schläge mit einem Elektrokabel auf die Schenkel. Ich beiße die Zähne zusammen und atme etwas kräftiger, und so geht es vorbei.

Zweiter Akt. Zwei Tage später.

Es ist verboten, seinen Mantel bei der Arbeit zu tragen, daher frieren wir und sind gezwungen, uns durch die Arbeit warm zu halten. Der Trick besteht darin, den Mantel in die Hose zu stecken und die Jacke darüber anzuziehen. Das mache ich gewöhnlich. Gewissenhaft schaufle ich, da spüre ich, wie jemand von hinten an meiner Kleidung zerrt. Ich bin drauf und dran, den Idioten anzubrüllen, der mich so neckt, als ich im Umwenden sehe, es ist ein SS-Mann. Er hat meinen Mantel schon halb aus meiner Hose gezogen. Kein einziges Wort. Ein Kapo, nicht einmal der meines Kommandos, sondern der von »Hochtief«* (dem Minenkommando), ein BVer, der den SS-Mann auf seinem Rundgang begleitet und ihm die Missetäter zeigt, wenn der sie nicht selbst entdeckt, hält mich am Kopf fest. Der SS-Mann schlägt immer noch mit seinem Gummiknüppel auf mich ein. Ich zähle 15 Hiebe, und das ist hart zu ertragen, denn darunter sind ja noch die Spuren der zehn von vorgestern. Fast hätte ich geschrien.

Dritter Akt. Zwei Tage darauf die Apotheose.

Ich unterbreche ganz kurz die Arbeit, beide Hände oben an der Schaufel, das Kinn daraufgelegt. Da kommt der »schwarze Schuft«, ein kleiner dunkelhaariger SS-Mann, der für seine Grausamkeit berüchtigt ist. Oje, oje! Diesmal sind es 25 Schläge. Zwei Kapos halten mich fest. Vom zehnten Hieb an schreie ich, dann brülle ich. Ich winde mich, aber sie bringen mich wieder in Position und machen weiter. Am Schluss entspanne ich mich so ruckartig, dass die beiden Kapos das Gleichgewicht verlieren und mich loslassen. Ich kriege noch einen kräftigen Tritt in den Rücken, dann geht der SS-Mann weg und steckt seinen Stock geruhsam in die Tasche.

Eine Viertelstunde lang zittere ich und knirsche krampfhaft mit den Zähnen. Von Zeit zu Zeit stoße ich ein Röcheln aus:

»Der Schuft ... der Schuft!«

Acht Tage lang muss ich auf dem Bauch schlafen, und ich schreie, sobald jemand aus der Reihe mich hinten auch nur leise streift. Ich verpasse auch Nachschläge bei der Suppe, denn die Rangeleien dabei sind zu heftig für

* Im Original phonetisch geschrieben: »Ortief«.

meinen »voll erblühten Hintern«, wie die Gören in Paris sagen.

Ja, ich habe bei den 25 Schlägen geschrien. Aber darunter waren noch die Spuren der anderen, und ich ziehe meinen Hut ganz tief vor demjenigen, der so eine Behandlung aushält, ohne den Mund aufzumachen. Ich ziehe den Hut schon vor denen, die stumm die 25 Schläge aushalten konnten, denn solche gab es, wie zum Beispiel meinen alten Freund aus Peenemünde, André Bachelier* aus Rouen, der immer noch einen Schlag mehr bekam, nur weil er Franzose war.

Die letzten Arbeitsstunden sind mühsam, denn es wird immer kälter. Der Körper ist ausgebrannt, leer. Das Brot, das wir zu viert am Vorabend nach der Suppe bekommen haben, ist längst verdaut. Kein einziger Tropfen heiße Flüssigkeit. Die Küche schickt zwar etwas, aber es kommt nie bei uns an, denn es gibt nur wenig, und die Kapos sind sehr begierig danach. Daher verzehren wir binnen drei Stunden einen Liter Suppe, 350 Gramm Brot, 25 Gramm Margarine und die Marmelade oder die Wurst, die wir für einen Tag bekommen! In den einundzwanzig restlichen Stunden sind wir im Leerlauf. Und die zwölf letzten sind gerade die Arbeitszeit. So geht es jede zweite Woche. Wenn wir den anderen Stundenplan haben, ist es etwas besser verteilt: die Suppe vor dem Weg zur Arbeit und das Brot nach sechs Stunden.

* Möglicherweise handelt es sich um André Bacheley, geboren 1922 in St Claude (Jura); er wurde am 15. April 1945 in Bergen-Belsen befreit. Die Datenbank der Fondation pour la Mémoire de la Déportation (FMD) verweist auf einen André Bachelier, geboren 1915 in Rouen; dieser war aber anscheinend nicht in Bergen-Belsen. Beim derzeitigen Kenntnisstand lässt sich nichts nichts Genaueres sagen.

es geht doch um Dora

Jetzt heißt es garantiert: »Aber die hätten ihr Brot doch nur aufheben müssen!«

Dafür habe ich aus mehreren Gründen nur ein Lächeln übrig. Der erste Grund ist, dass wir schrecklichen Hunger hatten, und der wurde durch die allzu dünne und nicht ausreichende Suppe nur noch größer; und es ist wirklich sehr hart, ein Loch im Magen und Brot in der Tasche zu haben. Man muss immerzu an dieses verdammte Stück Brot denken, während man nicht mehr daran denkt, wenn man es aufgegessen hat. Die Marter ist meines Erachtens der Mühe nicht wert. Diejenigen, die das Brot langsam knabbern, sind eine Spezies, die ich in meiner zweijährigen Erfahrung nur selten habe überdauern sehen. Ein anderer Grund: Beim Aufwachen und der freudigen Aussicht, bald etwas essen zu können, hat man große Chancen, dass die Freude sich in unnütze Wut verwandelt: kein Brot mehr da! Ein geschickter Taschendieb hat es einem in der Nacht entwendet!

Unter den Ukrainern sind besonders viele Taschendiebe. Sie verfügen über eine geradezu dämonische Geschicklichkeit. Brot aus einer Tasche zu klauen, ist für sie ein Kinderspiel. Sie praktizieren auch das »Rasiermesser«: Sie machen sich extrem fein geschliffene Messer, mit denen sie einem die Taschen aufschneiden.

In voller Größe zeigt sich ihr Genie aber, wenn es Pakete gibt. Ein Häftling hat ein Paket bekommen. Zum Schlafen hat er es in seine Unterhose eingewickelt, in seine Jacke und dann noch in seinen Mantel. Zum Schluss das Ganze mit einem Gürtel verschnürt. Er schläft mit dem Paket als Kopfkissen. Beim Aufwachen macht er sein Paket auf: Es ist leer! Ein Ukrainer war hinter ihn geschlüpft und hat geduldig ein paar Zentimeter der Kleidungsstücke und dann der Verpackung aufgeschnitten und stillschweigend den Inhalt herausgefummelt. Der andere, dessen Ohr nur wenige Zentimeter darüber war, hat nichts gehört. Niemand im Umkreis hat etwas gesehen, und der Dieb ist über alle Berge. Tatsächlich vielleicht nicht einmal das, denn womöglich ist er in derselben »Box« und genießt das Schauspiel, wie sein Opfer herumwütet.

Manchmal bemerkt der Schlafende auch, wie ihm von vorn seine Decke weggerissen wird. Unwillkürlich richtet er sich auf, um seine Habe zurückzuholen. Er erwischt sie tatsächlich und beglückwünscht sich zu seiner Wachsamkeit, aber wie er sich wieder hinlegt, knallt er mit dem Kopf auf das Brett, und das Kleiderpaket mit seinem kostbaren Inhalt ist verschwunden. Ein Bursche aus dem Schlafabteil dahinter ist damit auf und davon. Und das war's!

Man kann sagen, von dem Augenblick an, wo man ein Paket bekommen hat, belauern einen unablässig zehn Augenpaare, und die kleinste Unaufmerksamkeit ist verhängnisvoll.

Wenn der Strom ausfällt, kommt es zu brutalen Angriffen. Mehrere auf einmal stürzen sich auf den Unglücklichen, schlagen ihn bewusstlos oder würgen ihn, und wenn das Licht wieder angeht, ist da nur noch ein armer hilfloser Kerl, der blutet und manchmal auch weint. Er denkt an seine Eltern, die sich die Dinge für ihn vom Munde abgespart haben, und sagt sich, dass er von ihrer Aufopferung nicht einmal etwas hat.

Die Ukrainer und die Russen haben eine Entschuldigung, denn sie bekommen niemals etwas, weil ihr Land der Feind ist. Das Rote Kreuz beachtet sie nicht, und für diese großen Esser ist es hart, all diese guten Sachen zu sehen, die von den anderen Ausländern manchmal allzu sehr zur Schau gestellt werden.

Mir kann das aber nicht passieren. Ich esse mein ganzes Brot auf und kriege keine Pakete. Trotzdem habe ich eine Karte an meinen armen Vater schreiben können, der sich fragen muss, was ich seit fünf Monaten mache. Was habe ich mich gefreut, als ich ihm schreiben durfte! Ich habe gespürt, dass alles, woran ich manchmal dachte, doch kein Traum war, dass ich tatsächlich einmal ein anderes Leben als das eines Häftlings* hatte, und dass außerhalb dieses verfluchten Lagers jemand an mich dachte, und zwar ohne mir nach dem Leben zu trachten.

Bei der Arbeit werden wir von deutschen Zivilarbeitern angeleitet, »*Meister*« und »*Ingenieure*«. Die bei Sievers sind ausgemachte Rohlinge. Den Häftlingen gegenüber sind sie sehr viel gemeiner als die vom Arbeitskommando in der Fabrik. Es ist schwer, nicht der Versuchung nachzugeben, sich einem solchen Leben zu entziehen. So gelingt es mir manchmal, Momente allgemeiner Verwirrung auszunutzen und mich zum Ausruhen in irgendeinen Winkel zu verkriechen. Aber im Allgemeinen ist es zu kalt und unmöglich, lange zu schlafen. Daher gehe ich zur Krankenstation. Diese schreckliche elende Behausung wird gerade in dem großen Stollen gebaut, der zu den Blocks führt. Nur ein paar Meter weiter gehen Minen hoch und schütteln die wenigen Phiolen, die auf dem Tisch sind. Wir warten draußen. Es gibt nur wenig Licht, und wir drücken uns

* Vgl. Fußnote S. 105.

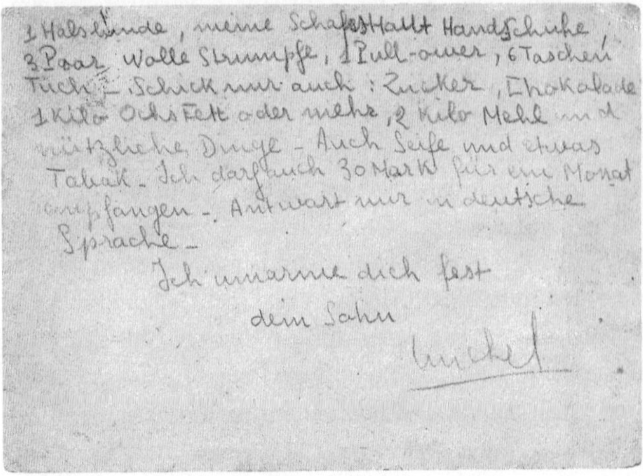

Postkarte von Michel Fliecx aus dem KZ Buchenwald an seinen Vater, November 1943. Foto: Stiftung Gedenkstätten Buchenwald und Mittelbau-Dora

in den Schatten. Nach Nationalitäten gruppiert sitzen wir in der Feuchtigkeit und sprechen über immer dieselben Dinge, von denen wir besessen sind: das Essen und der Krieg. Was für Gerüchte habe ich im Schatten dieser Krankenstation nicht alles gehört! Was für – oft imaginäre – Kochrezepte wurden von wahngeschüttelten Hirnen und hungererschöpften Mägen ersonnen. Von Zeit zu Zeit geht die Tür auf, und das Licht fällt auf die merkwürdige Versammlung von Verletzten, Kranken und Sterbenden und solchen, die sich dazwischengeschmuggelt haben. Auf der anderen Seite der Baracke ist die Leichenhalle, eine sehr pompöse Bezeichnung für diesen Bretterverschlag, der die dort aufgehäuften fahlen, schmutzigen Körper nicht einmal verbirgt. Manchmal werden Männer dorthin gebracht, in denen noch etwas Leben ist, aber so wenig, dass es sich nicht mehr lohnt, sich um sie zu kümmern.

Eines Tages erfahre ich, dass die Tuberkulosekranken gut behandelt werden, oben, im Krankenrevier. Mit einem angespitzten Holzstück zersteche ich mir das Zahnfleisch. Gekrümmt und hustend gehe ich zur Sprechstunde. »Da drin stimmt's nicht!«, sage ich und klopfe mir auf die Brust. Ich produziere blutigen Hustenschleim. Der Krankenpfleger, ein Holländer, der in Peenemünde war und mich kennt, sieht mich an. »Mach den Mund auf!« Kaum hat er hineingesehen, kriege ich einen Riesenhieb auf die Nase. Solange dieser Kerl hier Dienst hat, brauche ich erst gar nichts mehr zu versuchen.

Nach einigen Stunden geht man dann vorsichtig wieder an seine Arbeitsstelle zurück und arrangiert sich, um wieder seinen Platz unter den anderen einzunehmen.

mit wem? wie?

Eines Nachts im Block höre ich, wie in der Etage unter mir zwei junge Franzosen von ungefähr 16 Jahren eine nette Unterhaltung führen. Ein Häftling kommt zu ihnen und sagt im Dunklen: »Hört mal, Jungs, in der Krankenstation gibt's was Schönes! Man darf sich nur nicht ekeln: Gerade ist ein Italiener hopsgegangen, der hat zwei Goldbrücken. Wenn wir uns mit einem Kapo zusammentun, gibt das für eine gute Zeit lang Suppe.« Ohne Kommentar.

Einen Monat nach meiner Ankunft bei Sievers habe ich den Ruf, ein schlechter Arbeiter zu sein. Die beiden kleinen polnischen Lieblinge des Kapos haben daran durchaus ihren Anteil. Ich kann sie nicht leiden und zeige ihnen das vielleicht etwas zu deutlich. Der Kapo hat mir schon einmal gesagt: »Dich lasse ich verrecken!« Zum Glück ändert er eines Tages seine Meinung und steckt mich in das schrecklichste Kommando, das man sich vorstellen kann, die *Transportkolonne*, und obendrein noch draußen. Den ganzen Tag lang schleppen wir im Schnee Ziegelsteine, Bretter und Schrott. Abends sind wir völlig nass und durchgefroren. Dieser Schlag hat mich wirklich am Boden zerstört. Um mich innerlich wieder etwas aufzurichten, klaue ich in der Nähe der Küche eine gefrorene Steckrübe, und während ich sie mitsamt der Schale hinter einem Haufen Ziegelsteine und vor dem eisigen Wind geschützt verzehre, denke ich, wenn ich in diesem Kommando bleibe, krepiere ich binnen Kurzem. Der Kapo bei Sievers hat es mir schließlich versprochen. Ich habe keine Lust, bei solcher Kälte all die Baracken für das neue Lager aufzubauen. Ich muss hier raus.

Gleich am nächsten Tag melde ich mich bei der *Arbeitsstatistik* und erkläre:

»Ich bin Schlosser und Mechaniker und bin in einem Transportkommando. Ich möchte in meinem Beruf arbeiten. Im Übrigen komme ich aus Peenemünde, und alle meine Kameraden sind in der Fabrik.«

»Gut, warte hier, du gehst runter in den Tunnel, und da machst du eine Prüfung.«

Das Wort Prüfung mag ich nicht so sehr. Ich habe von Mechanik keine Ahnung, und diese Geschichte wird mir noch mehr Schläge auf den Hintern einbringen. Na ja, wer wagt, gewinnt.

Zwanzig von uns treten zur Prüfung an. Wir werden in einen kleinen Raum in den Büros der Fabrik gebracht, es ist im Zawatsky-Gang, benannt nach dem großen Chef von Dora. Eine dünne Bretterwand trennt uns von dem Raum, in dem die Prüfung stattfindet. Ein Glück: Wir können durch die Ritzen gucken, und bei uns sind in diesem Beruf ausgebildete Jungs. Sie erklären mir Namen und Verwendung der Werkzeuge, die bunt durcheinander auf einem Tisch liegen, und die ein Ingenieur den Kandidaten präsentiert. Die Sitzung wird von einem SS-Offizier beaufsichtigt. Eine halbe Stunde lang stopfe ich mir den Kopf voll mit all diesen Informationen. Als ich an die Reihe komme, gehe ich rein und antworte ohne zu zögern. Der Dolmetscher ist Holländer und beherrscht das Französische nicht vollkommen. Irgendwann wird mir ein Werkzeug präsentiert, das ich nicht kenne: »Das ist ein Troquet.«

»Ein … was?«

»Na ja, ein Troquet halt, so nennt man das bei uns.« Letzten Endes gehe ich kein großes Risiko ein, wenn ich ihm diesen Jargonausdruck serviere, den er garantiert noch nie gehört hat und der einfach »Café« bedeutet. Er ist nicht völlig überzeugt, aber da er nicht dumm dastehen will, nennt er dem Ingenieur den deutschen technischen Begriff. Ich bin gerettet, habe zwar nicht die Glückwünsche der Prüfungskommission erhalten, aber doch eine Zigarette von dem SS-Mann, sogar eine rote Turmac.*

Ich werde zum Schlosser und Mechaniker geweiht, und am nächsten Tag komme ich in ein Kommando für Funk und Elektrizität!

Das neue Kommando heißt »Bunemann«, wieder nach dem Ingenieur, der die Arbeiten leitet. Es ist in Halle 14. Dort ist es relativ gut, und wir dürfen unseren Mantel anbehalten, denn wir arbeiten im Sitzen.

Der Kapo, ein junger deutscher BVer, war auch in Peenemünde bei uns. Ich gebe mich zu erkennen: »Hallo, Siegfried! Da oben waren wir besser dran!«

Die Arbeit ist eher unterhaltsam als anstrengend. Wir löten, und zwar schlecht, winzigdünne Elektrodrähte für die Funkausstattung, die das Abheben der V2 steuert. Ein anderes Team ist mit großen hochkomplizierten Tafeln beschäftigt, wo Hunderte von Drähten zusammenlaufen. Wieder andere arrangieren die Apparate auf Sperrholzplatten. Wir arbeiten sehr wenig, denn der Fabrikbetrieb ist noch nicht angelaufen.

Hier sind ganz schön viele Ehemalige aus Peenemünde, darunter mein Freund Roger. Nach einer Zeit in der *Transportkolonne* war er durch einen Glücksfall an den Platz gekommen, der für ihn richtig war, nämlich zur Kontrolle der Kreiselkompasse.

Hier herrscht weniger strenge Disziplin. Wir können mit Leichtigkeit vier von zwölf Stunden im Block schlafen gehen, ohne dass jemand es bemerkt.

* Turmac: Türkisch-Mazedonische Tabakgesellschaft.

Eines Tages wird statt dem Zweier- ein Dreischichtsystem eingeführt, was unsere Arbeitszeit auf acht Stunden sinken lässt. Ich komme in die Schicht von acht bis 16 Uhr. Da gehen wir nicht zur Ausgabe der Suppe nach draußen, sondern sie wird uns in den Tunnel gebracht. So sehen wir zwei Monate lang kein Tageslicht, denn die Sonntagsappelle wurden abgeschafft. Ich frage mich übrigens, wie die SS-Leute noch durchblicken, und ich bin sicher, dass sie zum jeweiligen Augenblick nicht auf hundert Mann genau wissen, wie viele wirklich im Tunnel sind.

Es gibt immer mehr Tote.

Jeden Morgen werden sie am Ausgang der Blocks aufgestapelt. Von dort werden sie zur Halle 36 gebracht, wo die Leichenbestatter sie immer zu zweit auf Schubkarren legen; die Füße schleifen über den Boden, und die Köpfe stoßen auf dem Rad aneinander. Die Leichenbestatter kriegen ordentlich Zuschläge, daher können sie sich diese Art Sport leisten, ein Wettrennen zum Tunneleingang zu veranstalten, unter großem Gelächter, wenn die Schubkarre kippt und umfällt. Diese makabre Kavalkade berührt schon seit Langem niemanden mehr.

Im Kommando Bunemann haben wir Pech, denn wir schlafen in Block 7, dem ersten von der Fabrik aus, und wir haben gleich die Boxen am Eingang. Daher sind unsere Plätze immer mit Kranken verstopft, die nicht mehr weiter können, und mit Toten. Es ist nicht lustig, wenn man ankommt und schlafen will und dann erst eine Leiche anderweitig verstauen muss, damit man sich ausstrecken kann. Auch nicht, wenn einem ganze Nächte lang das Röcheln der sterbenden Schwindsüchtigen auf die Nerven geht. Die Läuse sind eine weitere

Unannehmlichkeit. Wir sind völlig von ihnen verseucht. Jeden Abend geht es zur Jagd. Jedes Mal finden wir an die hundert, und am nächsten Tag sind es genau so viele. Also nehmen wir an den Desinfektionen teil. Ganze Stunden lang, die von unserer Schlafenszeit abgezogen werden, stehen wir an der Tür zu den Duschen und warten, dass wir hineingelassen werden. Dann ziehen wir uns aus, werden geschoren und gehen in den Duschraum. Zuerst müssen wir durch ein großes Becken mit einer eiskalten Mischung, die ursprünglich wohl mal ein Desinfektionsmittel war, nach einer Weile ist es aber nur noch eine schwärzliche Brühe, in die wir komplett eintauchen müssen. Davor steht ein Kapo mit einem Gürtel in der Hand und prügelt, bis die Zögerlichen auch mit dem Kopf untergetaucht sind. Dann die heiße, aber leider zu kurz dauernde Dusche. Da sehen wir dann die Resultate so vieler Leiden und Entbehrungen. Wir schrecklich mager wir sind! Die Knochen stehen aus unserer faltigen, ausgetrockneten, fahlen Haut heraus. Ein entsetzlicher und Ekel erregender Anblick. Dann bekommen wir nach einer mehr oder weniger langen Wartezeit neue Kleidungsstücke oder solche, die mit heißer Luft desinfiziert worden sind. Aber das alles nützt nichts. Diejenigen, die noch nicht an der Reihe waren, übertragen uns sofort wieder ihre Läuse; oder einer, der einen guten Pullover hatte, wollte ihn nicht verlieren und hat ihn in einem Winkel versteckt. Er holt ihn sich wieder und damit auch die Untermieter.

Irgendwann haben wir den Vorabend von Weihnachten. Der Tag ist lang und trist wie so viele andere in dem wahnsinnigen Rhythmus, der das Leben in Dora beherrscht. Ich werde verständigt: »28.190, für dich ist ein

Paket in Block 2!« Ich fliege geradezu hin. Ich warte vor der Tür des Blockältesten. Endlich komme ich rein. Er macht das Paket vor mir auf: Darin sind fast nur Wäsche und ein paar Vorräte.

Endlich funktioniert die Verbindung. Geschrieben hatte ich vor eineinhalb Monaten. Mit meinem kostbaren Gepäck gehe ich zu den Freunden in unserer Box. Überglücklich lege ich das Paket dicht neben mich und beginne eine muntere Unterhaltung mit Bernard. Von Zeit zu Zeit sehe ich mich nach dem Paket um. Plötzlich schrecke ich auf: Es ist weg. Vor nicht mal einer Minute habe ich noch hingesehen! Ich beuge mich hinaus, steige hinunter und gehe einmal um die Box herum. Nichts, kein einziger Verdächtiger. Nur lauter Ukrainer, die mich höhnisch angrinsen. Auf gut Glück hebe ich ein paar Strohsäcke an, mache mir aber keine Hoffnung. Aus und vorbei, adieu, Paket! Ich habe nur noch die Sachen übrig, die ich zur Seite gelegt hatte, einen Pullover und eine Tüte Zucker. Mein schönes Paar Handschuhe aus Schaffell vermisse ich am meisten. Ich hatte sie einem Kapo von draußen verkaufen wollen und bestimmt ein ganzes Brot dafür bekommen. Die ganze Nacht über hält meine Wut an, ich habe schließlich Grund dazu. Dieses Paket war das erste und letzte, das mir gestohlen wurde, denn in der Folgezeit gelang es mir immer, den Dieben und ihren Tricks einen Strich durch die Rechnung zu machen.

Am Weihnachtstag arbeiten wir ganz wie immer. Abends gibt es dann aber doch ein Dreiviertel Brot statt eines halben, und wir haben wenigstens einen vollen Bauch. Traurig denken wir an die fröhlichen Weihnachtsfeste zu Hause, sogar zu sehr, und wir blasen alle

Trübsal. Aber das ist hier ohnehin immer so. Wenn wir Hunger haben, sagen wir: »Ach, wenn wir doch nur genug zu essen hätten, dann ginge alles wie von selbst.« Und wenn wir es schaffen, uns einmal satt zu essen, sind wir noch trauriger, weil wir dann an die unerreichbare Freiheit denken.

Jeden Monat kommt bei uns ein Transport von ungefähr tausend Mann an, um die Toten zu ersetzen. Im Januar ist das Lager Dora mit etwa 10000 Mann belegt, von denen mindestens 6000 im Tunnel arbeiten, und fast alle Toten kommen von dort. Es ist eine einfache Rechnung: Die normale Lebenserwartung dürfte bis auf wenige Ausnahmen kaum länger als sechs bis acht Monate sein. All diese Transporte bestehen im Allgemeinen aus Franzosen, es sind Todgeweihte.

All diejenigen, die von dieser Zeit an zum ersten Mal in den Tunnel kommen, müssen den Eindruck haben, plötzlich zu Figuren aus einem Roman von Wells* geworden zu sein.

In dem grell erleuchteten Tunnel sind gleich vom Eingang an diese riesigen Torpedos der V2 aufgereiht, die auf fahrbaren Gestellen liegen. Wenn man weitergeht, öffnet sich der Blick auf die erste Halle, die tief ausgehoben ist, so dass die 14 Meter hohen V2 bequem aufgerichtet werden können. Über das niedrige Geländer hinweg, über das bei Stromausfällen schon mehr als ein Kapo gestoßen worden ist, sehen die Neuankömmlinge, wie sich zehn Meter unter ihnen, am Fuß der riesigen Raketen, ein ganzes Universum in gestreifte Uniformen

* H. G. Wells (1886-1946); Autor, insbesondere von Science-Fiction-Romanen. Fliecx dürfte hier vor allem auf den Klassiker *Die Zeitmaschine* (1895) anspielen.

Gekleideter bewegt. An den Seiten der Gewölbe verlaufen riesig dicke Lüftungsrohre, die in jede Halle hinein abzweigen. Es herrscht eine außergewöhnliche Betriebsamkeit: Tausende von Häftlingen haben hier und dort zu tun, SS-Patrouillen kommen vorbei, Zivilarbeiter brüllen Anweisungen, auf einer Schiene laufende Kräne hängen oben an den Stollen, Elektroautos fahren kreuz und quer herum, ein ganzer Zug hat gerade seine Ware abgeladen – und das alles in den fast hundert Metern Tiefe im Fels des Berges. Der Unglückliche, der erst seit Kurzem eingesperrt ist, hat allen Anlass, bei diesem Schauspiel beeindruckt zu staunen.

Im Januar bilden sich unter meinem Arm Abszesse, und ich muss ins Lager hinaufgehen, um im Krankenrevier versorgt zu werden. Trotz der vom Krankenpfleger des Tunnels unterschriebenen Genehmigung überzieht mich der »rote Kapo«, der Siegfried abgelöst hat, wegen »Bummelei« mit Schlägen. Er ist ein deutscher politischer Häftling, ein Sadist und komplett neben der Spur. Er verpasst einem wirklich bösartige Tritte in den Bauch oder schlägt mit Stangen oder Schlagstöcken zu, was er gerade zur Hand hat. Ich habe gerade noch die Möglichkeit, das kostbare Stück Papier vor seiner Wut in Sicherheit zu bringen.

Das Krankenrevier ist eine Baracke oben im Lager. Der Weg führt durch schreckliche Morastlöcher, in denen man jämmerlich herumplatscht. Einmal dort, wartet man bei jedem Wetter vor der Tür, diejenigen, die 40 Grad Fieber haben, genauso wie die anderen. Natürlich schubsen die Stärksten die anderen immer wieder weg und gehen rein, sobald die Tür aufgeht. Die Kranken und Gebrechlichen bleiben schlotternd ganze Stunden lang in eisigem Wind und Schnee. Einige fallen erschöpft zu Boden. Die werden dann aufgesammelt und von Amts wegen hineingebracht. Da aber manche diese Vergünstigung missbrauchen, werden sie schließlich einfach dort liegen gelassen.

Es ist schrecklich, diese armen Teufel zu sehen; sie sind abgemagert und fahl, mit fiebrig glänzenden Augen, und mit letzter Kraft klammern sie sich an ihren Nachbarn und versuchen, ihn von dem guten Platz nahe der rettenden Tür wegzuschubsen. Unter ihnen sieht man Durchfallkranke, die von ihren Exkrementen völlig verschmutzt sind, und die werden wegen des Gestanks, den sie verbreiten, mitleidslos von allen weggestoßen; andere leiden an geradezu monströsen Ödemen, vor allem an den Beinen, aber manchmal auch im Gesicht. Das Fleisch ist aufgedunsen, durchscheinend und beweglich wie Gelatine. Diese beiden Krankheiten sowie Lungenentzündung fordern in Dora die meisten Todesopfer. Medizinische Versorgung? Ja, sie ist hervorragend, wenn man das Glück hat, bei der Visite ins Krankenrevier geschickt zu werden – der Traum aller Häftlinge. Aber nur einer von zehn schafft es wirklich, dahin zu kommen.

Zu meinem Entzücken schickt der Arzt, ein deutscher Politischer, mich hin, nachdem er unsanft die beiden Taubeneier abgetastet hat, die unter meinem Arm wachsen.

Einige köstliche Augenblicke, bevor ich den Raum betrete. Ich werde entkleidet und in einer richtigen Wanne mit warmem Wasser gebadet.

In Raum 8 hat ein französischer Arzt die Leitung. Und der Krankenpfleger ist Russe. Zum Rest des Lagers ein Kontrast wie Tag und Nacht. Alles ist sauber, jeder hat ein hölzernes Bett, ein Laken, ein Kopfkissen und eine Steppdecke. Wir sind zwanzig. Viele sind Italiener aus diesen Soldatentransporten der königlichen Armee, die entgegen jeglichem Kriegsrecht im Oktober hierher geschickt worden sind.* Sie sind sehr liebenswürdig und geben mir vom Mittag übriggebliebene gekochte Kartoffeln. Was für ein unverhofftes Glück! Ich verschlinge eine ganze *Mütze* voll. Dann döse ich bis zum Abend. Wir bekommen Brot. »Hast du genug?«, fragt mich der Krankenpfleger und gibt mir noch ein Drittel Brot zusätzlich. Die haben hier so viel Essen, dass sie nicht wissen, was sie damit machen sollen. Süße Suppe, so viel wir wollen, und Quark nach Belieben. Für die Fieberkranken gibt es Milch und Weißbrot. Man könnte vor Glück weinen, aber so ausgehungert, wie ich bin, auch an Magenverstimmung verrecken. Vollgestopft schlafe ich schließlich ein. Keine Läuse, kein Lärm – mir will scheinen, ich bin zurück im zivilen Leben. Was ist dieser Arzt doch für ein Glückspilz!

Am nächsten Morgen wache ich seit langer Zeit zum ersten Mal wieder von allein auf. Alles ist ruhig. Durch das Fenster sehe ich gegenüber die Bäume am Hang hin-

* Nach der Landung alliierter Truppen in Süditalien kam es im Sommer 1943 zum Bruch der deutsch-italienischen Allianz. Am 25. Juli entmachtete der italienische König den Diktator Benito Mussolini und ernannte den Militärbefehlshaber Pietro Badoglio zum Regierungschef. Dieser schloss umgehend einen Waffenstillstand mit den Alliierten, woraufhin deutsche Truppen Norditalien besetzten. 600.000 italienische Soldaten wurden als »Militärinternierte« in die Kriegsgefangenenlager der Wehrmacht transportiert; die meisten wurden bald darauf in der Kriegswirtschaft eingesetzt. Im Oktober 1943 stellte die Wehrmacht in diesem Zusammenhang 420 italienische Militärinternierte als Arbeitskräfte für das Lager Dora zur Verfügung. Die Auslieferung der italienischen Soldaten an die SS stand im Widerspruch zum internationalen Kriegsrecht.

auf wachsen; ein Sonnenstrahl lässt ihre vom geschmolzenen Schnee nassen Stämme leuchten, und an den Ästen bringt er das Eis zum Schmelzen, das in glitzernden Tröpfchen herunterfällt. In der Ferne erkennt man die Stadt im Morgennebel. Kein einziges Geräusch dringt aus dem Lager herauf. Ein Bild des Friedens. Die einzige schöne Erinnerung an Dora. Dabei sterben ganz in der Nähe Menschen so jämmerlich, und andere prügeln blindwütig ihresgleichen!

Hier werden wir gut versorgt, fast schon verzärtelt, und morgen werden wir mit derselben Gleichgültigkeit wieder in die Hölle des KZ geworfen. Die horrende Unlogik der Konzentrationslager! Erst wird man vor dem Tod gerettet, und im nächsten Moment wird man ihm wieder vor die Füße geworfen. Vielleicht hat die SS das alles genau kalkuliert! Dieser kleine Eindruck von Glück lässt uns die Freiheit noch mehr ersehnen und unseren Verfall umso deutlicher spüren.

An diesem Morgen werden meine Abszesse operiert. Ich komme unters Messer, und ausgestreckt beobachte ich den Arzt, wie er sein Skalpell bereit macht. Es ist nicht scharf genug geschliffen und verletzt mich; ich höre das Fleisch unter der Klinge knirschen und setze mich unwillkürlich auf. Mit einer gewaltigen Ohrfeige mitten ins Gesicht bringt der Krankenpfleger mich wieder in die Waagerechte. Ich schwitze die letzten Moleküle Fett aus, die ich noch habe. Dann wird mein Arm mit diesen Papierbinden umwickelt, die ungefähr vierundzwanzig Stunden lang halten. Was soll's, ich bin sehr erleichtert. Schrecklich, wie einen diese Abszesse anstrengen können.

Mit dem Krankenhaus ist es aus und vorbei! Ich werde

auf *Schonung* geschickt. Die ist nicht mehr in den kleinen Baracken, sondern in einem Block des neuen Lagers. Wir liegen im Stroh direkt auf dem Boden. Links von mir leidet ein ungefähr 40 Jahre alter Franzose, auch aus dem Bunemann-Kommando, an Lungenentzündung. Er röchelt die ganze Nacht, und ein Tscheche auf seiner anderen Seite, der Kalfaktor der Krankenstation, der in bester Form ist, verliert die Nerven und überzieht ihn mit Faustschlägen, damit er still ist. Nichts zu machen, der andere kann schon nicht mehr sprechen. Man hört nur, wie der Schleim in seiner Brust gurgelt. Von Zeit zu Zeit sieht er denjenigen, der ihn schlägt, mit seinem starren und abwesenden Blick an. Es ist herzzerreißend. Ich bitte den Tschechen, aufzuhören. Er macht eine ungeduldige Bewegung und spricht den rituellen Satz: *»Pah! Morgen Krematorium!«* Ganze Tage lang sitzen wir auf Schemeln, so dass uns die Schenkel schließlich wehtun, aber wir sind doch zufrieden, nicht bei der Arbeit zu sein. Victor, der Wärter, ist Tscheche, und von morgens bis abends brüllt er sinnlos herum. Dick und fett, verkörpert er perfekt den Typus des Barbaren, der einen etwas gehobenen Posten erreicht hat. In seiner Heimat wäre ihm bestimmt nie die Verantwortung für fast hundert Männer übertragen worden, wie er sie hier hat. Er kümmert sich um die Baracke, das Essen und die Disziplin. In diesen verschiedenen Bereichen verschafft er sich mit gewaltigen Ohrfeigen Respekt. Wie oft hat er einem Kranken derart eine verpasst, dass der zu Boden ging!

Den Tag über bleiben wir also auf diesen Schemeln und diskutieren die ewig gleichen Themen: das Essen, Kochrezepte und den Krieg. Wir teilen uns entsprechend der Nationalitäten in Gruppen auf. Die Russen drängen sich eng aneinander und schlafen so, traumlos, vermute ich, denn wie könnten sie mit diesen so wenig ausdrucksstarken Visagen die Abenteuer des Traums erleben? Eines Tages sagte mir ein Russe, dass er aus Taschkent sei. Für mich war diese Stadt nur ein Haufen von Gebäuden in der Steppe. »Es gibt Straßenbahnen und Kinos!«, sagte er. Das brachte mich ins Grübeln. Gerechterweise muss ich sagen, dass ich auch Russen mit außerordentlich feinen Gesichtszügen und großen intellektuellen Fähigkeiten begegnet bin.

Auch die Italiener unterhalten sich in Gruppen. Wie ich ihre so klangvolle Sprache höre, muss ich an ihre Heimat denken, an die Sonne, die dort unten so warm ist und die Menschen träge macht, die ihnen aber auch die Lust nimmt, sich wie die Germanen in kriegerische Abenteuer zu stürzen.

So seltsam es scheinen mag, entsteht doch eine unwillkürliche Anziehung zwischen den Italienern und uns. Inmitten der Germanen, Slawen und Asiaten entdecken die beiden romanischen Völker, mit deren Empfindungen und deren Geist diese Rassen doch in so vieler Hinsicht nicht zusammenpassen, im Kontakt mit ihnen die unvergänglichen Kennzeichen ihrer gemeinsamen Kultur.

Kapitel fünf
Dora

Zu dieser Zeit im Januar 1944 wurden die Umstände in Dora etwas besser. Wir teilen uns zu dritt ein Brot und zu vierzehnt das Pfundpaket Margarine täglich, und die Suppe wird dicker. Zusätzlich noch drei Zigaretten mit russischem Tabak und eine Flasche italienisches Mineralwasser. Aber die bekommen wir kaum jemals, denn die Kapos und die anderen Tyrannen eignen sie sich teilweise an. Seit einiger Zeit bekommen wir abends »Tee mit Rum«. Ich weiß nicht, ob es richtiger Tee und richtiger Rum ist, aber er duftet und macht trunken. Ich habe es erlebt, sogar zwei Mal, als ich eingeteilt war, die Feldkessel am Tunneleingang abzuholen. In einem kleinen Stollen, der zur Halle 39 führt, blieben alle Träger stehen und tranken aus vollen Näpfen diese süße und wohlriechende Wärme, die dort so selten war.

Der Tunnel selbst ist andererseits zu einer unterirdischen Fabrik geworden, besser belüftet und bequemer.

Da wir uns das Brot zu dritt teilen, benutzen wir jetzt zum Abmessen eine selbst gemachte Waage. Eine eiserne Achse, an beiden Enden Fäden, daran zwei Nägel, in der Mitte ein Kettchen, und fertig ist das Werkzeug, das aufs Gramm genau jeden nur möglichen Streitfall zwischen einem Russen, einem Holländer und einem Italiener schlichten kann.

Die Menge ist zwar größer geworden, aber die Qualität hat darunter gelitten, und das Brot, das wir jetzt bekommen, schmeckt säuerlich. Aber nicht ein Krümchen liegt lose herum.

Damals herrscht ein außergewöhnliches Durcheinander: kein Appell mehr, andauernd Neuankömmlinge, unglaublich viele Tote, bei denen es manchmal mehrere Tage dauert, bis sie registriert werden, Kranke, die ins Lager hinauf kommen, und Geheilte, die wieder hinaus nach unten gehen. Die Kontrolle lässt nach, und die Gerissenen nutzen das aus. Innerhalb des Lagers besteht ein richtiger Untergrund. Organisierte Banden von Plünderern irren im Tunnel umher; sie gehören nicht einmal mehr zu Kommandos, denn sie finden auf ihren Raubzügen genügend Nahrung, dass sie darauf verzichten können. Einen großen Teil der Zeit schlafen sie in den Blocks. Oh, es sind wenige, aber sie sind entsetzlich aktiv. Zu den Zeiten der Essensausgabe stehen sie auf und gehen zu ihren Geschäften.

Das Brot wird in Säcken auf dem Rücken von Männern von draußen gebracht, immer zwanzig Brote pro Sack. Eine lange Kolonne bewegt sich so durch die Stollen, vorschriftsmäßig von Stubenältesten begleitet, die mit Knüppeln in der Hand diejenigen wegscheuchen, die sich nähern wollen. Wenn der Strom ausfällt, hört man sofort Schreie, das Geräusch von reißendem Stoff und Herumgerenne. Die Stubenältesten schlagen nach den Schatten, die in ihre Reichweite kommen. Wenn das Licht wieder angeht, sind da nur noch aufgeschlitzte Säcke, deren Inhalt manchmal komplett verschwunden ist, und die die offensichtlich verzweifelten Träger wieder aufsammeln (einige werden ganz genau wissen, wo sie ein Stück ihrer Bürde wiederfinden können). Wutentbrannt stellen die Stubenältesten die Marschkolonne wieder auf und versuchen, einen zurückgebliebenen Flüchtigen wieder einzufangen. Was soll's, dann holt eben ein anderer Trupp das Brot vom Waggon ab, und abends bekommt trotzdem jeder seine Ration. Die SS-Leute könnten gemein sein und uns zwingen, mit dem klarzukommen, was übrig geblieben ist. Aber nein, sie geben uns immer, was fehlt. Vielleicht hegen sie insgeheim Sympathie mit den Räubern und erkennen dort die Methoden, die ihnen selbst lieb und vertraut sind, wenn sie auch in den besetzten Ländern »wissenschaftlicher« sind. Natürlich gibt es solche Vorfälle nicht jeden Tag.

Außer diesem Brotraub, der, wie gesagt, nicht allzu häufig vorkommen kann, gibt es die »*Organisation*« der Suppe. An einer Stelle mit wenig Verkehr warten die Räuber auf die vereinzelten Träger mit den Behältern. Wenn niemand in Sicht ist, werden die beiden Träger angegriffen und ausgetauscht, und der Behälter nimmt eine andere Route als die vorgesehene.

Es gibt noch gewagtere Touren, und die schaden den Kameraden weniger. Zum Beispiel oben im Lager bei der Essensausgabe vor der Küche. Jedes Kommando schickt ein paar Männer in Begleitung eines *Vorarbeiters* zum Suppeholen. Der Federfuchser von der Küche hat eine Tafel mit den Belegstärken aller Kommandos im Lager und streicht sie nach und nach durch. Man muss den Zeitpunkt kennen, wann beispielsweise das Team von Kommando X. raufgeht, seine Belegstärke kennen und sich eine Armbinde für *Vorarbeiter* besorgen. Dann holt man die Suppe für Kommando X. zwanzig Minuten früher. Das ist alles. Es gibt keine Kontrolle. Alex Beaumont, mein Freund aus Peenemünde, war so ein Federfuchser und kann so einiges erzählen. Wie oft ist er mit dem tatsächlichen Kommando aneinandergeraten! Letzten Endes muss man zugestehen, dass sie beide ausgetrickst worden sind. Und dann wird die Suppe trotzdem ausgegeben.

Im Lager gibt es auch die spektakulären Überfälle auf Steckrübenkarren! Ein deutscher Bauer lenkt sein Pferd, und oben auf dem Gemüsehaufen steht ein gestiefelter und mit einem fürchterlichen Schlagstock bewaffneter Kapo, der ohne Mitleid diejenigen wegprügelt, die sich dem Karren nähern, um etwas zu klauen. Die Russen sind nicht zu bezähmen. Unter einem Hagel von Schlägen rücken sie trotzdem weiter vor; blutend und voller Beulen ziehen sie sich wieder zurück, aber mit einer Steckrübe unterm Mantel. Das sind die Einzeltäter. Betrachten wir nun die Arbeit im Team, denn zugegeben, für solche Touren sind die Russen bestens organisiert und verstehen sich ausgezeichnet darauf. Mit den Franzosen braucht man so etwas gar nicht erst zu versuchen. Dabei hat diese Sache nichts Entehrendes, da sie niemandem Schaden zufügt. In der Küche und in den Silos gibt es genug Steckrüben. Daran hat es nie gemangelt, und wären auch zehn Wagen an einem einzigen Tag geplündert worden. Die Russen folgen dem Wagen also in respektvoller Entfernung und warten, bis es bergauf geht. Zwei oder drei Todgeweihte stürzen sich dann vorne auf den Wagen, um Steckrüben zu klauen. Der Kapo geht natürlich hin, um sie wegzustoßen. Während er damit beschäftigt ist, sie zu verprügeln, kommt ein Kumpan von hinten, zieht das Abschlussbrett des Karrens weg, und die halbe Ladung fällt auf die Erde. Sofort stürzen sich alle Komplizen darauf, im Verein mit denen, die gerade in der Nähe sind. Da wird man Zeuge von wilden

Schlägereien um eine armselige, ganz schlammige Steckrübe. Für die Kapos, die *Vorarbeiter* und die Leute vom *Lagerschutz*, die gerade in der Gegend sind, ist das ein schöner Glücksfall. Eilends kommen sie angerannt und hauen mit ihren Knüppeln blindlings in die Menge. Das hält die Russen aber nicht ab, es bei nächster Gelegenheit wieder zu versuchen.

Eine Zeitlang bleibe ich auf *Schonung*. Dann gehe ich wieder in den Tunnel hinunter. In der Zwischenzeit ist das Kommando noch größer geworden; wir sind jetzt fast 70 pro Team, und es gibt keine Arbeit mehr. So verbringe ich den größten Teil meiner Zeit schlafend im Block. Felix, ein Zellenkamerad von Bordeaux, ein kleiner Kerl aus Choisy, kann meisterlich die Handschrift und die Unterschrift des Krankenpflegers nachmachen, und er schreibt uns Erlaubnisscheine für zwei oder drei Tage Erholung im Block. Hier, wo wir alles tun müssen, um dem normalen Leben zu entkommen, das darauf kalkuliert ist, dass wir nach ein paar Monaten krepieren, hier dürfen wir derartige Talente nicht verloren gehen lassen. Das sieht Felix genauso. Der Pechvogel, der zu hasenfüßig ist für das Risiko, sich vor der Arbeit zu drücken und schlafen zu gehen oder nach einer glücklichen Gelegenheit zu suchen, und der von morgens bis abends alle Vorschriften befolgt, erinnert mich an das Schaf, das unausweichlich zur Schlachtbank geführt wird. Natürlich habe ich auch Kameraden gekannt, die immer bei der Arbeit waren und trotzdem durchgekommen sind. Aber dann lag es daran, dass sie eine leichte und wenig anstrengende Arbeit hatten, und sie sind auch in der Minderzahl. Hier und in allen anderen Lagern muss man so gesetzlos wie nur möglich sein. Das gebietet die pure Logik. Wenn man ihr folgt, riskiert man nichts Schlimmeres, denn hier ist alles darauf angelegt, uns auszulöschen.

Unsere gefälschten Zettel bescheren uns manchmal unangenehme Enttäuschungen. Wenn wir unsere Suppe in Block 6 holen wollen, wo sie an Inhaber dieser Scheine ausgegeben wird, kann es vorkommen, dass der Krankenpfleger dort ist und kontrolliert. Manchmal ist das ein gewisser Franzose, den die von Dora gut kennen.

»Kamerad, du bist ein krummer Hund, das ist eine Fälschung!«, bellt er. Dann muss man sich verdünnisieren, denn es kann Prügel setzen. Was macht es ihm denn schon aus, wir haben doch hier das Zwei- bis Dreifache zu viel an Suppe. Oft mussten wirklich kranke Franzosen es erleben, dass ihnen die Tür zur Krankenstation vor der Nase zugeknallt wurde mit den Worten:

»Du Spaßvogel! *Ab*, Kamerad.« »*Ab*« ist im Deutschen eine Partikel, die eine Trennung bezeichnet und die geläufige Bedeutung von »hau ab« bekommen hat. Wir alle im Tunnel von Dora kennen »mein Kamerad«, und bei Gelegenheit werden wir uns daran erinnern.

Trotzdem gehe ich von Zeit zu Zeit zur Arbeit, zumal wenn ich ein Paket bekomme. Oft sind darin Nudeln oder Bohnen, Lebensmittel, die man hier kaum kochen kann. Ein weiterer Vorteil meines Kommandos besteht darin, dass an meinem Tisch ein Stromanschluss ist, der theoretisch den Kocher heizen soll, in dem das Lötzinn geschmolzen wird. An jedem Platz gibt es eine Schublade. In dieser für das Werkzeug vorgesehenen Schublade verstaue ich einen Napf mit Wasser, und da hinein halte ich meinen »Elektrolyse«-Apparat aus zwei isolierten Metallplatten, die jeweils an einen elektrischen Pol angeschlossen sind. Alle Häftlinge kennen den Trick, und das ganze Kommando macht so in aller Ruhe sein Essen. Wenn es zu sehr qualmt, ziehen wir kurz den Stecker, und wenn ein Ingenieur in unsere Nähe kommt, machen wir es auch so. Den *Meistern* ist es egal, und damit sie so gleichgültig bleiben, stecken wir ihnen von Zeit zu Zeit an einer Ecke ihres Tisches oder Schranks eine aus einem französischen Paket stammende »*Delikatesse*« zu. Die SS-Leute sind uns egal. Die Arbeit, die wir machen, übersteigt ihren Horizont, und sie wagen nicht, uns zu schlagen. Am besten, wir sehen sie gar nicht an und fummeln einfach weiter nutzlos an unseren Drähten herum. Klar, am Ende des Tages haben wir etwas produziert, aber wir hätten kaum weniger machen können. Dadurch, dass wir in den Schubladen Wasser gekocht haben, ist das Holz verzogen, und man kann die Schubladen nicht mehr schließen. Wir müssen sie also zurechthobeln. Die *Meister* geraten in panische Aufregung und warnen uns: Wenn ein Ingenieur oder die SS das sieht, kommen wir nicht darum herum, wegen »Sabotage« gehängt zu werden. Sie haben noch mehr Schiss als wir.

Auch die Herstellung von Messern gehört zu meinen Beschäftigungen. Mit den Klingen von Metallsägen, deren Zähne ich rasch mit der elektrischen Schleifmaschine entferne (das ist nämlich auch ein Fall von »Sabotage«) und dann mit Hilfe aller Maschinen, die wir zur Verfügung haben – Bohrmaschine, Nietmaschine usw. – kriege ich rasch ein scharfes Messer hin. Alles kommt darauf an, nicht erwischt zu werden. Ich mache auch ein paar Waagen. Die Russen dagegen sind ganz wild auf Dosen. Auf diese Dinge beschränkt sich meine Aktivität im Bunemann-Kommando.

Eines Tages, in dessen acht Arbeitsstunden ich ein Messer, einen Löffel und eine Waage hergestellt habe, ruft ein Ingenieur mich zu sich und gibt mir ein Blatt Papier:

»Hier, hol das aus dem Werkzeugmagazin!« Nach zehn Minuten bringe ich ihm ein Dutzend Feilen, und er sagt: »Heute gibt es für gute Arbeiter eine Extraration Brot. Du hast gut gearbeitet, also gib mir deine Nummer, und ich sorge dafür, dass du Brot bekommst.«

So etwas kann man doch nicht ablehnen, oder?

Kurze Zeit später bekomme ich wieder Abszesse, wieder unterm Arm. Ich habe vier nebeneinander, und sie zwingen mich, den Arm fast waagrecht zu halten. Dieses Mal komme ich nicht ins Krankenhaus, aber nach der – wieder mit derselben Sanftheit ausgeführten – Operation darf ich noch ein paar Tage auf *Schonung* bleiben, und das ist jetzt in Block 15. So verbringe ich noch eine Woche damit, Streckrüben- oder Graupensuppe zu futtern. Nur sterben wir vor Durst. Wasser trinken verboten, *because** die Ruhr. Also kaufen wir denen, die im Lager arbeiten und im Depot bei der Kantine welches klauen können, gegen Suppe Mineralwasser ab. Die Transaktion erfolgt durch das Fenster, und da wir nicht so leicht aus der Baracke raus können, verschließen manche die Flasche wieder sehr geschickt, nachdem sie sie mit frischem Wasser gefüllt haben. Ich selbst bin eines Tages auf einen Polen gestoßen, der hinein gepinkelt hatte.

Im Raum der Verletzten erkennen wir schließlich nicht wenige »Stammkunden«, diejenigen, die selbst ihre

* So im Original.

Verletzungen am Heilen hindern oder sich welche zufügen. Das kleinste Wehwehchen kann zu einem wochenlang funktionierenden Druckposten werden, wenn man es nur in allen möglichen Dreck tunkt. Man kann sich auch wunderbare Phlegmone verschaffen: Man nimmt Nadel und Faden und zieht den Faden durch einen kranken Zahn oder durch Exkremente. Dann fädelt man ein paar Zentimeter dieses Fadens unter die Haut am Unterarm ein. Den Faden an beiden Enden abschneiden und reifen lassen.

Ich kenne einen aus Rouen, Jules Bellabas, der seine Wunden am Bein so gut mit Lötpaste eingerieben hat, dass er noch vier Monate nach der Befreiung nur mühsam gehen konnte.

Der schon erwähnte Bachelier machte das auch, aber erst später. Um sich ein paar Tage Erholung wegen Ruhr zu verschaffen, muss man die greifbaren Beweise seiner Krankheit vorzeigen. Er geht mit einem Behälter zu den wirklich Kranken und bittet sie, ein Mal zu machen, was sie laufend dreißig Mal am Tag machen. So bekommt er seinen Erholungsschein. Manchmal findet er aber niemanden, und dann macht er selbst einen Stuhlgangersatz, indem er seine Exkremente mit Urin verrührt.

Diese Details, denen dort niemand Aufmerksamkeit schenkte, mögen sicher diejenigen etwas schockieren, die nicht daran gewöhnt sind, und sie denken, es sei vielleicht nicht erforderlich, darüber zu sprechen. Es ist aber erforderlich, denn eben diese Dinge haben es uns ermöglicht, dem Tod, der uns unfehlbar niedermähen würde, wenn wir unsere restliche Kraft bei der Arbeit erschöpften, noch einen winzigen Aufschub abzuhandeln. Bellabas und Bachelier sind davongekommen, und das verdankten sie ausschließlich sich selbst.

Durch das Fenster der *Schonung* sehen wir, wie die Loren von unten, vom Ausgang des Tunnels, ankommen; sie sind mit Toten beladen. Gezogen werden sie von einer kleinen Diesellok. Manchmal löst sich eine Lore, saust die Rampe hinunter und entgleist mit ihrer Ladung in einer Kurve.

Nicht weit von uns hält der Transport an, und die Leichen werden zu einer kleinen Hütte neben dem Krankenrevier gebracht. Dort warten sie bis zu drei Tage lang, bis der Lastwagen kommt und sie nach Buchenwald holt. Jedes Mal sind es um die hundert, die einen ganz grau von Staub, weil sie über den Boden des Tunnels geschleift worden sind, und andere violett und grün durch die Verwesung, und alle entsetzlich dünn. Zwischen ihren Oberschenkeln könnte man eine geöffnete Hand durchschieben, und ihr Hintern passte »in eine hohle Hand«, um die geläufige Redewendung zu gebrauchen. Der »Boche«, der den Lastwagen fährt, betrachtet das alles mit gleichgültigen Blicken. »Wieder ein paar weniger«, wird er wohl denken. Fast alle Toten haben die Augen offen, und weil das Gesicht so ausgehungert ist, wirken sie viel größer. Manchmal blecken sie auch mit hochgezogenen Lippen die Zähne, und das macht sie noch schrecklicher. Schrecklich zumindest für andere als uns.

Einmal ist dem Lastwagenfahrer etwas passiert. In Nordhausen hat er eine Kurve zu eng genommen, da ist eine der Rüstleitern gebrochen, und die Leichen sind alle auf die Straße gefallen. Aufregung unter der Bevölkerung. Sofort wurde ein Häftlingskommando geschickt, um den Schaden zu beheben.

Abends brauchen wir zum Appell nicht nach draußen zu gehen, während diejenigen, die im Lager schlafen, jeden Abend nach den zwölf Stunden Planierarbeit oder in der *Transportkolonne* noch zusätzlich eine oder zwei Stunden in Kälte und Schlamm stehen müssen. Ich kann mich nicht mehr erinnern, ob ich in der lauen Wärme der Baracke noch Mitgefühl für sie hatte oder ob ich mir gratulierte, es selbst so gut getroffen zu haben. Vielleicht ist es besser, sich nicht daran zu erinnern.

Im Tunnel sterben sehr viel mehr als draußen. Aber ich bin trotzdem lieber im Tunnel, denn ich habe den Eindruck, ich könnte mich niemals an die Kälte gewöhnen, und ich denke, ich habe immer genug Glück, um der Arbeit zu entgehen.

Trotzdem ist es nicht beneidenswert, wenn man den beeindruckenden Marsch derer sieht, die mittags aus dem Tunnel herauskommen, um im Lager ihre Suppe zu essen! In Fünferreihen, aufgrund des Mangels an Luft, Licht und Nahrung bleich wie Leinen, schlecht rasiert und schmutzig (im Tunnel gibt es nämlich noch immer kein Wasser, und wir waschen unser Gesicht, wenn zufällig ein Rohr geplatzt ist), in graue und blaue Lumpen gehüllt, die sie noch armseliger aussehen lassen. Sie alle tragen ihren Napf an einem Schulterriemen und schleppen ihn überall mit sich herum, denn es gibt keinen Platz, wo sie ihn lassen könnten. Wir haben kein persönliches Eckchen, nichts gehört wirklich uns. Bei der Suppenausgabe finden wir unten am Boden eine dicke Staubschicht. Abends dient der Napf als Kopfkissen. Armer alter Napf, der bei jeder Essensausgabe gemein gescheuert wird!

Als ich nach der *Schonung* wieder runter in den Tunnel komme, haben wir schon wieder einen neuen Kapo. Jetzt ist es ein ehemaliger *Vorarbeiter*, ein kleiner Rotschopf, ein deutscher BVer, ein richtiges Faultier, aber er versteht, dass die anderen auch faul sind, und das ist die Hauptsache. Ich glaube, er ist wegen Schwarzmarktgeschäften hier.

Ich gehe sofort wieder zu Felix und mache mit den Scheinen für »Erholung im Block« weiter. Der Kapo ist nicht blöd, aber wenn ich ein Paket bekomme, schenke ich ihm irgendeine Kleinigkeit, über die er sich freut und die ihn mir gegenüber nachsichtiger stimmt. Ich komme nur ins Kommando, um meine Essensrationen zu beziehen, und ich werde gut bedient, denn er persönlich macht die Ausgabe und versteht es, die Portionen größer zu machen, wenn es möglich ist.

All diese zusätzliche Ruhe gestattet es mir, zwei Mal pro Woche, wenn es abends Suppe gibt, am Eingang des Tunnels Wache zu stehen, wo die Ausgabe an die Kommandos stattfindet. Gegen zwei Uhr morgens ist alles vorbei, und es bleiben immer ein paar Kessel übrig. Die Austeiler wissen nicht, was sie damit machen sollen, und geben sie denen, die gerade dort sind. In diese Masche sind nur sehr wenige von uns eingeweiht. Jeder bekommt zwei oder drei Liter. Das ist das Warten wert.

Eines Abends kommt ein Transport »Blaue«: So nennen wir die Neuankömmlinge wegen ihrer noch neuen Kleidung, deren blaue Streifen noch nicht ausgeblichen sind. Wir fragen sie aus:

»Was gibt es Neues?« Aber sie sind ganz perplex angesichts des Schauspiels, das sich ihnen bietet, und, indem sie sich nach allen Seiten umsehen, antworten sie uns: »Jungs, macht euch keine Sorgen, die Russen rücken schnell vor, die Engländer bombardieren die Städte, so viel sie nur können, und die Landung* müsste schon passiert sein, wir rechnen damit jeden Augenblick.«

»Ach ja? Seit wann seid ihr denn schon verhaftet?«

»Seit einem Monat …«

»Seit zweien …«. Na ja, dann reden wir in einem Monat mal wieder drüber. Wir fangen an, sie zu verstehen, die Neuen. Bei jedem Transport dieselben Märchen. Die Monate vergehen, die Kameraden steigen im Rauch in den Himmel über Buchenwald auf, und wir kämpfen in unserem riesigen unterirdischen Gefängnis mit so schwacher Hoffnung weiterhin gegen den Tod. Dabei halten die alten Hasen noch am besten durch, die »13.000-er«, die »20.000-er« und die »21.000-er«. Zwar sind aus unseren *Transporten* schon diejenigen gestorben, die die Lebensbedingungen nicht aushalten konnten. Dabei müssen die Neuen nicht einmal die Erfahrungen aus der Zeit machen, als es nur ein Viertel Brot, aber zwölf Stunden Arbeit gab, und Baracken aufgebaut werden mussten, denn jetzt ist das Lager so gut wie fertig. Und nach den vorgesehenen vierzehn Tagen, in denen wir eine vage Hoffnung gehegt haben, ohne es wirklich zu glauben, sehen wir dieselben Männer wieder, wie sie ihr Vertrauen schon verloren haben; das Leben hier hat sie verunsichert, und viele von ihnen fühlen sich verloren und lassen kraftlos das Leben und die Hoffnung fahren, die sie uns doch hatten bringen

* Gemeint ist die Landung der Alliierten in der Normandie; vgl. auch Fußnote S. 94.

wollen; sie haben keinen Mut mehr zum Kämpfen; die bestialischen Gesetze von Dora haben sie kleingekriegt.

So sehe ich eines Abends, im dritten Stock einer »Box« ausgestreckt, mit spöttischer Miene den Neuen zu, wie sie sich in der anderen Hälfte der »Box« einrichten. Ich stelle mir vor, wie sich gleich die Ukrainer stillschweigend an einen »Blauen« nach dem anderen anschleichen und geschickt seine Taschen oder das Kopfteil seines Strohsacks leeren, um sich ihre Brotzeit anzueignen. Ich warne sie:

»Passt auf, euer Brot wird euch sogar unter dem Kopf weggestohlen. Steckt es euch ins Hemd, direkt auf die Haut, und knöpft eure Kleidung zu!«

»Das denkst du! Dem Ersten, der ankommt, schlage ich den Schädel ein.«

»Gut, ich weiß nichts, ich bin ein A…«

Aber leider war ich es, der Recht behalten sollte.

Bei der Ankunft dieser Transporte schlafen die Ukrainer überhaupt nicht mehr, denn für sie ist das ein Glückstreffer, leichte und einträgliche Arbeit.

Plötzlich lässt sich mir gegenüber ein Neuer nieder, dessen Gesicht mir nicht unvertraut ist. Ich versuche ihn mir ohne seine Häftlingskleidung und -käppi vorzustellen, mit seinen Haaren und in Zivilkleidung. Auch er ist stutzig geworden und beäugt mich neugierig:

»Woher bist du?«

»Aus Evreux!«

»Ich auch. Wie heißt du?«

»Ich bin Gouju.« Donnerwetter! Er ist ein Landsmann, mit dem ich in der Résistance einige Zeit vor meiner Verhaftung zu tun hatte. Er hatte mir zwar geraten, nicht wegzugehen. Aber ich spürte trotzdem, wie der Boden in Evreux heiß wurde. Und wie um meine Vorahnungen noch zu bestätigen, teilt er mir mit, dass alle aus der Gruppe an unserem Gymnasium, von der Gruppe »La Chapelle«, im letzten Juni verhaftet worden sind, zwei Monate nach mir. La Chapelle selbst wurde zum Tode verurteilt und die anderen wahrscheinlich deportiert. Umso mehr Grund habe ich, nichts zu bereuen.

Ich bin glücklich, endlich jemandem wiederzubegegnen, den ich draußen kannte.

Es ist der Erweis, dass die Vergangenheit, an die ich ab und zu denke, doch wirklich war. Wir haben einen derartigen Grad an Abstumpfung erreicht, dass wir uns manchmal fragen, ob wir nicht schon immer dieses Leben geführt haben.

Wir sprechen ausführlich miteinander. Ich mache ihn mit den Sitten und Gebräuchen der kleinen Republik vertraut, in die er gerade eingetreten ist. Zu seinem Glück kommt er in ein ausgezeichnetes Kommando, die *»Kontrolle Scherrer«.*

Diese Begegnung mit Gouju bringt mir die hoffnungsvollen Zeiten in Freiheit in Erinnerung. Nein, ich bedauere nicht, dass ich zum zweiten Mal weggegangen bin. Ich bedaure nur, dass ich fast noch beim Start schon gescheitert bin, während ich es mit sechzehneinhalb Jahren im Oktober 1940 mit 800 Franc in der Tasche ohne Wissen meines Vaters bis nach Marseille, Algier, Oran und Casablanca geschafft hatte. Verhaftet und in einem Gefängnis für Kinder eingesperrt, geflohen, wieder verhaftet, wieder geflohen; in Marokko war ich bis zur spanischen Grenze gekommen, da wurde ich wieder verhaftet. Damals hatte Maître Poinsignon, ein Rechtsanwalt in Oran, mich wie einen Sohn aufgenommen. Im Juli 1941 war mein Vater zu mir gekommen, aber da es nicht schwierig war, nach Tanger zu kommen, waren wir im September 1941 nach Evreux zurückgekehrt – ein Jahr vor der Landung der Amerikaner in Oran. Also nein! Da war ich knapp vor dem Ziel gescheitert.

Von Zeit zu Zeit müssen wir dabei sein, wenn jemand wegen Sabotage gehängt wird. Für eine Verurteilung braucht es nicht viel; es reicht schon, wenn man von einem Kapo denunziert wird. Es ist sehr einfach, jemanden loszuwerden, den man hier nicht mag! Ohne gerichtliche Untersuchung bekommt man den Strick um den Hals. Ich sollte übrigens dieses »man« erläutern. Die SS-Leute treiben die Raffinesse so weit, dass sie die Häftlinge durch unseren Lagerältesten hinrichten lassen. Der ist ein Deutscher, politischer Häftling und eine richtige Bestie. In Buchenwald war er Chef eines Blocks für BVer; das erklärt alles. Wir haben ihm den Spitznamen »der Boxer« verpasst. Als er das erste Mal die Arbeit verrichten sollte, hat er sich glatt geweigert und wurde von seinem Posten abgesetzt. Ein weniger von Gewissensbissen gepeinigter BVer löste ihn ab, und die Erhängungen gingen ganz normal weiter. Anfangs wurden sie an Galgen auf dem Appellplatz durchgeführt, und später im Tunnel auf folgende Weise: zwei dieser Elektrokräne, die unter den Gewölbedecken entlangfahren, werden herangeholt, und an den beiden Haken wird ein kleiner Balken befestigt, an dem die erforderliche Anzahl von Stricken hängt. Diese werden den Unglücklichen um den Hals gebunden, und nach einem Druck auf die beiden Schalter ziehen die Kräne ihre Last mühelos hoch.

Gegen Anfang Februar überkommt mich die Lust, zu fliehen. Einige haben es schon geschafft, mit dem Güterzug, der jeden Tag in den Tunnel hinein und wieder heraus fährt. In dieser Absicht tausche ich bei einem Italiener gegen Brotrationen einen Arbeitsoverall ein. Außerdem habe ich einen Schal, gute Lederschuhe aus einem Paket und eine Baskenmütze. Ich brauche noch Geld. Einstweilen, und da ich mein Paket nicht andauernd herumschleifen kann (es ist verboten, seine Pakete herumzutragen, sondern wir müssen sie im Block oder am Arbeitsplatz deponieren), vertraue ich es einem Kommandokameraden an, der mutig und dämlich genug ist, bei der Arbeit zu bleiben. In der Zwischenzeit suche ich Geld und entdecke das System, wie die Ankömmlinge beim Aussteigen aus dem Zug durchsucht werden. Manchmal geht es dabei sehr ernsthaft zu, aber manchmal auch nicht. Man muss nur Glück haben, und ich glaube, das werde ich.

Dann sagt mir eines Tages der fragliche Kamerad: »Weißt du, dein Paket ist mir gestohlen worden. Dabei hatte ich es an meinen Füßen; ich frage mich wirklich, wie sie das gemacht haben!«

Ich bin wie betäubt. Und der Gedanke, dass der Dummkopf, der es im Glauben genommen hat, darin seien Lebensmittel, es in eine Ecke geworfen hat, treibt mich zur Weißglut. Ich hatte mich so sehr darauf verlassen! Wegen der Schwierigkeiten hatte ich mir keinerlei Illusionen gemacht, aber ich hatte auch an die Freude gedacht, wieder nach Hause zu kommen und an alles, was dies für den armen Teufel bedeuten konnte, zu dem ich geworden war.

Von diesem Augenblick an fühle ich mich erschlafft

und habe keine Lust mehr, zu kämpfen. Außerdem sind wir wieder zu zwölf Arbeitsstunden eingeteilt worden, und die Männer sterben wie die Fliegen. In allen Ecken finden wir welche, wie sie in einer seltsamen Gleichgültigkeit sterben, in der niemand die Symptome einer gewöhnlichen Krankheit zu erkennen vermag. Auch die Ruhr verursacht großen Schaden, schuld daran ist das eisige Wasser des Tunnels in den leeren Eingeweiden.

Eines Nachts höre ich, wie jemand in der »Box« mich ruft:

»Michel! Michel!«

Im Halbschlaf richte ich mich auf, klettere hinunter und sehe in die untere Schlafkoje, in die sich immer die Sterbenden verkriechen. Mit Mühe erkenne ich Weber, meinen Kameraden aus Compiègne; entsetzlich dünn liegt er splitterfasernackt unter einer löchrigen und von Exkrementen verschmutzten Decke. Mit wahnsinnigen Augen und völlig ausgetrocknetem Mund erklärt er mir mühselig:

»Ich habe die Scheißerei ... seit acht Tagen. Ich habe Durst ... Durst. Hol mir Wasser!«

»Aber nein, mein lieber Bernard, du weißt doch genau, wenn du etwas trinkst, gehst du drauf. Leiste noch ein bisschen Widerstand, es wird vorbeigehen. Du wirst Rouen wiedersehen, die Normandie und die Apfelbäume, und du wirst schalenweise Cidre* trinken. Aber wenn du jetzt etwas trinkst, siehst du das alles nie wieder.«

Einen Augenblick lang bleibt er reglos und versucht zu verstehen oder sich vorzustellen, was ich ihm gesagt

* Cidre (ein Apfelschaumwein) wird traditionell nicht aus Gläsern getrunken, sondern aus kleinen Schalen oder flachen Tassen.

habe. Dann verzerrt sich sein Gesicht wieder unter den folternden Schmerzen.

»He, du, Michel, hol mir Wasser, geh, du, du bist ein guter Kumpel, die anderen sind alle Schufte, sie schlagen mich, weil ich schlecht rieche.«

Er wendet mir sein blutleeres schmutziges Gesicht zu. Dann fällt er ins Delirium:

»Weißt du, Dédé (Bachelier) wollte fliehen, aber die SS-Leute haben ihn entdeckt. Er hat einen erwürgt und versteckt sich im Tunnel. Wir müssen ihm helfen!«

Er springt von seinem Platz auf und rennt völlig nackt in die Stollen. Es ist unmöglich, ihn wiederzufinden. Es hieß, er sei mit dem *Transport* der Kranken nach Lublin gebracht worden. Ich hoffe es für ihn.

All diese Dinge sind nicht dazu geeignet, mich wieder aufzurichten. Der Transport vom Juni 1943, der nahezu komplett nach Dora gekommen war, ist bereits stark dezimiert. Eines Tages frage ich Beaumont, der bei der Statistik arbeitet, wie viele wir noch sind. »60 oder 70!«, sagt er.

Zusammen mit den Wenigen, die in Buchenwald geblieben sind, kommt man auf 100. Das sind 90 Prozent Tote in sechs Monaten!

Jetzt habe ich jeden Abend Fieber und bekomme echte Erholungsscheine. Manchmal habe ich 40 Grad und verliere den Appetit. Morgens geht es mir kaum besser, aber trotz meiner Bescheinigung kann ich nicht im Block bleiben, denn »Harry Baur« – noch ganz derselbe wie in Peenemünde – schmeißt um sieben Uhr alle aus seinem Block. Mit einer fast zwei Meter langen Holzstange bewaffnet springt er auf den vierten Stock der »Boxen«, verjagt die verspäteten Schläfer und verprügelt die Bummelnden. Viele stürzen sich in der Hoffnung auf eine gute Landung lieber freiwillig von oben herunter (3,50 Meter), als dem schrecklichen Blockältesten zu begegnen und den unvermeidlichen Verletzungen, die ihnen die Schläge zufügen werden. Die Kranken bekommen dieselbe Behandlung. Wenn er einen Toten findet, greift er sich auf gut Glück zwei Mann und lässt sie ihn unter einem Hagel von Schlägen zur Tür bringen.

Man muss also in einen Block gehen und warten, bis das Unwetter vorbei ist.

Abends sind meine Beine müde, und mein Gesicht glüht. Ich verliere vollkommen den Appetit und trinke mehr und mehr von dem Wasser, das wir einem geplatzten Rohr entnehmen, das im Stollen vor dem Block verläuft. Ich tausche mein Brot gegen Flaschen mit Mineralwasser, denn ich bin zu matt, um ganz allein welche zu »organisieren«. Dann befällt mich die Ruhr. Mit Schrecken erregender Geschwindigkeit verlassen mich die Kräfte. Binnen weniger Tage bin ich nicht mehr zu erkennen, völlig kaputt. Ein letztes Mal schleppe ich mich ins Kommando, um den Kapo zu informieren, dass ich mich aus dem Lager evakuieren lasse. Ohne etwas zu sagen, betrachtet er mich und muss wohl denken: »Der da wird auch draufgehen.«

Ich bleibe noch ein paar Tage in den Blocks; ich gehöre nirgends mehr hin, denn mein Kapo glaubt, ich sei oben. Ich bekomme meine Rationen nicht mehr, aber es ist mir egal, ich habe keinen Hunger, nur Durst, entsetzlichen Durst. Und wenn ich etwas trinke, kommt eine Viertelstunde später alles, was ich aufgenommen habe, wieder heraus. Ich lasse Gouju, meinen Landsmann, zu der »Box« rufen, in der ich liege. Er kommt, und diesen Freund aus guten Tagen in meiner Nähe zu sehen, erfüllt mich mit unschätzbarer Freude; diesen Freund, der meinem Vater getreulich meine letzten Worte und meine letzten Gedanken übermitteln wird. Das ist ein Trost, den viele nicht gehabt haben, die, inmitten gleichgültiger Fremder, einsam in irgendeiner Baracke dieser verfluchten Lager gestorben sind.

»Alter, ich lasse mich so schnell wie möglich nach oben evakuieren. Wenigstens ein bisschen werde ich dann versorgt. Wenn ich unten bleibe, krepiere ich. Ich glaube wirklich, das ist es jetzt gewesen, für mich ist es vorbei. Ich habe nicht mehr lange! Sechs Monate in Dora, das ist schon eine schöne Leistung. Man darf nicht zu viel verlangen! Ich wünsche euch, dass ihr durchkommt, und wenn ich nicht zurückkomme, verlasse ich mich auf euch, dass ihr zu meinem Vater geht. Oh ja, ich weiß schon, was ihr mir sagen werdet! Nein, es hat keinen Zweck. Ich mache mir keine Illusionen. Mir müsst ihr nichts erzählen. Ich weiß nur zu gut, wie das läuft!«

Mein Kamerad versucht trotzdem, mir Mut zuzusprechen. Dann geht er weg, mit betretener Miene. Auch er hat – wie er mir bei der Rückkehr eingestand – in diesem Moment geglaubt, ich hätte nicht mehr lange zu leben. Einen Monat später erkundigte er sich sogar bei meinem Kapo nach mir und fragte, was aus mir geworden sei. Der andere blätterte in seinem Verzeichnis und antwortete: »Fliecx … gestorben am 27. März 1944.« Bezüglich meines Hinscheidens konnte die Gewissheit größer nicht sein, und er teilte es bei der Rückkehr einigen Leuten mit. Zum Glück erfuhr mein Vater nichts! Und später sagte ich ihm in aller Freundschaft:

»Besser, es war so als umgekehrt!«

Auf einer Trage werde ich aus dem Tunnel ins Lager gebracht. Zur Not könnte ich gehen, aber in der Nacht hat ein Franzose aus dem Kommando sich meine Pantinen ausgeliehen, und obwohl ich ihm auseinandergesetzt hatte, dass ich sie am nächsten Morgen brauchen würde, um hinauf ins Krankenrevier zu gehen, hatte er vergessen (?) sie mir zurückzugeben, und ich habe nicht die Kraft, mir andere zu holen. Der *Vorarbeiter* der Krankenträger ist Franzose und hat Mitleid mit mir. Sonst hätte ich den ganzen Weg barfuß machen müssen.

Oben angekommen, habe ich die leise Hoffnung, vielleicht ins Krankenhaus geschickt zu werden. Nichts da, ich gelte noch als zu stabil; inzwischen muss man schon im Sterben liegen, um hineinzukommen. Ich werde wieder in die *Schonung* gebracht, in den Raum für die Ruhrkranken. Victor bringt mich hin:

»Ach, Fliecx, du Schwein lässt dich auf der Trage zur Untersuchung bringen, dabei kannst du gehen! Aber warte nur, so wie du aussiehst, dauert es nicht lange, bis du auf dem Lastwagen nach Buchenwald fahren kannst!«

Ich bin zu sehr damit beschäftigt, mich auf den Beinen zu halten, als dass ich diese niederträchtigen Worte aufgreifen könnte. Im Übrigen ist das hier gängige Münze, und ich würde nur Prügel kassieren.

Endlich komme ich an. Ich muss mich ausziehen und werde in den Raum für »*Scheißerei*« gebracht.

Im ersten Moment verschlägt mir ein entsetzlicher Gestank den Atem, dann mache ich ein paar Schritte. Überall liegen auf Ekel erregenden Strohsäcken Skelette, über denen sich schmutziggraue Haut in Falten legt.

Sie liegen unter ein paar schlechten und stinkenden

Decken. Fast kein freier Platz mehr. Eine Stelle zwischen zwei Körpern wird mir zugewiesen. Ich ziehe ein Stückchen Decke von rechts und links heran und strecke mich auf dem abstoßenden Strohsack aus.

Nach einer Weile nimmt man den Gestank, der hier herrscht, nicht mehr wahr. Sogar an die Decken gewöhnt man sich. Wir sind hier drinnen zusammengepfercht wie Heringe in der Dose!

Meine beiden Nachbarn habe ich noch nicht gesehen. Seit ich mich niedergelassen habe, haben sie die Köpfe nicht unter ihren Decken herausgestreckt. Ihre Atemzüge sind kaum wahrnehmbar. Man könnte sich fragen, ob sie nicht tot sind. Neugierig decke ich einen der beiden auf. Er schreckt aus seiner Teilnahmslosigkeit auf, und sein blutleeres Gesicht zeigt ein vages Lächeln, Widerschein eines wer weiß welch seltsamen Traumes, der ihn innerlich belebt. Kein Zweifel, binnen Kurzem wird er sterben, morgen vielleicht. Er ist schon jetzt nicht mehr von dieser Welt. Lächelt er angesichts des Todes so ruhig, weil er schon das Glück eines zukünftigen Lebens erahnt?

Im Saal der Verletzten wird abends heißer Kaffee mit Zucker ausgegeben. Gegen Brot tausche ich ganze drei Viertelliter ein, die ich hinunterstürze. »Kochendheiß wie er ist, wird er mir nicht schaden«, sage ich mir. Die Überlegung eines Kranken, der immer eine gute Ausrede braucht, zu tun, was ihm verboten ist.

Folglich habe ich in der Nacht gar nicht genug Zeit, aufzustehen und auf die Toilette zu gehen, denn unfähig, meine erschlafften Muskeln unter Kontrolle zu halten, besudele ich meinen Platz und nicht wenige Nachbarn.

Am nächsten Tag geht es mir richtig schlecht.

Morgens werden meine beiden Nachbarn tot weggebracht. Der Russe, der für unseren Saal zuständig ist, verbringt jeden Morgen eine gute Stunde damit, die in der Nacht Gestorbenen zu suchen. Ich nutze die Gelegenheit und stocke meinen Besitz an Decken und Kopfkissen auf. Und dann verfalle ich selbst in die Apathie, die alle Kranken hier auszulöschen scheint. In einer Art Halbschlaf träume ich wirres Zeug, ein Durcheinander von meinem Elternhaus und meiner Familie und dann die – überhaupt nicht erschreckende – Empfindung des Todes. Ich fühle, wie ich an Entkräftung sterbe, ohne Hunger zu haben; ich spüre, dass ich auf der Schwelle zu einer unbekannten Welt stehe, die mir unermesslich groß erscheint, genau so aufgebaut wie der Appellplatz, aber so riesig weit ausgedehnt ... Man kann die Begrenzungspflöcke kaum noch erkennen; und da drinnen bin ich ganz allein. Hinter mir ist die »*Schonungs*«-Baracke mit meinem Körper, den der Russe noch nicht gefunden hat. Und über der Baracke, hoch oben im Himmel, sehe ich meinen Vater, er ist vor Gram und vergeblichem Warten gealtert. Er, der sich seit dem Tod meiner Mutter aufopfernd und mit einer Liebe, die jeder Prüfung standhielt, um mich gekümmert hat – und ich habe ihm lauter Enttäuschungen beschert! Ich hatte ihm wenigstens beweisen wollen, dass etwas Gutes in mir steckt, aber nicht sterben und ihn verbittert zurücklassen. Das ist das Einzige, was mich traurig macht. Der Rest? Ich? Das mir völlig egal. Was für eine gute Gelegenheit, in aller Ruhe zu sterben und ohne es zu bemerken, wie meine Nachbarn heute Morgen. Sie sind sich dessen nicht einmal bewusst gewesen. Das nennt man eines schönen Todes sterben! Vielleicht werde ich eines Tages bereuen, nicht auch so einfach mit dem Leben abgeschlossen zu haben.

Bestimmt hat mir der Gedanke an meinen Vater in diesem Augenblick den Energieschub und den Lebenswillen gegeben, die mir geholfen haben, durchzukommen. Jäh setze ich mich auf und brülle: »Macht doch die Fenster auf. Hier drin stinkt es. Ihr wollt wohl alle krepieren!«

Ich muss mich überwinden und bekomme die stärkende Suppe nur mühsam hinunter. Ich nehme sogar noch einen Nachschlag. Beim Brot ist nichts zu machen: Mein Mund ist so trocken, dass ich nicht einmal ein zehntel Gramm essen kann. Ich habe schrecklichen Durst. Wenn ich im um mich herum schlotternden Hemd auf die Toilette im Nebenraum gehe, nutze ich die Gelegenheit und halte den Kopf unter den Wasserhahn und spüle mir den Mund mit diesem so verlockend kühlen Wasser aus. Eine winzige Bewegung mit dem Hals würde reichen, dass es köstlich hinunterflösse … aber nein, mit diesem verfluchten Wasser, das schon so viele umgebracht hat, würde der Tod wieder in meine Eingeweide zurückkehren. Mir das Wasser so über den Nacken laufen zu lassen, lindert mein Fieber etwas. Höchstens für eine Viertelstunde. Was mir Mut macht: Draußen vor der Tür liegt der Haufen Tote, und manchmal sieht man, wie sich darin ein Arm bewegt.

Ich weiß nicht mehr, wie viele Tage ich so auf *Schonung* geblieben bin, drei bis acht, nehme ich an. Es ist viel von einem *Transport* mit Kranken die Rede, der unverzüglich abgehen soll. Hier in der Baracke ist es rappelvoll, und die Kranken und Verletzten sind auf engstem Raum zusammengepfercht.

Ich bekomme noch ein Paket. Vielleicht ist es meine Rettung, denn ich bin am Ende meiner Kräfte. Ich schaffe es, ein Glas Quittenmarmelade und ein Glas Honig zu essen und eine Flasche Sirup zu trinken. Alles andere muss mir gestohlen worden sein.

Dann wird eines Tages gestreifte Kleidung an uns ausgegeben, und wir kommen alle aus der *Schonung* heraus. Ich taumele zu der Baracke, in der die Waschräume sind (endlich!). Da drinnen sind wir zu ungefähr tausend Mann. Tausend Mann konkurrieren bei dieser neuen Prüfung, und ich bin einer der am stärksten Behinderten. Hierher werden die Kranken aus der *Schonung* gebracht, diejenigen aus dem Krankenrevier, die auf Tragen gebracht werden, und andere, die aus dem Tunnel kommen. Die Baracke ist ihrer ganzen Länge nach zweigeteilt. Auf der einen Seite sind die Abortgruben und an einer Wand Pissoirs, und auf der anderen Seite fließt das Wasser in großen Becken aus Steinzeug. Kaffee wird ausgegeben. Ich darf keinen haben. Mein Durst ist unerträglich. Der Frisör, der hier arbeitet, benutzt Kaffee, um seinen Rasierpinsel einzutauchen. Ich stehe in seinem Rücken, klaue ihm den Kaffee und trinke das Ganze: Kaffee, Rasierschaum und Barthaare. Er sieht es und verpasst mir Dresche. Zwischen den Pissoirbecken breche ich zusammen und schlafe ein. Nachts wache ich auf und bemerke, dass ich ganz voller Teer bin, der die Mauer überzieht. Für den Rest der Nacht suche ich mir einen anderen Platz. Schließlich lande ich in einem der Becken, und bis zum Morgen fülle ich meinen Napf mit Wasser und spüle mir den Mund aus. Diese Prozedur mache ich vielleicht zwanzig oder fünfundzwanzig Mal, und zig Liter Wasser gehen durch meinen Mund, ohne dass ich auch nur einen einzigen Tropfen trinke. Meine gestrige Ausschweifung mit dem Kaffee des Frisörs ist zwar nicht tödlich ausgegangen, wird aber meine letzte sein. Ich darf nicht mehr trinken.

Meine Nachbarn schreien mich an:

»Also, sag mal, du kotzt uns an, so wie du dich aufplusterst! Lass uns bloß in Ruhe!«

Nachmittags bekommen wir Brot, Margarine und Pastete. Mit Mühe esse ich die Pastete; beim Rest brauche ich es erst gar nicht zu versuchen. Dann werden wir nach draußen gebracht. In einem verschwommenen Traum gehe ich die Lagerstraße hinunter. Was für eine merkwürdige Parade müssen wir abgeben! Der Lagerleiter und die ganze Bande von BVern um ihn herum halten sich den Bauch vor Lachen:

»*Nach Sanatorium!*«, brüllen sie, als wir vorbeikommen, und lachen schallend.

Wir müssen uns auf das Schlimmste gefasst machen.

Unten am Gleis stehen Waggons mit geöffneten Türen. Ich werde hineingezogen. Instinktiv schleppe ich mich in eine Ecke, und willenlos erwarte ich, was kommen mag.

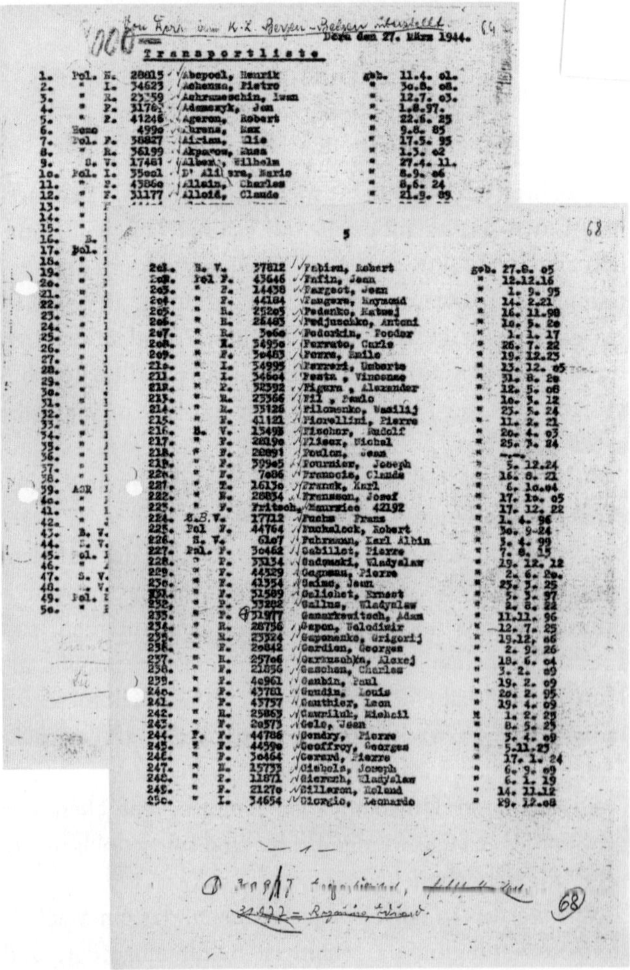

Von Dora ins KL Bergen-Belsen überstellt.

Dora den 27. März 1944.

Transportliste

1.	Pol.	R.	28015	Abepoel, Henrik	geb.	11.4. o1.
2.	"	I.	34623	Achenza, Pietro	"	3o.8. o8.
3.	"	R.	25759	Achramschin, Iwan	"	12.7. o3.
4.	"	F.	31762	Adamczyk, Jan	"	1.8.97.
5.	"	F.	41248	Agerou, Robert	"	22.6. 25
6.	Homo		499o	Ahrens, Max	"	9.8. 85
7.	Pol.	F.	38827	Airiau, Elie	"	17.5. 95
8.	"	R.	36199	Akparow, Musa	"	1.3. o2
9.	S.	V.	17461	Albert, Wilhelm	"	27.4. 11.
1o.	Pol.	I.	35oo1	D' Ali ... Mario	"	8.9. o6
11.	"	F.	43860	Allein, Charles	"	8.6. 24
12.	"	F.	31177	Alloid, Claude	"	21.9. 89

5

2o1.	B. V.		37812	Fabien, Robert	geb.	27.8. o5
2o2.	Pol	F.	43646	Fafin, Jean	"	12.12.16
2o3.	"	F.	14438	Fargeot, Jean	"	1. 9. 95
2o4.	"	F.	44184	Faugere, Raymond	"	14. 2.21
2o5.	"	R.	252o5	Fedenko, Matwej	"	16. 11.98
2o6.	"	R.	26483	Fedjuschko, Antoni	"	1o. 5. 2o
2o7.	"	R.	3o6o	Fedorkin, Feodor	"	1. 1. 17
2o8.	"	I.	3495o	Ferrato, Carlo	"	26. 7. 22
2o9.	"	F.	3o483	Ferre, Emile	"	19. 12.23
21o.	"	I.	34995	Ferreri, Umberto	"	13. 12. o5
211.	"	I.	34604	Festa , Vincenzo	"	31. 8. 2o
212.	"	F.	32392	Figura , Alexander	"	12. 5. o8
213.	"	R.	23366	Fil , Pawlo	"	1o. 3. 12
214.	"	R.	33126	Filomenko, Wasilij	"	23. 5. 24
215.	"	F.	41121	Fiorellini, Pierre	"	11. 2. 21
216.	B.	V.	13498	Fischer, Rudolf	"	2o. 4. o3
217.	"	F.	2819o	Fliecx, Michel	"	25. 3. 24
218.	"	F.	28891	Foulon, Jean	"	-.-.-
219.	"	F.	399o5	Fournier, Joseph	"	5. 12.24
22o.	"	F.	7o86	Francois, Claude	"	16. 8. 21
221.	"	T.	1613o	Franek, Karl	"	6. 1o.o4
222.	"	F.	28834	Fransson, Josef	"	17. 1o. o5
223.	"	F.	Fritsch,	Maurice 42192	"	17. 12. 22
224.	S.B.V.		17712	Fuchs Franz	"	1. 4. 96
225.	Pol	F.	44764	Fuchslock, Robert	"	3o. 9-24
226.	S. V.		61o7	Fuhrmann, Karl Albin	"	3. 4. 99
227.	Pol.	F.	3o462	Gabillot, Pierre	"	7. 8. 15
228.	"	F.	33134	Gadomski, Wladyslaw	"	19. 12. 12
229.	"	F.	44529	Gagneau, Pierre	"	2. 6. 2o.
23o.	"	F.	41354	Gaime, Jean	"	25. 3. 25
231.	"	F.	31589	Galichet, Ernest	"	5. 3. 97
232.	"	F.	33282	Gallus, Wladyslaw	"	2. 8. 22
233.	"	F.	31977	Gamarkewitsch, Adam	"	11.11. 96
234.	"	R.	28756	Gapon, Wolodimir	"	12. 7. 25
235.	"	R.	23324	Gaponenko, Grigorij	"	19.12. o6
236.	"	F.	2o842	Gardien, Georges	"	2. 9. 26
237.	"	R.	257o6	Garkuschkin, Alexej	"	18. 6. o4
238.	"	F.	21856	Gaschen, Charles	"	3. 2. o9
239.	"	F.	4o961	Gaubin, Paul	"	19. 2. o9
24o.	"	F.	43781	Gaudin, Louis	"	2o. 2. 95
241.	"	F.	43757	Gauthier, Leon	"	19. 4. o9
242.	"	R.	25863	Gawriluk, Michail	"	1. 2. 25
243.	"	F.	2o573	Gelo, Jean	"	8. 5. 25
244.	F.	F.	44786	Gendry, Pierre	"	3. 4. o9
245.	"	F.	4459o	Geoffroy, Georges	"	5.11.23
246.	"	F.	3o464	Gerard, Pierre	"	17. 1. 24
247.	"	F.	15733	Giebels, Joseph	"	6. 9. o9
248.	"	F.	11871	Gierszch, Wladyslaw	"	6. 1. 19
249.	"	F.	2127o	Gilleron, Roland	"	14. 11.12
25o.	"	I.	34654	Giorgio, Leonardo	"	29. 12.o8

— 1 —

68

Deckblatt und Einzelseite aus der Transportliste vom 27. März 1944 aus dem KL Buchenwald Kommando Dora in das KL Bergen-Belsen. Unter den 1.000 kranken Häftlingen dieses Transports war Michel Fliecx. Fotos: Institut des Nationalen Gedenkens Warschau, Kommission für Verfolgung und Verbrechen gegen die polnische Nation (IPN-Sign. GK 132/10)

Kapitel sechs

Belsen

Die Fahrt? Ich weiß nicht mehr, wie lange sie gedauert hat. Einen Tag, glaube ich. Ich erinnere mich undeutlich an die Abfahrt, an die Schatten, die sich um die Verteilung des Proviants stritten, an den Durst, an den Kübel ganz in meiner Nähe, an einen Sterbenden, der sich im Fieberwahn auf mich wälzte. Das ist alles. Ich bin vollkommen im Tran. Mittlerweile hat sich meine Ruhr etwas gebessert.

Bei der Ankunft befinden wir uns an einem Haltepunkt im offenen Gelände. Ringsum grüne Wiesen, begrenzt von Kiefernwäldern. Ein SS-Offizier auf dem Bahnsteig – sehr groß, dunkel, mit Hitlerbärtchen – überwacht mit hochmütiger Miene das Entladen. Ein Lastwagen bringt uns weg, zusammengedrückt wie die Heringe. Ich habe den Eindruck, zwanzig Kilometer zu fahren, aber in Wirklichkeit legen wir nur drei zurück. Dann kommen wir in ein Lager.

Die näheren Umstände der Ankunft entgehen mir großenteils. Einige wenige Bilder sind mir jedoch in Erinnerung geblieben.

Wir werden in ein Gehege getrieben, das ein Stacheldrahtzaun umgibt; da hinein ist Schilf eingefügt, und diese Abschirmung verhindert die Kommunikation mit der Außenwelt. Im Innern sind vier Baracken für uns vorgesehen.* Was ist im übrigen Lager, das sich links

* Michel Fliecx kam mit dem ersten von zahlreichen Transporten kranker oder vollkommen erschöpfter Häftlinge nach Bergen-Belsen.

von der Straße erstreckt, so weit das Auge reicht? Lange Zeit wussten wir es nicht.

Ich finde mich in der ersten Baracke wieder. Im Hintergrund stehen ein paar zweistöckige Betten. Ich habe das Glück, eines davon zu bekommen; wenig später muss ich es mit einem anderen Kranken teilen, der auch die Ruhr hat. Die ersten Tage, die ich in diesem Lager verbringe, sind mir nur vage in Erinnerung, sie waren aber geprägt von einer außergewöhnlichen Atmosphäre. Mir scheint, ich bin niemals so nah und so lange Zeit hindurch am Tod vorbeigegangen und werde es auch niemals wieder tun. Ich erinnere mich daran wie an einen seltsamen Traum, in dem ich weit entfernt von den Dingen in meiner Umgebung schwebte. Vor Schwäche war ich taub, und die Geräusche des Lebens vernahm ich wie durch Watte. Ich kam immer als Letzter zur Essensausgabe, denn ich hörte die Stubenältesten nicht rufen.

Von meinem Bett aus sehe ich durch das Fenster den kleinen Appellplatz, auf den wir völlig sinnlos in die Kälte gejagt werden, ganz nach Belieben des brutalen Blockältesten, der über uns herrscht. Wie elend fühle ich mich unter diesen Umständen! Zitternd vor Kälte zähle ich jede Minute dieser Qual, die manchmal Stunden dauert. Wie erschreckend erscheint mir der Tod in

Das zynisch »Erholungslager« genannte Männerlager, in dem Fliecx und die anderen Kranken aus Dora untergebracht wurden, entwickelte sich aus einem Lagerteil, der seit der Einrichtung des Austauschlagers bestanden hatte: In dem so genannten »Häftlingslager«, waren zunächst Häftlinge aus verschiedenen KZ als »Baukommando« zusammengefasst; zu dieser Zeit waren sie jedoch wahrscheinlich schon verlegt worden. (Vgl. Eberhard Kolb, *Bergen-Belsen. Geschichte des »Aufenthaltslagers« 1943-1945*, Hannover 1962, S. 106).

diesem Augenblick, und wie sehr vermisse ich die *Schonung* in Dora, wo er so süß erschien!

Wenn ich nach meinem Freund Roger rufe, der auch wegen Ruhr hier ist, und ihm meine Suppe geben will, klingt meine Stimme zittrig. Ich spreche wie ein Greis, und der Laut, den ich hervorbringe, erscheint mir so weit weg, so dünn, dass ich den Eindruck habe, etwas von mir sei bereits entschwunden. Diese schrecklichen Stunden hindurch, die wir draußen stehen müssen, lasse ich mich sachte an der Barackenwand hinunterrutschen, denn ich bin außerstande, mich auf den Beinen zu halten. So von den anderen isoliert, wird mir kalt. Die anderen stehen dicht wie in einer Kugel aneinandergedrängt. Da hat man es wenigstens warm, aber man muss sich auf den Beinen halten können.

Auf diesem Appellplatz gelten für uns bestimmte Regeln: Wir dürfen uns dem Stacheldrahtzaun nicht nähern und müssen mehr als zwei Meter von den Baracken entfernt bleiben. Für die Einhaltung dieser Vorschriften sorgt ein Pole, der später der »Kapo Nr. 1« wurde. Allein wegen seines zwei Meter langen Knüppels sind wir ihm ausgeliefert. Wenn sinnlose Wut ihn packt, bewegt er sich vorwärts wie ein Irrer, die Kiefer in Spasmen verkrampft und sabbernd. Er scheucht unsere armselige Herde von einem Ende des Platzes zum anderen. Wehe den Letzten! Einmal hat er mich mit einem derartigen Hieb auf den Arm zu Boden geworfen, dass ich glaubte, mein Arm sei gebrochen. Inmitten des Getümmels werden wütende Schreie laut: »Wir müssen alle miteinander auf ihn drauf und ihn erwürgen!«, brüllt ein Mutiger. Aber alle machen sich schleunigst aus dem Staub, einschließlich des Mutigen. Das ist letztlich weniger gefährlich. Unsere physische Schwäche reduziert uns auf einen Zustand völliger Passivität. Oben auf dem Wachturm bewundert der Posten staunend das Werk des Dompteurs.

Wenn wir endlich wieder zurück in die Baracke dürfen, strömen wir wie eine Flut zu den Türen. Unfähig, zu laufen, bewege ich mich mühsam vorwärts, in einer hin und her wogenden Menge, und setze ungeschickt einen Fuß vor den anderen. In der Baracke lege ich mich rasch hin, zusammen mit dem anderen Kranken. Die beiden Decken sind nicht dick genug, uns zu wärmen. Wir stecken den Kopf mit darunter. Aber es ist unmöglich, sich auszuruhen, denn wir sind ständig in Angst: Wann werden sie uns wieder rauswerfen? Allein schon dieser Gedanke macht uns Herzklopfen.

Wenn meine Ruhr etwas nachlässt, habe ich immer schrecklichen Durst. Mein ganzer Körper ist dehydriert und verlangt nach Flüssigkeit. Aber ich weiß, wenn ich etwas trinke, werde ich in ein paar Tagen in einer Decke weggetragen, wie es seit unserer Ankunft schon so vielen ergangen ist. Manchmal falle ich in eine Art Delirium. Mit wundersamer Deutlichkeit, ganz so, als wäre ich dort, sehe ich all diese kleinen Dorfkneipen, bei denen ich anhielt, wenn ich mit dem Fahrrad nach Flugblättern suchte, die aus einem Flugzeug abgeworfen worden waren, oder Lebensmittel holte, und wenn es mir dabei zu warm wurde. Ich sehe wieder die Menge an Getränken, die ich dort zu mir genommen, und den Betrag, den ich dafür bezahlt habe. Und ich bedaure sehr, nicht noch mehr von diesem guten Cidre getrunken zu haben, der so frisch war, so erquickend. Ich möchte mein Gesicht wieder in einen Bottich tauchen, wie ich es einmal in einer Calvados-Brennerei gemacht habe, und trinken, trinken, bis ich Bauchweh habe. Nur dieser einzige Gedanke hält mich zurück: »Michel, wenn du hier Wasser trinkst, wirst du nie wieder in die Normandie zurückkehren. Aber wenn du jetzt durchhältst, wirst du diese vollen Cidreschalen in den Kellern deiner Bauern wiedersehen! Du wirst bis zum Überdruss trinken können, so viel, wie du jetzt nur wünschen magst.« Ich sehe ganze Berge von Äpfeln, die Menschen, die sich um die Mostpresse scharen, und den frischen Saft, der schäumend heraus in den Bottich fließt. Ein Tic, den ich habe, seit ich so großen Durst habe, entstellt mich. Ich ziehe die Oberlippe hoch und entblöße die Zähne und versuche so, die Drüsen anzuregen und Speichel zu produzieren. Unter der Decke spreche ich mit meinem Bettgenossen:

»Woher kommst du?«

»Aus Belfort, und du?«

»Aus Evreux in der Normandie« – und dann meldet sich wieder meine Zwangsvorstellung –, »da gibt es Äpfel und Cidre. Und was trinkt man bei dir zuhause?«

»Bier. Aber wir haben auch einen berühmten Mirabellenschnaps.«

»Ach ja … Mirabellen … im Elsass habe ich welchen getrunken, der ist gut. Oh, und was habe ich im Elsass an Bier getrunken! Große Krüge, nach dreien war ich betrunken. Was würde ich darum geben, jetzt nur einen zu haben.«

Die Gespräche dauern nicht viel länger, denn ich bin taub, und er muss schreien. Und mein Mund trocknet dabei noch etwas mehr aus.

Noch immer habe ich Schwierigkeiten beim Essen,

obwohl das Brot besser ist als in Dora. Es muss Brot für die Zivilbevölkerung sein. Ich tunke etwas davon in Kaffee und knabbere es. Die Suppe besteht aus zwei gekochten Kartoffeln und einem halben Liter Steckrüben in Soße. Da die Steckrüben und die Soße mir absolut nicht bekommen, tausche ich sie gegen zwei Kartoffeln ein.

Einige Tage nach der Ankunft bekommen wir Nummern, entsprechend der alphabetischen Reihenfolge unserer Namen. Mit meiner zittrigen Stimme nenne ich meinen dem SS-Mann. Er sieht mich mit so merkwürdigem Ausdruck an, dass ich überlege, ob er nicht das Krematorium als den mir bald bevorstehenden Zufluchtsort betrachtet. Ich bekomme ein Stück grüner Pappe mit einer Zahl: 217. Ist das die richtige? In der Folge hat es sich zum Glück bestätigt.

Am nächsten Tag (ich nehme es an, denn für diese Zeit lässt mich mein Gedächtnis im Stich) gehen wir zum Duschen. Daran habe ich zwei Erinnerungen. Die eine an den Fußtritt, den mir ein SS-Unteroffizier unten ans rechte Bein verpasst, weil ich nicht schnell genug gehe. Die Narben habe ich immer noch. Zehn Monate lang suppte diese Wunde und wollte und wollte nicht heilen. Später erfuhr ich den Namen dieses SS-Mannes: Müller, ehemaliger Gestapo-Agent in Luxemburg, erkrankte an Typhus, wurde unmittelbar vor der Ankunft der Engländer aus dem Lager evakuiert und entging so – ich hoffe, nur für den Augenblick – der Justiz, die ihn auf dieselbe Anklagebank hätte bringen sollen wie Kramer im Lüneburger Prozess.* Die andere

* Am 4. November 1945 meldete der britische Rundfunk, der SS-Mann Müller aus Belsen sei in Sandbostel festgenommen und nach Lüneburg gebracht worden (Anmerkung des Autors). Den für seine Grausamkeit

Erinnerung wiegt weniger schwer. Ich habe mein gesamtes Brot mit zum Duschen genommen und lege es auf einer Bank ab, weil es mich stört. Soll es nehmen, wer mag, ich kann es nicht essen. Später bereue ich das, denn all dieses Brot war die Ration für mehrere Tage.

Ganz allmählich berappele ich mich wieder. So richtig toll ist es noch nicht, aber es gibt ein gutes Zeichen: Meine Taubheit ist Geschichte. Mein Darm ist noch schwach. In der Latrine beneide ich diejenigen, die laute Geräusche machen können und sich ihrer Überlegenheit inmitten all dieser »Schisser« bewusst sind. Ich beneide sogar diejenigen, die fähig sind, normal zu urinieren, denn ich selbst kann dieses Bedürfnis nicht befriedigen, ohne dass meine Gedärme ein unbezwingbares Bedürfnis anmelden, sich ebenfalls ihres Inhalts zu entleeren. Es ist traurig, so weit gekommen zu sein.

Hier gibt es keine Arznei. Die einzige Möglichkeit besteht darin, sich Holzkohle zu beschaffen. Ich sehe, wie einige mühselig die Überreste aus dem Ofen des Blockältesten verzehren. Ihr Gesicht ist ganz schwarz verschmiert. Ich habe keine Lust, es ihnen nachzumachen; nicht aus Eitelkeit, sondern weil man davon noch schlimmeren Durst bekommt.

Mein Bettgenosse ist inmitten seiner Exkremente gestorben. Es riecht ganz entsetzlich, vor allem der Leichnam. Nachdem die Stubenältesten ihn in einer

berüchtigten SS-Unterscharführer Arthur Müller, geboren 1910 in Altenkirchen, nannten die Häftlinge wegen seiner roten Haare »roter Müller«. In Bergen-Belsen war er von 1943 bis 1945. In Lüneburg fand vom 17. September bis 17. November 1945 vor einem britischen Militärgericht das *Belsen Trial* statt, bei dem Angehörige des Wachpersonals aus den Konzentrationslagern Auschwitz und Bergen-Belsen angeklagt waren. Es war der erste alliierte Prozess gegen Kriegsverbrecher.

Decke hinuntergeschafft haben, drehe ich mühsam den Strohsack um. So ist der Geruch weniger heftig.

Sofort lässt sich dort ein Ukrainer nieder und will anfangen, das Kommando zu übernehmen, indem er den größten Teil der Pritsche für sich beansprucht. Beinahe kommt es zu einer Schlägerei. Schließlich beruhigt er sich, da er sieht, dass ich wieder mehr bei Kräften bin, als er dachte.

»*Bladje* [Huren], *zehn Tage, Krematorium*!«

Ich antworte in gepflegtem Französisch:

»Scheißkerl, du sollst vor mir verrecken.«

»*Pisda* [Fotze], *Franzuski*«, sagt der Russe noch drohend.

»Der ›*Franzuski*‹ wird's dir noch …«

Mit diesem Wortwechsel, wie er zumindest im KZ zwischen Franzosen und Russen Tradition hat, endet die Auseinandersetzung.

Das sind so die Nettigkeiten, die wir hier austauschen. Es ist zugleich makaber und grotesk.

Zu meinem Unglück bin ich von seinen Landsleuten umgeben, und die machen mir das Leben schwer; ich bin gezwungen, woandershin zu gehen. Roger bietet mir an, zu ihm zu kommen, in die ersten Betten am Eingang der Baracke. Da habe ich eine Pritsche für mich allein und kann mich ausruhen.

Nach ein paar Tagen bin ich fast wieder hergestellt, soweit davon in dieser Umgebung ewig Kranker überhaupt die Rede sein kann.

Es ist unbegreiflich, denn ich habe doch kaum etwas gegessen und keinerlei Medikament genommen. Dann kommt auch der Appetit zurück, und ich stelle fest, dass wir hier schier vor Hunger krepieren. Schon die normalerweise zugeteilte Ration ist karg: ein viereckiges deutsches Brot für den ganzen Tag für zehn Mann. Die Stubenältesten schneiden es für uns auf. Und statt ein Brot in zehn Stücke zu teilen, machen sie 13 oder 14 daraus. Das ist ihr Gewinn. An Suppe steht uns eine bestimmte Menge zu. Und wenn sie jedem der 250 Männer im Block ein bisschen weniger geben, können die Stubenältesten und Bruno, der Blockälteste, sich mit mehreren Litern täglich den Bauch vollschlagen.

Wir werden auf gemeinste Weise bestohlen. Vor unseren Augen nimmt Bruno, wenn er die Suppe austeilt, die wenigen Fleischstücke heraus, die er entdeckt, und schöpft den Fettfilm ab, der obenauf schwimmt. Außerdem rührt er den Inhalt des Kübels nicht um, so dass alle Kartoffeln unten bleiben. Und diesen Teil füllt er dann in einen besonderen Kübel um, der ihm und seinen Stubenältesten vorbehalten ist. Zugegeben, denjenigen, die arbeiten und die Dienst im Block übernehmen, steht mehr zu als uns, aber nicht in solchem Ausmaß.

Wenn man sich beschweren will, gibt es drei Möglichkeiten:

Beschwerde beim Blockältesten. Auf der Stelle eine Tracht Prügel, die Beschimpfungen und weitere Schikanen nicht mitgerechnet: kleinere Portionen bei der Essensausgabe, Plünderung der Pakete usw.

Gespräch mit dem Lagerältesten. Im Allgemeinen kann er nichts machen, und wenn es herauskommt, wird man zum Blockältesten gebracht, und da bekommt man, ausgestreckt auf einer Bank, mindestens 25 Schläge. Plus die gerade erwähnten Schikanen.

Mitteilung an einen SS-Mann, wenn er in unseren Abschnitt kommt. Er inspiziert die Spinde der Stubenältesten und findet nichts, denn sie haben immer vorgesorgt. Und da gibt es dann Schläge, bis der Tod eintritt. Vielleicht nicht gleich am ersten Tag, aber drei Tage später kommt man garantiert in den Raum der Krankenstation, der den Kandidaten fürs Krematorium vorbehalten ist. Nach ein paar Versuchen ist für uns erwiesen, dass nichts zu machen ist und dass wir uns damit abfinden müssen, hungers zu sterben.

Und dann denke ich, dass ich gerade zwanzig geworden bin, am 25. März, im schlimmsten Augenblick. Papa hatte mir für meinen zwanzigsten Geburtstag ein schönes Fest versprochen! Armer Papa!

Ungefähr zehn Tage nach unserer Ankunft ist Karsamstag. Die Sonne scheint, und wir liegen ausgestreckt auf dem sandigen Boden, wie er für die Lüneburger Heide typisch ist, in der das Lager Bergen-Belsen liegt. Fast 500 Mann sind wir, alle im »Zebra-Stil« gekleidet. Plötzlich lässt Motorengebrumm uns aufhorchen: Über uns bewegen sich vier Flugzeuge mit Doppelrumpf. Rasch kommen sie sehr nah herunter. Salven prasseln, von denen wir nicht wissen, ob sie vom Boden oder von diesen Flugzeugen kommen; jedenfalls sind es Freunde. Einmal fliegen sie in 50 Metern Höhe über unsere Baracke.

»Die Amerikaner! Ich habe den weißen Stern gesehen«, brüllen einige von uns. Wir alle sind zutiefst bewegt von dem Abzeichen, das wir flüchtig auf den Rümpfen gesehen haben, aber auch ein bisschen beunruhigt. Die Bombardierung von Peenemünde kommt mir sehr unangenehm in Erinnerung. Sollten diese Flugzeuge etwa für eine der kommenden Nächte einen Angriff vorbereiten?

Jetzt hören wir aus allen Richtungen die schweren deutschen Geschütze. Dieweil kreisen die Amerikaner weiter, als wenn nichts wäre, und schießen hie und da auf etwas, das ihnen verdächtig erscheint. Plötzlich lösen zwei sich aus der Formation und kommen im Sturzflug auf uns zu. Kein Zweifel, sie haben etwas entdeckt, das sie zerstören wollen: »Der Wachturm«, denke ich. Aus zwanzig Metern Höhe gibt der Erste – ich kann den Piloten sehen – eine markerschütternde Salve ab. Vor mir spritzt Erde auf, und Leiber krümmen sich zusammen. Und schon kommt das zweite Flugzeug im Sturzflug daher. Diesmal zielen sie auf meine Ecke. Nein! Nachdem es zum Greifen nah über uns hinweggeflogen ist, steigt es wieder auf. Der Schütze hat wohl rechtzeitig den Irrtum bemerkt. Das war ihr letzter Streich, noch ein paar vereinzelte Knaller, dann nichts mehr. Schon eilt die Menge der Männer, die nicht getroffen worden sind, in größter Hast zu den Baracken. Ohne nachzudenken, folge ich ihnen und schlüpfe durch ein Fenster hinein. Einen Augenblick später komme ich wieder heraus. Draußen herrscht große Aufregung um einen Lastwagen herum, denn Suppenkübel sind dageblieben, und das ist ein Happen. Wir schöpfen ganze Näpfe voll. Die Suppe ist sehr dünnflüssig, aber trotzdem! Die Aufregung hat mir Appetit gemacht, und ich verschlinge zwei randvolle Näpfe. Dann gehe ich zum Appellplatz. Dort liegen ungefähr vierzig Tote und Verletzte. Bei einem ist der Schenkel abgetrennt, und der gezackte Knochen ragt aus dem Fleisch. Das Blut spritzt nicht rot, sondern fließt langsam und schwärzlich, nachweislich eine Auswirkung der Unterernährung. Etwas weiter ein zerschmetterter Kopf, aus dem das Blut in den Sand sickert.

Aus all diesen Leiden erhebt sich kein einziger Schrei. Nur vereinzeltes dumpfes Röcheln. Die Verletzten werden zur Krankenstation gebracht, die über nur zwei Arten von Salbe und eine begrenzte Menge von Papierbinden verfügt. Kein Arzt. Nur einige BVer improvisieren den Dienst von Krankenpflegern und legen kreuz und quer gewickelte Verbände an, aber nur Minuten später dringt das Blut schon wieder durch. Der Krankensaal ist überfüllt von Verletzten. Auf jeder Schlafstelle liegen zwei.

Keiner von ihnen sollte überleben, denn bei unserem Zustand zehrt ein heftiger Blutverlust die letzten Kräfte auf.

Roger lag mit dem Kopf auf dem Bein eines Russen. Eine Kugel oder eine kleinkalibrige Granate hatte das Bein des Russen abgetrennt. Roger kommt mit einer kleinen Platzwunde in der Kopfhaut und heftigen Kopfschmerzen davon.

Der Rest des Tages ist eher trist. Merkwürdige Glocken haben sie uns da zu Ostern läuten lassen! *

Die Trübsalbläser tun schon ihre Meinung kund: »Ihr werdet sehen, die kommen wieder, und keiner von uns bleibt übrig.«

Die Dummköpfe müssen ihren Senf dazugeben: »Das war ein Streich von den ›Boches‹. Die haben ihre Flugzeuge so angestrichen, damit man glaubt, es seien die Amerikaner.«

* Über den Angriff amerikanischer Flieger auf das Lager Bergen-Belsen am 8. April 1944 verfasste der Chef des SS-Wirtschafts-Verwaltungshauptamtes, SS-Obergruppenführer und General der Waffen-SS Oswald Pohl am 14. April einen Bericht an den Reichsführer-SS, Heinrich Himmler; Bundesarchiv Lichterfelde NS 19/3558, Blatt 1.

»Trottel! Glaubst du etwa, wenn sie uns krepieren lassen wollen, müssten sie so ein Schauspiel veranstalten? Das ist doch viel zu viel Arbeit für die. Und wenn sie ihre Piloten üben lassen, tarnen sie ihre Flugzeuge doch nicht. Unsere Meinung ist denen doch scheißegal. Es war ein Irrtum, Punkt. Das Vorkommnis wird an die Basis gemeldet, dann werden Erkundigungen angestellt, und dann wird es ihnen klar sein, und sie wissen, wo unser Lager ist, und wir kriegen nie wieder Ärger.« Andere wiederum ziehen ihren Wünschen entsprechende Schlussfolgerungen:

»Prima, sie haben uns gesehen. Wir werden dem Roten Kreuz gemeldet, und dann sollt ihr mal sehen, wie die Pakete kommen!« Manche stellen schon Schätzungen zum Inhalt dieser zweifelhaften Pakete an.

Die SS-Leute kommen ins Lager, brüllen wegen des Durcheinanders herum, werfen einen gleichgültigen Blick auf die Opfer und gehen wieder.

Zu Ostern: nichts. Die Suppe ist genauso schlecht wie üblich, und es gibt keine zusätzliche Ration. Man hört Dinge, die all diejenigen, die innerlich nicht standfest sind, völlig am Boden zerstören: »Das hier ist ein Vernichtungslager. Sie haben uns zum Verrecken hierher geschickt. Es scheint, dass wir unsere Pakete nicht bekommen.«

Jetzt, wo es mir etwas besser geht, kann ich dieses neue Lager ein bisschen besser kennen lernen, dem ich bisher kaum Aufmerksamkeit gewidmet habe. Was ist zu beschreiben: diese vier äußerst baufälligen Baracken, von denen je zwei am einen Ende verbunden sind; ihr grüner Anstrich blättert ab und die Fenster schließen kaum, weil die Rahmen verzogen sind. Das Ganze umschließen mit Schilfmatten versehene Stacheldrahtzäune. In einer Ecke steht eine kleine Baracke mit etwa zehn Sitzen: die Toiletten. Das ganze Ensemble überragt ein großer Wachturm; darin sind Fenster, und unsere Wärter sind dort Tag und Nacht. Ihr unheimliches Totenkopf-Abzeichen scheint uns zu sagen: »Ich bin das Abbild der Bestimmung aller Feinde des Nazismus. Ihr werdet dem nicht entkommen.« Ja, falls das Reich den Krieg gewinnt. Das glaube ich aber nicht. Und doch, wie enttäuschend ist die Atmosphäre hier für die Hoffnung! Wir sehen nichts und hören nichts. Doch, jeden Tag sehen wir, wie uns die unerschütterlichen SS-Männer beim Appell zählen, und wir sehen auch jeden Tag, wie die Reihen vor jedem Block noch ein wenig kürzer werden und wie das Pferdefuhrwerk die Toten wegbringt, die unter der Decke bei jedem Ruck geschüttelt werden. Was wir hören, ist der skandierte Gesang der Patrouillen, die um das Lager herumgehen; leidenschaftlich erzählt er vom Glauben des deutschen Volkes an den Sieg; und da hinten am Ende des Lagers ist auch die Schießbahn, auf der unsere Wärter uns zu töten trainieren. Es ist wirklich sehr hart, zu hoffen, eines Tages werde all dies enden, und einige von uns seien noch am Leben, um in die geliebte Heimat zurückzukehren und der ungläubigen Welt über das Leben und Leiden von Hunderten und Tausenden und Millionen Menschen zu berichten, die der Menschheit durch diesen riesigen Taschenspielertrick entwendet wurden, die Deportation in die Nazi-KZ.

Wer kann schon glauben, er hätte eine große Chance, zu entkommen, wenn er sieht, dass nicht nur die SS alles tut, uns zu vernichten, sondern auch andere Häftlinge, Gefangene wie wir, die dieselbe Kleidung und eine

Nummer tragen und oft dasselbe rote Abzeichen der politischen Gefangenen. Und das sind keine Agenten, die absichtlich da hingebracht worden wären, sondern Gestörte, die schlussendlich am KZ-Leben Gefallen gefunden haben und zu sadistischen Mördern geworden sind; sie sind sicher, dass sie nicht bestraft werden, denn auch sie glauben inzwischen an den deutschen Endsieg. Von einigen von ihnen in Belsen darf ich nicht vergessen, Namen und Großtaten zu nennen.

Da ist zuerst Bruno, mein Blockältester. Der kleine Fettkloß behauptet, früher bei der Fremdenlegion gewesen zu sein, aber von der französischen Sprache kennt er nur die Beleidigungen und die derben Ausdrücke; er ist eben Deutscher. Das Ödem, das ihn nach und nach erfasst, hindert ihn nicht, Fußtritte auszuteilen. Aber er ist noch gar nichts. In Block 2 ist das Traumteam: Joseph und Leo. Der eine ist Pole, der andere halb Deutscher, halb Pole. Jede Nacht hindurch hören wir entsetzliche Schreie aus den Waschräumen zwischen Block 1 und Block 2. Das sind unsere beiden Gevattern: Sie haben einen Ruhrkranken überrascht, der nicht mehr an sich halten konnte und in die Hose gemacht hat oder in den Block, bevor er den rettenden Ort erreichen konnte. Sie zerren ihn zu diesen Waschräumen, dort muss er sich ausziehen, und unter dem Vorwand, ihn zu waschen, übergießen sie seinen bis auf die Knochen abgemagerten Körper und seinen kranken Bauch mit einem Schwall eisigen Wassers. Und, wieder unter dem Vorwand, ihn zu lehren, es nicht wieder zu tun, überziehen sie ihn mit Knüppelschlägen, auf den Kopf und überall am Körper. Die beiden Wahnsinnigen brüllen ihm noch mit ihrer rauen Stimme Beschimpfungen zu, während sein noch von der Dusche triefender Körper langsam zusammensinkt, leblos und von nun an unempfindlich für die Hiebe, die noch einige Augenblicke lang dumpf auf sein Fleisch klatschen. Dann geht Joseph wieder weg: ein Riese mit vorgestreckter Brust, schnellen Schrittes, den Stock mit den Händen auf dem Rücken umklammernd. Leo folgt ihm: Er ist unheimlich und grotesk mit seinem kahl geschorenen Kopf, der seine Gesichtszüge eines sadistischen Mörders noch betont, und seinem Gang, der majestätisch wirken soll. So bringen sie jede Nacht einen oder zwei um, mit denselben Händen, mit denen sie die Brotration austeilen. Innerhalb von einem Monat erschlagen sie so mehrere Dutzend Männer.

Es gibt noch ein paar vom selben Kaliber, und ich werde später auf sie zurückkommen.

Je mehr ich wieder auflebe, umso stärker beginne ich den Hunger zu spüren. Der herrscht hier und zerrt schmerzlich an unserem Magen. An allen Ecken hört man nur, wie über Kochrezepte und über Erinnerungen gesprochen wird oder wie Pläne für enorme Festessen geschmiedet werden. Manche verbringen ganze Tage damit, einander Rezepte zu erzählen. Am Ende fangen sie an zu spinnen und erzählen einem die unwahrscheinlichsten Geschichten, für die ihre übererregten Drüsen und ihr närrisch gewordener Magen verantwortlich sind. Einer von denen muss es gewesen sein, von dem ich das verblüffende Rezept für »Kaninchen in Schokolade« gehört habe!

Wir haben hier noch kein Paket ankommen gesehen. Der Pförtner unserer Abteilung, der den SS-Männern aufmacht, wenn sie hereinkommen, und der zusammen mit unserem Lagerältesten untergebracht ist, hat uns gesagt, dass wir sie nicht bekommen, und dass die Arbeitsfähigen in drei Monaten wieder zurück nach Dora gehen. In drei Monaten? Da sind wir alle tot. Es ist eindeutig unmöglich, hier drei Monate lang ohne Pakete durchzuhalten.

Wir Franzosen bilden Gruppen, je nach persönlicher Übereinstimmung. So tun wir uns zu mehreren Kameraden zusammen, um über andere Dinge als über Kochrezepte zu sprechen. Manchmal verfallen wir aber doch dieser Schwäche, so sehr hält der Hunger unseren Geist von jedem anderen Gedanken fern. Da ist Roger: Er erstaunt durch seine rigorose Logik und hat keine Hemmungen, dem Unglücklichen, der etwas zu simple Ansichten äußert, eine gnadenlose Abfuhr zu erteilen. Da ist Tricoire:* Aus seiner Kindheit in Mailand hat er sich den typisch romanischen Schwung und die Emphase erhalten. Da ist Maurice Legrand,** ein braver kleiner Zeichner aus Paris, der in einer großen Spionagesache in Lyon verhaftet worden war. Da ist Auclair,*** dessen physische Hässlichkeit mit seiner inneren Ausstrahlung kontrastiert, mit seiner großen Intelligenz und seiner philosophischen Lebenseinstellung, die sicher dafür sorgen wird, dass er dem Tod einmal in heiterer Gelassenheit begegnet. Da ist der sanftmütige Eliot Sarfati,**** der

* Roger Tricoire, geboren 1912 in Le Pré-Saint-Gervais. Laut der Datenbank der Fondation pour la Mémoire de la Déportation (FMD) wurde er nach Kriegsende repatriiert. Genaueres lässt sich beim derzeitigen Kenntnisstand nicht eruieren.

** Maurice Legrand, geboren 1920, wurde in Bergen-Belsen befreit, starb jedoch dort am 11. Mai 1945.

*** Henry Auclair, geboren 1912 in Alençon, starb am 14. Januar 1945 in Bergen-Belsen.

**** Möglicherweise Elyo Sarfati, geboren 1921 in Istanbul; er starb am 8. Dezember 1944 in Bergen-Belsen.

uns verrückte Geschichten aus seinem Junggesellenleben in Cannes erzählt; er hat ein phänomenales Gedächtnis für Musik und kann so gut die traurige amerikanische Melodie singen, die alle Jazzliebhaber unter dem Titel *Star Dust* kennen, und jedes Mal, wenn ich dieses Lied höre, erinnere ich mich voller Rührung an diesen ausgezeichneten Kameraden, der inmitten dieser ganzen sich selbst überlassenen Menschheit, umgeben von Flüchen und Hieben, noch »Scheiße!« sagte, wie ein kleines Mädchen. Und noch einige, an deren Namen und Aussehen ich mich nicht mehr erinnere, und die diesen gnadenlosen Wettlauf um das Leben nicht gewonnen haben.

Wer ist von ihnen allen noch übrig? Roger, Tricoire und ich. Die anderen sind tot.

Walter Hanke* ist unser *Lagerältester*, ein deutscher BVer, der wegen einer Veruntreuungssache schon seit ungefähr zehn Jahren in Haft ist: Er war Prokurist einer Gesellschaft. Nichtsdestotrotz unterscheidet er sich von den anderen BVern durch seine Abneigung, uns zu schlagen, seine solide Ausbildung und einen »diplomatischen« Erfindungsgeist im Umgang mit den SS-Leuten, bei dem immer irgendein Vorteil für uns herausspringt.

Alle, die in Belsen waren, haben diesen rundlichen kleinen Mann gekannt, wie er ständig in Pantinen, die zu groß für ihn waren, überall umherlief. Aus seinem bärbeißigen Äußeren haben manche vielleicht voreilig gefolgert: »Noch so ein Schuft, der sich auf unsere Kosten mästet.« Er ist tot, und ich habe nichts davon, wenn ich ihn verteidige. Eher hätte ich dabei zu verlieren. Aber ich halte es für meine Pflicht, es zu tun, denn ich habe

* Walter Hanke, geboren 1912 in Kassel, starb in Bergen-Belsen am 16. April 1945, einen Tag nach der Befreiung.

dreizehn Monate in seiner Nähe gelebt und bin vielleicht aufgrund seines Wohlwollens in den letzten Monaten, den schlimmsten, gerettet worden. Nur wenige wissen, was er alles unternommen hat, um bei den SS-Leuten zusätzliche Verpflegung für die Arbeiter herauszuschlagen, uns Zigaretten zu besorgen und einigen von uns die Spritze zu ersparen.*

Von Anfang an erwies er sich als der Fähigste, die Leitung unserer Abteilung zu übernehmen. Später war er Lagerältester von ganz Belsen. Aber für die Zeit vorher gibt es Fakten, die nicht verschwiegen werden sollen.

Der Pförtner, von dem ich sprach, ist Pole, Kasimir Rczebinski,** ungefähr 1,80 groß, boshaft und brutal. Anscheinend ein abtrünniger Priester. Im Lauf der Zeit wurde er zu einer immer wichtigeren Persönlichkeit, aber er verlor niemals die verachtenswerte Gewohnheit, seine Leidensgefährten zu schlagen.

Immerhin kommen eines Tages doch ein paar Pakete aus Buchenwald bei uns an. Sie sind schon sehr alt und in sehr schlechtem Zustand, so wie sie von einem Lager ins andere geschleppt und achtlos von den hilfsweise eingesetzten Postleuten in Buchenwald oder Dora behandelt worden sind. Im Übrigen muss ich die erstaunliche Rechtschaffenheit der *Reichspost* hervorheben. Von deren Seite wie auch vonseiten der SS ist außer der verbotenen Ware Alkohol nie etwas geklaut worden. Auch wenn die Verpackung schon aus dem Leim ging,

* Dazu Näheres ab S. 202.

** Der »große Kasimir« wurde identifiziert als Kazimierz Cegielski, geboren 1915 in Warschau. Im März 1944 kam er aus Buchenwald/Dora nach Bergen-Belsen. Dort wurde er befreit. 1946 wurde er angeklagt und im selben Jahr in Hameln hingerichtet.

wurde uns der Inhalt in einem Sack aus Postbeständen ausgehändigt.

Auch wenn manche niemals die an sie abgeschickten Pakete erhielten, zweifle ich doch daran, dass die zuständigen deutschen Ämter daran schuld waren.

Diese Pakete lassen neue Hoffnung erwachen: Bestimmt kommen die anderen auch bald.

Roger hat ein paar Reste bekommen, und wir teilen sie uns, denn wir haben beschlossen, zusammen zu essen. Ich meinerseits sehe zu, einen Nachschlag zu kriegen, auch wenn ich mit Brunos Schlägen rechnen muss, denn es gibt richtige Kämpfe, um an den Kübel heranzukommen, und da niemand zurückweichen will, greifen der Blockälteste und die Stubenältesten zur Gewalt, um die Ordnung wieder herzustellen. Natürlich gehört dieser Nachschlag mit zu den Segnungen des gemeinsamen Essens und wird ebenso geteilt.

Eines Tages kursiert eine beunruhigende Neuigkeit im Lager: Typhus. Die widersprüchlichsten Gerüchte verbreiten sich. Der Blockälteste von Block 3 und drei seiner Stubenältesten sollen urplötzlich krank geworden und aus dem Lager herausgebracht worden sein, sagen die einen – und die anderen, sie seien mit Spritzen umgebracht worden. Fest steht nur, dass wir sie nie wiedersehen. Um uns zu beruhigen, sagen wir uns:

»Sie haben sich wohl mit den Konservendosen aus den Pakten vergiftet, die der Lagerälteste ihnen gegeben hat. Die waren sicher schon aufgequollen.«

Dennoch treibt uns ein quälendes Unbehagen um. Jeder hängt still verdrießlichen Gedanken nach. Der Gipfel: Ein Kamerad, der in Paris Luxusausgaben von Büchern herausbringt, liest mir aus der Hand.

»Kleiner, du machst es nicht mehr lange!«, erklärt er mir unumwunden.

Ich denke:

»Na ja, ich fange mir Typhus ein und werde draufgehen.«

Einen Monat später starb mein unseliger Wahrsager an der Ruhr – vermutlich hatte er vergessen, auch in seine eigene Hand zu sehen.

Wenn es hier Typhus gibt, wird es entsetzlich! Wir alle übertragen einander Hunderte von Läusen, wir essen mit denselben Löffeln aus denselben Näpfen, und die Enge in den Blocks ist erschreckend. Die SS wird bestimmt nichts für uns tun, denn es ist eine allzu schöne Gelegenheit, uns zu liquidieren. Sie werden uns in unserer Abteilung einsperren und uns Nahrung hinwerfen wie wilden Tieren das Futter.

Gegen Ende April werden wir eines Nachmittags eiligst in die Blocks gejagt. Es heißt:

»Ein Transport kommt!«

Tatsächlich schütten die Lastwagen einige Augenblicke später eine unglaubliche Ladung von Gespenstern ab, die aber noch leben, denn sie laufen. Aber wie entsetzlich mühsam! Einer klammert sich an den anderen, Bündel von zweien oder dreien. Wir wollen die Fenster öffnen, um noch besser zu sehen, ob das wirklich Leute von dieser Welt sind.

Die Kräftigsten kommen zu uns, in Block 1. Mit starrem Blick und immer noch aneinandergeklammert bewegen sie sich durch die Bettreihen, taub für die Fragen, die auf sie einprasseln. Man könnte meinen, sie seien in hypnotischem Tiefschlaf und gehorchten einem unsichtbaren Zauberer. Was uns, abgesehen von ihrer Magerkeit, vor allem erstaunt, sind ihre fahlen Gesichter, ihre farblosen Lippen und ihre durchsichtigen Ohren. Daran sind wir gewöhnt: Tuberkulosekranke! Sie sind es alle, vom Ersten bis zum Vierhundertsten. Aber was soll's, je mehr davon in unserem Block sind, umso weniger Essensdiebstahl wird es geben.

Am Eingang stößt ein russischer Stubenältester sie grob in den Schlafraum. Dann nimmt er sein Koppel und schlägt mit der Schnalle auf die Köpfe und verteilt Fausthiebe in die mageren Rücken. Wer hinfällt, bekommt gewaltige Fußtritte. Wir wundern uns über dieses Verhalten, denn normalerweise ist er der Sanftmütigste von allen, und noch dazu sind doch diese Neuen Russen oder Polen, also von derselben Rasse wie er.

»Iwan, was ist los? Spinnst du?«

»Das sind alles ukrainische Schufte. Die sind eine Drecksrasse, Feiglinge. Ihretwegen musste die Rote Armee zurückweichen. Ihretwegen sind wir alle hier. Ich schwöre euch, die werden hier alle krepieren!« Und er prügelt noch heftiger.

Wir Franzosen sind verblüfft. Es ist völlig unmöglich, ihm klarzumachen, dass in einem derartigen Zustand selbst der schlimmste Feind nicht als solcher betrachtet werden darf, sondern als ein armes Etwas, dem gegenüber man wenigstens gleichgültig bleiben muss, wenn man schon kein Mitgefühl aufbringen kann. Aber für ihn wie für all diejenigen, die nicht zu unserer Zivilisation gehören, sind solche Prinzipien nur Schwäche, verweiblichte Sitten und Mangel an Charakter.

Mühsam gelingt es uns, einige Auskünfte zu bekommen. Die Neuen sind aus Groß-Rosen bei Breslau, sie haben in den Steinbrüchen gearbeitet und seit drei Tagen nichts mehr gegessen. Und sie haben tatsächlich alle Tuberkulose.

Am nächsten Tag und die Tage darauf sehen wir, wie sie sich zum Appell schleppen, immer noch völlig stumm und verstört, manchmal sinken sie in sich zusammen und sind nicht mehr fähig, wieder aufzustehen; oft sterben sie an Ort und Stelle, ohne einen Ton von sich gegeben zu haben oder aber so leise, dass man es nur hört, wenn man direkt bei ihnen ist. Einige Tage lang finden wir sie überall im Lager, tot oder im Sterben. Trotzdem müssen wir sie zum Appell schleifen, wenn wir keine Zeit haben, sie in die Krankenstation zu bringen. Wie in Dora.

Ein paar SS-Leute werden uns langsam vertraut. Es sind diejenigen, die den Appell abnehmen, fast immer dieselben.

Als erster sei *Rapportführer* Trenkle* genannt, ein *Oberscharführer* aus dem Abschaum der Gesellschaft. Die perfekte Bestie, von kleinem Wuchs, mit dem geröteten Gesicht des Schlemmers, verächtlich geschürzten Lippen und die Mütze immer nach hinten geschoben. Eigentlich sieht er nicht extrem wildwütig aus, sondern erscheint eher wie ein guter Trunkenbold. Aber bald schon lernten wir seine wirkliche Bedeutung kennen. Er führte eine Schreckensherrschaft über das Lager.

Da ist Scharth:** er sieht aus wie ein braver deutscher

* Der SS-Hauptscharführer Franz Xaver Trenkle, geboren 1899, war von März 1944 bis Januar 1945 Schutzhaftlagerführer in Bergen-Belsen. Im November 1945 wurde er im Dachau-Hauptprozess zum Tode verurteilt und im Mai 1946 in Landsberg am Lech hingerichtet.

** Gemeint ist wahrscheinlich Anton Schacht, geboren 1904 in Stadtfelde Krs. Marienburg. Er war in Bergen-Belsen Rottenführer von April 1943 bis Februar 1945, seit November 1944 Arbeitskommandoführer beim Aufbau von Baracken.

Bauer, ein Schreihals, aber im Grunde nicht übel, außer in Gegenwart eines Vorgesetzten.

Hammer* ist eine große blonde Bestie, mit seiner etwas schief sitzenden österreichischen Mütze ein hübscher Kerl. Er mag uns nicht, lässt es sich aber nur selten anmerken.

Dann ist da noch der dicke Müller, »der Mann mit der Zigarre«, von dem ich schon sprach, mit rundem scharlachrotem Kopf; andauernd kaut er einen »Lötkolben«, und wenn auch nur dessen Stummel auf die Erde fiele, würde es für ein Kampfgetümmel reichen, bei dem mindestens drei oder vier draufgehen!

Da ist Rederhase:** Alt und bösartig brüllt er wegen allem und nichts mit seiner unangenehmen Stimme herum.

Der Chefarzt verkörpert den reinen Typ des deutschen Intellektuellen: groß, schlank und immer wie aus dem Ei gepellt, und auf der Wange hat er die rituelle Narbe der deutschen Studenten.*** Man fragt sich, wieso er sich dazu herablässt, sich unter uns zu mischen. Lagerarzt Jäger,**** so heißt er, hat eine sehr elegante Art, bei

* Vermutlich der SS-Unterscharführer Josef (Jupp) Hamer, geboren 1908 in Menden Krs. Iserlohn, verstorben 1992. In Bergen-Belsen war er von April 1943 bis Januar 1945 und nochmals kurze Zeit Ende Februar 1945 Blockführer im Männerlager. Die Häftlinge fürchteten ihn als brutalen Schläger.

** Der SS-Oberscharführer Karl Heinrich Reddehase war in Bergen-Belsen 1943 und 1944 Kommandoführer und 1945 Rapportführer und leitete das im August 1944 eingerichtete Außenkommando Hambühren-Ovelgönne (»Waldeslust«) bis zu dessen Auflösung Anfang Februar 1945. Im zweiten Bergen-Belsen-Prozess wurde er im Mai 1946 zum Tode verurteilt und im Oktober 1946 in Hameln hingerichtet.

*** Ein »Schmiss« vom Mensurenfechten, das die schlagenden Verbindungen praktizieren.

**** Der SS-Obersturmführer Dr. Wilhelm (Willy) Jäger, geboren 1902 in Landau, war von April bis August 1944 als SS-Arzt in Bergen-Belsen.

der Visite ein Bein zu heben und den Kranken, wenn er etwas zu schmutzig ist, mit einem heftigen Stiefeltritt gegen die Brust auf den Boden zu befördern, wodurch er uns deutlich die hochmütige Verachtung spüren lässt, die er für uns empfindet.

Bestimmt hat er sich vorgenommen, uns alle ins Krematorium zu bringen, denn er stimmt voll und ganz mit Trenkle überein, dass er das Terrorregime führen kann, das ich eben erwähnte und auf das ich hier näher eingehen will.

Der Sympathischste ist der *Postminister*, ein SS-Unteroffizier, der für die Postdienste im Lager Belsen zuständig ist. Er hat eine ganz erstaunliche Ähnlichkeit mit Fernandel.* Derselbe Kiefer eines ... nun ja, die besonderen Kennzeichen unseres Künstlers sind allgemein bekannt, und man kann sich leicht ausrechnen, welcher Spitzname ihm zuteilgeworden ist! Vielleicht liegt es auch daran, dass wir ihn mit etwas weniger Hass betrachten als die anderen!

Augenscheinlich hat er eine ganz besondere Art und Weise, wenn er die Pakete bei der Durchsuchung am Boden packt und mit einem heftigen Ruck den Inhalt auf den Tisch oder auf den Boden befördert! Bei diesem Anblick bricht uns immer der Schweiß aus, wenn wir an die zerbrechlichen Sachen denken, die darin sein können. Aber alle verzeihen ihm diese Schrulle, denn nie behält er auch nur irgendetwas ein.

* Fernand Joseph Désiré Contandin (1903-1971); französischer Schauspieler und Sänger, bekannt unter seinem Künstlernamen Fernandel, in Deutschland besonders in seiner Rolle als »Don Camillo« in den Verfilmungen der Romane von Giovanni Guareschi. Laut eigener Aussage verdankte er einen Großteil des Erfolges seinem Pferdegebiss.

44

Den Lagerkommandanten bekam ich erst im Juli zu Gesicht, als er meines Wissens zum ersten Mal unsere Abteilung betrat. Und da er sich nicht für uns interessierte, war es überflüssig, sich vorzeitig für ihn zu interessieren!

Eine gute Nachricht! Wir können nach Hause schreiben, nur die Russen nicht, für die diese Erlaubnis augenscheinlich wertlos ist.*

Natürlich dürfen wir nicht schreiben, dass wir im KZ sind, dass es uns schlecht geht usw. ... Um sicherzugehen, dass der Brief das gefürchtete Hindernis der Zensur nimmt, kann man (auch wenn man bereit ist, zu krepieren) nur in etwa den folgenden Text schreiben:

»Liebe Eltern,

Ich bin noch immer bei guter Gesundheit und hoffe Gleiches von Euch. Eure Pakete bekomme ich alle (auch wenn wir sie nicht bekommen), schickt mir weitere sowie 600 Franc pro Monat. Ich umarme Euch.

Unterschrift«.

Das Ganze auf Deutsch. Es ist besser, man beschränkt sich auf diese wenigen Zeilen, denn wenn sich der Zensor an der Länge des Briefes stört, besteht die große Gefahr, dass er die Paketbestellung in den Papierkorb wirft.

Wir in Block 1 verfolgen mit leidenschaftlicher Neugier, wie das Ödem wächst, an dem Bruno leidet, und jeden Tag denken wir, wenn wir sehen, wie er wieder ein bisschen schwerfälliger geworden ist: »Miststück, du machst es nicht mehr lange!«

Er macht sich keinerlei Illusionen darüber, was ihm

* In sehr begrenztem Umfang durften KZ-Häftlinge Briefe oder Pakete bekommen bzw. selbst Karten oder Briefe schreiben; davon ausgenommen waren jedoch Häftlinge aus der Sowjetunion.

bevorsteht, und er setzt alles daran, uns das Leben zu vergällen, wo er nur kann, bevor seines zu Ende ist.

»Ich werde bald verrecken, aber euch lasse ich auch alle verrecken, Drecksbande!«, sagt er uns in seinem schlechten Französisch. Zum Glück hat er weder die Energie des großen Joseph noch dessen Vitalität!

Er stiehlt ganz fürchterlich Sachen aus den Paketen. Manchmal nimmt er mehr als die Hälfte für sich selbst. Und das geht so: »Fernandel« bringt die Pakete zum »Alten« (dem Lagerältesten) und durchsucht sie. Währenddessen trägt Kasimir die Liste mit den Nummern der Gewinner* von einem Block zum anderen. Der Aufgerufene Herr Soundso begibt sich zum »Alten«, unterschreibt im Verzeichnis gegenüber von seinem Namen, schenkt dem »Alten« einen Bissen von irgendetwas (dieser bekommt von »Fernandel« einen Teil der Pakete für die Toten, denn die werden nicht zurückgeschickt) und geht zurück in seinen Block. Aber da warten der Blockälteste und die Stubenältesten auf ihn. Er muss den Inhalt seines Pakets auf dem Tisch ausbreiten und Bruno oder einen anderen – je nach dem Block, zu dem er gehört – auswählen und sich den Löwenanteil nehmen lassen. Widerstand ist zwecklos, sonst gibt es den Knüppel.

Die Gerissenen reichen ihren auf der Lauer liegenden Kumpels, wenn sie beim Alten wieder herauskommen, die guten Sachen durchs Fenster, und dem Blockältesten sagen sie mit betretener Miene:

* Mit bitterem Humor spielt Fliecx hier auf die Gewinner bei einer Lotterie an.

»Es ist widerlich, die Posten haben mir alles weggenommen. Nur der Ramsch ist noch übrig!«

Roger und mir ist dieser kleine Schlachtplan immer gelungen, denn es kann vorkommen, dass ein Stubenältester das Manöver bemerkt und petzt. Dann wird alles beschlagnahmt, und diejenigen, die das Verbrechen der Majestätsbeleidigung begangen haben, bekommen den Knüppel.

»Gauloises« sind sehr begehrt, sie sind eine kostbare Tauschwährung. Vier Zigaretten gegen die Brotration des ganzen Tages. Tatsächlich sind manche Unglückliche verrückt genug, sich lieber umzubringen, indem sie ihr bisschen Nahrung gegen Tabak eintauschen.

Seit einiger Zeit versammelt Bruno jeden Abend alle Künstler, die er auftreiben kann, im Block, damit sie ihm etwas darbieten. Er erinnert mich an einen Negerkönig inmitten seines Hofstaates. Er hört russischen Sängern zu, bewundert einen Kosakentänzer und versucht, die Possen eines Toulousers zu verstehen. All diesen Gauklern gibt er Suppe extra, die von unseren Rationen abgezweigt wurde. Zur Erklärung lässt er in Russisch, Polnisch und Französisch übersetzen:

»Ich ermutige die Künstler. Wenn ihr euch auf nichts versteht, dann verhungert doch!«

Das ist die verdiente Strafe, wenn man Herrn Bruno nicht unterhalten kann oder will!

So vergehen die Tage, trist und leer, während denen wir hundert Projekte entwerfen und tausend Vermutungen abgeben, wann der Krieg wohl zu Ende ist und wie die Befreiung wohl aussehen wird, und dass wir möglicherweise Opfer eines Massakers der SS werden. Aber die Gastronomie kommt unweigerlich wieder aufs

Tapet. Es reicht schon, wenn einer von sich gibt: »Ich wäre ja schon mit einem guten kleinen *Bœuf Bourguignon* zufrieden«, und schon stürzen alle sich begierig auf das Thema.

In manchen Augenblicken denken wir über unser Los hier nach. Wir sind ein Lager von Kranken, ganz eindeutig. Augenscheinlich wird nichts darangesetzt, dass wir wieder auf die Beine kommen. Es wird aber auch nicht versucht, uns systematisch zu vernichten, sondern man gibt uns weniger zu essen als im Arbeitslager, denn das ist normal, zumindest nach nationalsozialistischen Gesichtspunkten. Komme durch, wer kann. Die SS überlässt uns untereinander das Kommando, und das läuft natürlich auf das Gesetz des Dschungels hinaus.

Gegen Anfang Mai beginnen die Tage, sonniger zu werden, und wir verbringen den größten Teil unserer Zeit ausgestreckt im Sand des Appellplatzes. Es ist gerade genug Platz da … und viel Auswurf von Tuberkulosekranken. Dann werfen wir eben eine Handvoll Sand drauf und legen uns trotzdem hin. Zu Anfang war der Boden übersät mit Exkrementen von Ruhrkranken. Inzwischen sind diejenigen, die am schwersten von diesem Leiden befallen waren, gestorben.

Aber auch wenn wir uns jetzt draußen wohlfühlen, müssen wir uns doch wegen des Alarms oft in den Baracken zusammenquetschen. Seit einigen Tagen sind wir Zeugen von beeindruckenden Angriffen der R.A.F.* Mehrere Stunden am Stück sehen wir sehr hoch oben, vielleicht in 8.000 Metern Höhe, die winzigen Geschwader, die ununterbrochen mit mächtigem Brummen

* Royal Air Force.

vorbeikommen. Manchmal ein Blitz im Sturzflug, mit einem Geräusch, das uns durch Mark und Bein geht. Das ist dann ein Begleitjäger, der zu einer Erkundung heruntergeht.

Die Erinnerung an Peenemünde sorgt dafür, dass ich sie lieber sehr hoch vorbeifliegen sehe. Vorausgesetzt, die *Boches* kommen nicht auf die Idee, Flak im Lager aufzustellen!

Von dieser Zeit an hatten wir fast jeden Tag um die Mittagszeit *Alarm*! Wir spüren, dass diese Massen von Flugzeugen das *Reich* gnadenlos erdrücken und schlussendlich mit ihm fertig werden. Und wir? Werden wir dieses Ende noch erleben?

Inzwischen ist Bruno gestorben. Er hat es wirklich verdient. Wir alle sind ehrlich entzückt. Soll ihn der Teufel holen!

Anfang Mai bekommen wir eine Generalvisite. Karl,* einer der Krankenpfleger, ein BVer, der im zivilen Leben niemals Krankenpfleger gewesen war, weil er wegen Mordes saß, sitzt in nachlässiger Haltung auf einem Tisch und nimmt unsere Parade ab, nach Häftlingsnummern geordnet. Schon jetzt gibt es zwischen der 1 und der 217 schreckliche Lücken.

Karl sieht uns rasch an und erklärt uns ohne Weiteres »o.B.«, *ohne Befund*: diejenigen kommen in Block 1; und die Tuberkulosekranken kommen in Block 2. Die Schwerkranken oder Verletzten kommen in Block 4, die Krankenstation. Block 3 ist den neu Ankommenden

* Karl Rothe, geboren 1916 in Gera. Der Hilfsarbeiter war wegen zahlreicher Diebstähle und eines Mordes zu Zwangsarbeit verurteilt worden. Die SS hatte ihn als »Oberpfleger« eingesetzt und mit fast unbeschränkter Macht über die kranken Häftlinge ausgestattet.

vorbehalten. Er täuscht sich wegen meines schlechten Aussehens – ich habe gerade einen schlimmen Rückfall von Ruhr gehabt – und schickt mich als Tuberkulosekranken in Block 2.

In Block 2 geht es uns gut. Wir bekommen Vergünstigungen: Den ganzen Tag lang können wir in der Baracke bleiben, außer beim Appell. Suppe und Brot werden uns ans Bett gebracht.

In dieser Zeit hören wir von der Landung der Alliierten in Frankreich. Es ist wenigstens das fünfte Mal, seit ich eingesperrt bin, also glaube ich es nicht. Aber etwas später fällt uns ein Fragment einer Zeitung mit einer Karte in die Hände, und da muss ich mich den Tatsachen beugen und verstehe den riesigen Aufmarsch der Luftstreitkräfte, dem wir beinahe täglich beiwohnen. Das ist ein gutes Stimulans für unsere Moral, zumindest im Augenblick, denn bald fangen wir wieder an, ungeduldig zu werden.

Roger ist in Block 1 geblieben, aber wir können uns ohne Probleme sehen.

Mit großer Geschwindigkeit breitet sich der Typhus im ganzen Lager aus. Alle fallen ihm zum Opfer: einfache Häftlinge, Stubenälteste, Blockälteste, Krankenpfleger. Wir bekommen keinerlei medizinische Versorgung. Die Befallenen werden in Block 4 geschickt, wo sie auch beim Appell liegen bleiben können. Viele waren in Buchenwald mit einer Serie von sechs Spritzen geimpft worden. Ich habe nur die erste bekommen, weil wir sofort danach nach Peenemünde gefahren sind.

Die Lage wird besorgniserregend. Tricoire, Roger, Eliot und Legrand, alle Kameraden aus der Gruppe werden krank. Symptome sind Fieber zwischen 40 und 41

Grad und gewaltige Kopfschmerzen; bei manchen geht es so weit, dass sie phantasieren, und das Ganze dauert vierzehn Tage.

Erich, der Blockälteste von Block 4, BVer und Mörder, wird ebenso krank wie Pierre F., ein Franzose und halber Italiener, der wegen seiner Grausamkeit sein Günstling ist. Und so haben sie sich vergnügt, bevor sie krank wurden:

Aus den Strohsäcken der Kranken, die nichts essen können, sammeln sie Brot, gehen damit auf den Appellplatz und werfen die Stücke in die Luft. Sofort gibt es eine Schlägerei. Wenn dann die Unglücklichen als ganzer Haufen am Boden umherrollen und sich prügeln, überziehen sie sie mit Knüppelschlägen auf Kopf, Rücken und Gliedmaßen. Darüber müssen sie sehr lachen, ein Lachen, zu dem nur die Übergeschnappten fähig sind, die sich an einem solchen Schauspiel erfreuen können.

Wenn sie eine große Menge zurückholen können, lassen sie einen Tisch aufstellen und legen die Brotstücke darauf aus. Dann müssen sich alle, die etwas davon haben wollen, im Kreis aufstellen, das sind fast alles Ukrainer, und sie wissen genau, was sie erwartet. Auf ein Signal hin stürzen alle sich auf das Brot, und manchmal bricht der Tisch unter ihrem Gewicht zusammen. Es hagelt Schläge, und die Ausgehungerten entreißen einander die Brotreste, die oft zerkrümeln und niemandem nützen. Auch Joseph beteiligt sich an diesen Vergnügungen. Das Gesicht voller Schaum, nur halb rasiert und das Handtuch um den Hals, springt er durch das Fenster, zerreißt dabei seine Hose, und mit hoch erhobenem Knüppel putzt er in wenigen Augenblicken alles weg. Kurz darauf bekommt auch er Typhus.

Pierre F. hat ein besonderes Talent dafür, den Schwerkranken mit geheuchelter Überraschung zu verkünden: »Ach, sieh da, bist du etwa noch nicht verreckt?«

Wir hofften sehr, dass all diese Bestien draufgehen würden, aber obwohl sie bis aufs Äußerste geschwächt waren, kamen alle durch. Kein Glück!

Dann bekommt Roger eines Tages Fieber. Bei ihm dauert der Typhus ungefähr zwei Wochen lang. Gleichzeitig hat er zwölf Tage ununterbrochen Verstopfung! Zum Glück kommt er durch, denn sein Fall scheint weniger schwer zu sein als manch andere. Trotzdem war er noch ein paar Tage lang etwas benommen.

Geduldig warte ich, wann ich an die Reihe komme. Um mich herum werden alle einer nach dem anderen krank. Das ist leicht verständlich, denn wir übertragen einander unsere Hunderte von Läusen und essen mit denselben Löffeln aus denselben Näpfen. Ich unternehme nichts, weder dafür noch dagegen. Ich habe einen Typ aus Nantes gekannt, der alle möglichen Vorsichtsmaßnahmen ergriff, er gab niemandem mehr die Hand, und trotz des Risikos, Schläge zu bekommen, bewahrte er Löffel und Napf immer in seinem Strohsack auf. Trotzdem ist er krank geworden und gestorben.

Jedes Mal, wenn mir ein bisschen heiß wird, fühle ich mir den Puls und denke: »Jetzt ist es so weit, du hast es erwischt. Nur Mut! Du hast eine Chance von eins zu drei, dass du durchkommst.« Aber diese seltenen Fieberanfälle dauerten nie länger als eine halbe Stunde, und der Typhus wollte mich nicht, mich, der ich ihm fast schon böse war, dass er mich so grausam warten ließ; derart sicher war ich, dass ich ihn bekommen würde. Meines Wissens hat außer mir nur Kasimir ihn nicht bekommen, und der war geimpft.

Statt an Typhus leide ich mehrere Wochen lang an Rippenfellentzündung. Das Atmen fällt mir schwer, und wenn ich mich bewege, gurgelt etwas in meiner rechten Seite. Wenn ich mich nachts umdrehe, keuche ich jedes Mal Minuten lang. Natürlich werde ich nicht ärztlich versorgt, und zu allem Überfluss ist mein Bettnachbar ein tuberkulosekranker Russe, der mir Tag und Nacht ins Gesicht hustet.*

Während dieser Zeit kommen Transporte von überall her, und jäh werden die Reihen beim Appell wieder länger; dennoch werden sie langsam aber sicher jeden Tag wieder kürzer.

Transporte kommen aus Laura, einem Buchenwald-Kommando. (Bemerkenswert die süßen Mädchennamen der Außenkommandos von Buchenwald: Dora, Laura, Magda, Flora …)

Auch aus Ravensbrück kommen welche, aus dem Lager, zu dem wir gehörten, als wir in Peenemünde waren, das wir aber nie gesehen haben.

Und aus Neuengamme, einem Lager bei Hamburg, nicht weit von hier.

Und auch aus Oranienburg.** Denen zufolge, die dorther kommen, ist es ein sehr gutes Lager. Die Kantine ist gut eingerichtet, und die Arbeitsbedingungen bei Heinkel*** sind in Ordnung. Aber es gibt Gaskammern, die betriebsbereit sind.

* Erst nach meiner Rückkehr nach Frankreich übrigens stellte der Arzt beim Röntgen fest, dass ich »Folgeerscheinungen einer Rippenfellentzündung« aufwies (Anmerkung des Autors).

** Gemeint ist das Konzentrationslager Sachsenhausen bei Oranienburg.

*** In den Heinkel-Werken Oranienburg befand sich ein Außenlager des KZ Sachsenhausen.

Zu dieser Zeit begann der Horror im Lagerteil der politischen Häftlinge in Bergen-Belsen. Es fing an in Block 2, meinem Block, wo der vom Typhus geheilte und schrecklich niedergeschlagene Roger wieder zu mir stieß.

Karl, der Krankenpfleger, der bei mir eine Tuberkulose diagnostiziert hat, beginnt eines Morgens, den Kranken, die in einer besonderen Ecke der Baracke liegen und nicht zum Appell müssen, Spritzen zu verabreichen. Alle leiden an Tuberkulose im letzten Stadium. Wir liegen im Hof in der Sonne und sehen durchs Fenster, wie Karl drinnen mit der Spritze hin und her geht, ganz ruhig, als handle es sich um heilbringende Injektionen. Beim ersten Mal lassen die Kranken gefügig alles mit sich geschehen. Aber mittags haben es alle begriffen: Diejenigen, die morgens eine Spritze bekommen haben, werden ein paar Stunden später in einer Decke weggebracht. Es sind Todesspritzen. Die Nachricht verbreitet sich im Lager, das um die Blocks Nr. 5 und 6 erweitert worden ist, aus denen die Juden unseretwegen umziehen mussten.* Diese beiden letzten Baracken sind denjenigen vorbehalten, die bei Kräften sind.

Von nun an taucht Karl jeden Tag in Baracke 2 auf, um sein finsteres Werk auszuführen. Oberarzt Jäger und Rapportführer Trenkle haben ihn damit beauftragt. Und er bekommt dafür im Überfluss Verpflegung, Zigaretten und saubere Wäsche aus den Paketen der Toten.

Wenn Karl den Raum betritt, bricht regelrecht Panik

* Das Männerlager wurde erweitert und im gesamten Lager die Grenzen zwischen den einzelnen Lagerteilen verändert. Fliecx meint mit »Lager« manchmal nur einen bzw. seinen Lagerteil, manchmal aber auch das gesamte Lager Bergen-Belsen.

aus. Alle flüchten, so schnell sie können, zu den Türen und Fenstern hinaus oder verkriechen sich unter den Betten.

Dann hören wir, wie die Kranken, die von Karls Komplizen festgehalten werden, herzzerreißend jammern:

»Herr Doktor, ich bin nicht krank, ich bin doch gar nicht krank ...«

Das alles bei völliger Stille, in der wir den Tod in Person spüren, der seine Opfer auswählt und die Atmosphäre seiner furchterregenden Nähe verbreitet. Wir wagen nicht, zum anderen Ende des Ganges zu blicken, wo sich dies ereignet. Starr und stumm horchen wir auf die Geräusche und vor allem auf das leise klappernde Geräusch der Schnalle an Karls Gürtel, mit dem er seine Opfer fesselt, wenn er ihn lässig herumschwenkt und sein Opfer aussucht. Wir nennen dieses furchtbare Geräusch »die Klapperschlange«. Es erinnert uns daran, wie das Gelächter eines Skeletts klingen könnte. Die Eindrücke dieser Momente haben sich tief in meine Erinnerung eingeprägt. In ihnen sind die Verwirrung und der Wahnsinn kristallisiert, die damals unter uns herrschten.

Manchmal gerät Karl mit Patienten aneinander, die überhaupt nicht krank sind. Etwa der junge Belgier François Doom,* dem er eines Tages eine Spritze geben will; den Grund haben wir nie erfahren. Doom prügelt sich mit Karl, springt zum Fenster hinaus und rennt zum Lagerältesten Walter Hanke, um sich unter seinen

* François Doom, geboren 1923; er wurde im Juli 1944 nach Buchenwald zurückgebracht. Weitere Informationen sind nach derzeitigem Kenntnisstand nicht zu ermitteln.

Schutz zu stellen. Dieser teilt ihn einem anderen Block zu, und von jetzt an ist er in Sicherheit. Aber es fehlte nur wenig, und er wäre wahnsinnig geworden, und mehrere Stunden lang zittert er noch wie Espenlaub, seine Augen waren aus den Höhlen getreten, und er war nicht fähig, auf Fragen zu antworten.

Wieder andere entkommen, indem sie sich glatt in die Latrinengrube stürzen, in der Hoffnung, durch die Kanalisation fliehen zu können.

Manchmal wird uns im Lager das Schauspiel zuteil, wie Karl und seine Helfer regelrecht Jagd auf einen Auserwählten machen, der flüchtet. Dieser wird immer wieder eingefangen, und alles, was er geschafft hat, ist, vor der Spritze noch eine Tracht Prügel zu bekommen.

Allmählich wird die Art und Weise, wie Karl seine Opfer aussucht, beunruhigend. Ein Gesicht gefällt ihm nicht: Karl nimmt den Unglücklichen mit. In dem knappen Raum zwischen den Baracken bemühen wir uns nach Kräften, ihm aus dem Weg zu gehen, denn schon ein Blick könnte unser Ende sein. So weit ist es mit uns gekommen: Wir sind voll und ganz der Gnade eines Kriminellen ausgeliefert. Ihr Herren SS-Männer, ausgesuchte Sadisten, die ihr seid, habt ihr an dieser Stelle einen weiteren Eintrag auf der schon sehr langen Liste eurer Verbrechen verdient.

Als er bemerkt, dass die Spritzen tagsüber zu viel Arbeit machen, beschließt Karl, sein Werk nachts zu verrichten, nach dem Abendappell, wenn der Block abgeschlossen ist und niemand sich retten kann.

Eines Morgens geht er beim Appell an unseren Reihen vorbei und ruft zwei Nummern auf, die auf einem Blatt Papier stehen. Ich höre meine, und dumpfe Glocken dröhnen in meinen Ohren. Einen Moment lang stehe ich dumm da, aber Karl wird ungeduldig, und ich muss mit. Ich gebe Roger den Beutel mit dem Rest vom letzten Paket und sehe ihn mit einem Blick an, der mehr sagt als eine lange Rede. Er wird etwas blass. Schon beginnt mein Leidensgefährte, ein Typ aus Grenoble, auf mich einzureden, von Gott, vor dem wir bald erscheinen werden. Ich lasse ihn reden und denke über das große Problem nach, wie ich aus dieser äußerst misslichen Lage herauskomme. Unwillkürlich überfällt mich eine heftige Kolik. Im Block angekommen, setzt Karl sich hinter den Tisch, betrachtet mich etwas überrascht und entlässt mich nach einem Augenblick unter einem Vorwand. Vielleicht hat mein relativ gesundes Aussehen seinen Sinneswandel bewirkt. Wie ein Roboter gehe ich auf den Platz zurück, wo alle noch in Reih und Glied stehen. Als sie mich zurückkommen sehen, fängt die kleine Gruppe meiner Freunde an zu weinen. Es ist das erste Mal, dass jemand lebend aus Karls Fängen herauskommt. Die Russen, die Polen und sogar die Ukrainer bezeugen mir ihre Sympathie, denn alle haben gedacht:

»Wenn der eine Spritze kriegt, kommen wir alle dran, egal, ob krank oder nicht.«

Der Tag vergeht ohne weiteres Vorkommnis. Nach dem Abendappell werden wir wie gewöhnlich im Block eingeschlossen – alle Fensterläden sind zu –, im schwachen Licht von ein paar Glühbirnen.

Einige Augenblicke später betritt Karl den Block. Robert Delevaux,* ein Franzose, klettert angsterfüllt

* Das Namensverzeichnis der Gedenkstätte Bergen-Belsen nennt einen Robert Delenaux; geboren 1925 in Vichy und im April 1945 nach der Befreiung in Bergen-Belsen verstorben. Die Datenbank der Fondation

auf unser Bett und sagt: »Heute sind 28 auf der Liste!« In diesem Augenblick kommen mir Zweifel: Vielleicht hat Karl meine Hinrichtung auf heute Abend verschoben! Oh, dieses Aufrufen der Nummern in der Stille des Schlafsaals … Die Häftlingsnummer wird auf Deutsch, auf Russisch und auf Französisch gebrüllt.

Manchmal versteckt sich das vor Entsetzen zitternde Opfer unter seinen Decken. Dann sucht Karls Mannschaft ungeduldig nach dem Unglücklichen und zerrt ihn brutal hervor: »Raus, aber schnell!« In Deutschland muss man immer schnell machen, sogar wenn man totgespritzt wird. Die Operation wird in dem Zimmer ausgeführt, das dem Blockältesten und dem Personal vorbehalten ist; dort stehen an die dreißig leere Betten. Karl spritzt den Opfern die Benzoldosis, dann müssen sie sich hinlegen und darauf warten, dass das Gift ihren Herzschlag anhält.

Im Morgengrauen kommt das »Leichenkommando«, um sie auszuziehen, und bringt sie in einer Decke zur »Hütte 13«, der Leichenhalle.

Diese furchtbare Nacht des 27. Juni 1944 – wie könnte ich sie jemals vergessen! Ich liege da und hechle und lauere auf jede Nummer. Ich kenne meine auf Deutsch und auf Russisch. Ich würde sofort begreifen, wenn es um mich ginge. Meine Kameraden schweigen; sie haben meine Gedanken verstanden und sehen mich beinahe verlegen an.

Karl exekutiert nicht alle am selben Abend. Nur

pour la Mémoire de la Déportation (FMD) verzeichnet einen Robert Delevaux; geboren in Moulins und nach Kriegsende nach Frankreich repatriiert. Genaueres lässt sich beim derzeitigen Kenntnisstand nicht eruieren.

zwanzig … Als wir hören, wie die Teile der auseinandergenommenen Spritze in dem Glasbehälter klappern, wissen wir, dass es für diesen Abend vorbei ist. Auf einen Schlag schlafe ich ein.

Wir werden davon geweckt, dass er zurückkommt, um sein Werk zu vollenden. All meine Angst überfällt mich von Neuem. Es dauert noch eine halbe Stunde. Mein Körper ist nur noch ein gekrümmter Fleischklumpen, der bei den Schlägen meines Herzens dumpf erzittert. Oh nein, nicht auf diese Weise enden! Sie sollen mir doch wenigstens meine Chance lassen, zu leben, sie sollen mich nicht umbringen! Wenn hier zu sterben mein Schicksal ist, dann wenigstens auf natürlichem Wege, so dass ich bis zum letzten Augenblick hoffen kann, trotzdem noch irgendwie durchzukommen. Aber so, wenn man das Gift in den Adern hat und sich unwiderruflich verdammt weiß, da scheint es mir, als stürzte ich in den Wahnsinn, bevor noch mein Herz stillstünde.

Und Karl ist weggegangen und hat mich nicht aufgerufen.

Ich möchte noch einige Details erwähnen über das, was ich persönlich im Lauf dieser entsetzlichen Sitzungen gesehen habe.

Zunächst sei der Fall von Robert A. aus Grenoble* genannt, neunzehn Jahre alt, überhaupt nicht krank, nur vielleicht mager wie so viele andere. Als er eines Abends aufgerufen wird, springt er von seinem Bett herunter und geht zu Karl. Aber der hat kein Gift mehr und muss welches aus der Krankenstation holen. In diesen weni-

* Möglicherweise Robert Ageron, geboren im Juni 1925; er ist mit Todesdatum 27. Juni 1944 im Gedenkbuch von Bergen-Belsen verzeichnet.

gen Minuten Aufschub geht A. nah zu einem Kameraden, gibt ihm die Adresse seiner Mutter und lässt ihr ein paar liebevolle Worte ausrichten. Inzwischen ist Karl zurück und regt sich auf. A. dreht sich um und läuft eilig zu ihm hin, um die Spritze zu bekommen.

Ein paar Minuten später wird der Kamerad, der A.s Mutter seine letzten Worte übermitteln sollte, ebenfalls aufgerufen.

Ein anderer, der aus Oranienburg* ist, bekommt eines Abends ein schönes Paket. Er fängt gerade an, Sachen daraus zu essen, da wird seine Häftlingsnummer aufgerufen. Großmütig lässt Karl ihm eine Viertelstunde zum Essen und nimmt ihn dann mit. Sofort stürzen sich die deutschen und ukrainischen Ganoven auf den Rest des Pakets.

Nach einer gewissen Zeit erbitten Tricoire, Eliot, Roger und ich den Gegenbesuch des tschechischen Arztes, der aus Dachau gekommen ist, denn wir wollen in einen Block mit Gesunden verlegt werden wollen. Wir werden alle akzeptiert und aus Versehen in Block 3 geschickt, den der Neuankömmlinge. Am selben Abend kommt ein Transport mit 200 Mann aus Neuengamme. Karl verlässt Block 2 und kommt in Block 3. Innerhalb von drei Nächten bringt er 75 Männer um. Da ist seine Grausamkeit noch größer. Er ruft alle Häftlingsnummern auf einmal auf und lässt die Männer in einer Reihe auf einer Bank warten. Das Töten geschieht in einem Raum am Ende der Baracke. Man hört sehr gut, wie das Opfer einen Moment lang kämpft. Seine Schreie werden erstickt, vermutlich von einer Decke, die ihm über den

* Sachsenhausen; vgl. Seite 201.

Kopf geworfen worden ist, sobald es durch die Tür kam. Die Stimmung zu beschreiben, die hier herrscht, ist unmöglich.

Karl ist nie in seinem Leben Krankenpfleger gewesen und sticht mit der Spritze einfach drauflos: in den Arm, den Schenkel, die Brust – wie es gerade kommt. Und manchmal dauert es Stunden, bis das Gift wirkt.

So habe ich einen jungen Franzosen gesehen, der morgens die Spritze bekam und bis zum Abend warten musste, bis sein Herz stillstand. In der Zwischenzeit stand er auf, um auf die Toilette zu gehen. Wir sahen ihn an, ohne mit ihm zu sprechen. Wozu? Er wusste, dass er verurteilt war. Jedes Wort war überflüssig. Für uns existierte er schon nicht mehr.

Später geht Karl in Block 4, um sich dort zu betätigen. Dort geschehen entsetzliche Dinge. Während er die Unglücklichen exekutiert, spielt sein Team auf der Harmonika und singt aus voller Kehle, um die Schreie zu übertönen.

Wenn ein Opfer zu langsam stirbt, wird Karl ungeduldig und hängt es an einem der Balken in der Baracke auf. Es macht ihm auch Spaß, ihnen das Gift nicht zu injizieren, sondern ihnen die zu einem Dolch umgeformte Nadel der Spritze direkt ins Herz zu stoßen oder ihm auch, um sich zu vergewissern, dass der Mann wirklich tot ist, diese Nadel in die Augen zu stechen.

Einer seiner Späße besteht darin, seine Opfer schon im Vorhinein zu terrorisieren, indem er sie mit einem schrecklichen Lächeln ansieht und mit drei Fingern das Zeichen macht, wie man auf den Kolben einer Spritze drückt.

Manchmal fragen wir uns, warum Karl gesunden Wesen Spritzen gibt. Der Grund ist ganz einfach: Spritzen bekommen diejenigen, die ihre Pakete nicht hergeben wollen, und diejenigen, die gewisse seiner Annäherungsversuche zurückweisen, denn Herr Karl pflegt auch ganz spezielle Sitten.

Oft kommt eine Liste aus der Politischen Abteilung, mit den Häftlingsnummern derer, deren Karte *Unterscharführer* Pot missfallen hat.

Eines Tages aber fahren Jäger und Trenkle nach Dachau. Es werden keine Spritzen mehr verabreicht, und Karl wird von seinen Funktionen entbunden. Niemand von den »hohen Tieren« im Lager verkehrt mit ihm, und so muss er, von nun an ohne jede Macht, immer bescheidenere und unwichtigere Arbeiten verrichten, die ihm noch überlassen werden.

Nach zwei Monaten ist er nur noch ein einfacher Vorarbeiter in einem der Kommandos, die neue Baracken aufstellen.

Eines Abends macht ihm ein richtiges kleines Tribunal, bestehend aus den Blockältesten und den Kapos, darunter auch Joseph, Leo, Erich und andere, im Zimmer des Blockältesten von Block 4 den Prozess. Danach bringen sie ihn in Block 2, wo ich gerade als Schreiber beschäftigt bin. Wir lassen ihm die ganze Nacht Zeit, sich zu erhängen. Aber dann beschließen wir, dass er doch zu gefährlich ist und noch Dummheiten machen könnte. Der große Joseph geht also zu ihm in den Schlafsaal und befiehlt ihm, sich sofort umzubringen.

Karl keucht vor Angst:

»Ja, ich weiß, dass ich mich vor dem Frühappell morgen umbringen muss. Du kannst sicher sein, dass ich nicht dort sein werde. Aber lass mich in Frieden sterben.

Geh ins Zimmer zurück und mach das Licht aus, damit ich Ruhe habe.«

Joseph ist einverstanden. Als er zurückkommt, sage ich zu ihm:

»Pass auf den Dreckskerl bloß auf, er muss irgendwas ausgebrütet haben, weil du das Licht ausmachen solltest.«

Er überlegt einen Augenblick und findet dann, wir sollten Karl doch im Auge behalten.

Karl ist auf der anderen Seite der Wand, und trotz allem sind die übrigen Häftlinge durch seine schiere Anwesenheit noch immer terrorisiert. Er tastet die Balken ab und befestigt den dünnen, kräftigen Gürtel, den wir extra für ihn ausgesucht haben.

Joseph schaltet den Strom ab und nach drei Sekunden gleich wieder an. Karl springt schon auf den oberen Betten herum und sucht ein Fenster, das er einschlagen könnte, um sich dann unter den Schutz der SS-Posten zu stellen.

Der große Joseph stürzt sich auf ihn, gefolgt von der Meute der bewaffneten Stubenältesten, einer mit einem Knüppel, einer mit einem Schemel. Rasch erwischt er ihn auf einem Bett, packt ihn am Hals und drückt ihm die Kehle zu wie einem Huhn. Karl tritt heftig mit den Füßen und will wie ein tollwutiges Tier um sich beißen. Maurice Grieu, ein Franzose,* schlägt ihm mit einem Knüppel ins Gesicht, und das Blut spritzt umher. Als sie Karl schließlich über das Bett werfen, den Gürtel um den Hals, ist er schon tot. Trotzdem ziehen wir ihn alle

* Maurice Grieu, geboren im April 1924 in Saint-Paul-de-Fenouillet, wurde in Bergen-Belsen befreit. Ob er kurz nach Befreiung verstarb oder repatriiert wurde, geht aus den Quellen nicht hervor.

zusammen an den Füßen, damit er auch wirklich stranguliert wird; wir alle sind froh, dass wir dieses furchtbare Wesen endlich los sind.

Der schreckliche Karl ist nur noch eine schwere Gliederpuppe, deren blutiges Gesicht sich im schwachen Schein der Glühbirnen hin und her dreht, und trotzdem: Wenn ich ihn ansehe, habe ich immer noch Angst vor ihm. Obwohl er tot ist, erscheint er mir noch beunruhigend und furchterregend, als hätte seine Grausamkeit alles überlebt. Erst am nächsten Tag, als ich Karl mit Tintenbleistift seine Häftlingsnummer auf die Brust schreibe, sollte dieser scheußliche Eindruck nachlassen.* Ich gebe zu, dass ich die ganze Nacht lang befürchtet habe, wir hätten ihn nicht richtig getötet, und er sei auferstanden und plane schon seine fürchterliche Rache.

Binnen weniger Wochen hat er in einem Lager, das derzeit mit 1000 Mann belegt ist,** beinahe 300 Männer umgebracht.

Diese Exekution wäre uns um ein Haar teuer zu stehen gekommen. Die SS-Leute bemerkten, dass er keines natürlichen Todes gestorben war, und drohten damit, einen Teil der Belegschaft zu hängen. Noch einmal war es Walter, der Lagerälteste, der uns aus dieser misslichen Lage rettete.

* Karl Rothe wurde am 12. September 1944 getötet.

** Dies bezieht sich auf den „Erholungslager“ genannten Teil von Bergen-Belsen; vgl. auch Seite 168.

Kapitel sieben

Belsen

Roger und ich haben eine relativ gute Zeit. Unsere Pakete kommen regelmäßig, und wir ziehen daraus den größtmöglichen Nutzen. Das heißt, dass wir eine Tafel Schokolade und irgendeine andere »Delikatesse« nicht essen, sondern sie Georges anbieten, einem seit seiner Typhuskrankheit halb wahnsinnigen BVer, der unser Blockältester ist. Er gibt uns dafür mehrere Tage lang Suppe. Wir behalten nur die sehr nahrhaften Dinge für uns, etwa Büchsenfleisch, Speck oder Zucker. Das ist schon fast so interessant wie das Geschäft, das Roger eines Tages macht. Für ein Ei bekommt er einen Zweiliternapf voll köstlicher Fischpastete, von der wir am Vorabend einen Teelöffel voll zu unserem Brot bekommen hatten.

Weiterhin kommen Transporte aus allen Lagern Deutschlands an. Insbesondere einer aus Dachau, in dem ausschließlich Verletzte und Wahnsinnige sind. Jeder dieser Transporte bringt uns zusammengewürfelte Kleidungsstücke, die in den Herkunftslagern* verteilt worden waren. Da findet dann die Jagd nach guten Kleidern statt. Für ein paar Zigaretten oder eine Scheibe Brot kann man sich etwas Anständiges beschaffen.

Diejenigen, deren Eltern Geld überweisen, bekommen Zigaretten: »Rama« aus kroatischem Tabak, polnische »Bregawa« oder belgische »O.W.«. Auch das er-

* In den Lagern, aus denen die Transporte kamen.

möglicht einen schwungvollen Handel. Viele lassen ihr Leben, weil sie ihre unzureichende Ration gegen drei oder vier Zigaretten tauschen. Gott sei Dank rauche ich nicht, denn ich wäre der Versuchung vielleicht erlegen. Ganz besonders die Russen betreiben diesen Handel. Für etwas zu rauchen würden sie alles verkaufen. Immerhin warnen wir sie:

»Du weißt, was dich erwartet! Du landest im Krematorium.«

»Nitchewo! Dawai Papirossi!« [»Macht nichts, gib die Zigaretten her!«]

Ein Transport wird für ein Arbeitskommando vorbereitet. In Block 5 und 6 macht der Chefarzt eine Visite nach der anderen, um die Kräftigsten auszusuchen. Gebraucht werden 200, die sich zumindest auf den Beinen halten können. Roger und ich sind im Augenblick bei ziemlich guter Gesundheit und könnten uns freiwillig melden. Aber trotz der abscheulichen Bedingungen im Lager bleiben wir lieber dort. Nach und nach sehen wir, wie die Gruppe des Transports aus Dora immer kleiner wird und wie die guten Plätze denen zufallen, die übrig bleiben, denn wir sind am längsten da. Und da ich ganz gut Deutsch spreche, haben Roger und ich eine wachsende Chance, eines Tages eine gute Stelle zu finden: Roger in seinem Radioberuf, denn hier muss es reparaturbedürftige Apparate geben, und er ist möglicherweise der einzige ausgebildete Radioingenieur im ganzen Lager; und ich entweder als Stubenältester oder als Schreiber in einem Block. Die Zukunft sollte uns Recht geben.

Als der Transport nach zwei Wochen nicht nachvollziehbarer Manöver zusammengestellt und aufgebrochen ist, kommen wir in einen anderen Block, in Block 5, und dessen Chef ist Leo! Zum Glück ist er seit seiner Typhuskrankheit etwas ruhiger geworden.

Zwei Tage später braucht Leo einen Schreiber für den Dienst im Block. Er ist ziemlich unschlüssig, und dank der Freundlichkeit von Pierre Petit,* einem Luxemburger, der Schreiber in der Krankenstation ist, entscheidet er sich für mich. Von jetzt an wird mein Lebensstandard besser sein. Als Erstes richte ich mich in dem Raum ein, der dem Blockpersonal vorbehalten und sehr viel sauberer ist als der Gemeinschaftsraum. Außerdem habe ich jetzt einen Schrank, in dem ich vielleicht meine Pakete verstauen kann. Bei jeder Ausgabe gibt es die doppelte Ration Suppe, das ist ganz enorm. Was das Brot angeht, ist Leo trotz allem ziemlich korrekt und lässt es nicht zu, dass die Stubenältesten es schneiden. Die Arbeit, die ich zu tun habe, ist ziemlich einfach. Bei jeder Essensausgabe muss ich die Häftlingsnummern der Männer aus Block 5 abhaken, damit niemand sich zwei Mal anstellen kann. Außerdem muss ich die Belegstärke des Blocks notieren, die sich jeden Tag ändert, weil Kranke weggehen und Gesunde ankommen.

Obwohl ich mich, verglichen mit meinen Kameraden, relativ wohlfühle, hat meine Stellung doch auch Schattenseiten. So zum Beispiel, wenn es jemand trotz allem doch geschafft hat, zwei Mal Essen zu bekommen. Bei der Suppe macht das nicht so viel aus, denn es ist immer noch etwas übrig, aber beim Brot sind die Rationen genau abgezählt. Oft muss ich dann meine eigene hergeben.

* Pierre Petit, geboren 1924, wurde am 15. April 1945 in Bergen-Belsen befreit. 1965 veröffentlichte er in der Zeitschrift »Rappel« seinen Bericht unter dem Titel »Schutzhäftling Nr. 2201. Das war Bergen-Belsen«.

suchen,
Vergleich m. Schrade

Im Juli 1944 taucht zum ersten Mal der *Arbeitsdienstführer* Fritz Rau auf,* ein Nazi reinsten Wassers, der uns eindeutig hasst. Er ist mittelgroß und schwarzhaarig, hat das Gesicht eines Nagetiers, eine kreischende Stimme und ein besonderes Kennzeichen: Einer seiner Zeigefinger ist abgetrennt, und das wird, wie ich hoffe, eines Tages dabei helfen, ihn aufzuspüren, denn ich habe den zuständigen Stellen seine Beschreibung gegeben. Er versammelt die Kräftigsten und bringt sie unter Bewachung ans andere Ende des Lagers, wo sie riesige Zelte aufbauen müssen.

Eines Nachmittags melde ich mich freiwillig zur Arbeit, weil ich auf das übrige Lager neugierig bin. In Fünferreihen gehen wir die Hauptlagerstraße entlang. Links erstrecken sich ähnliche Baracken wie unsere, aber sie sind nicht durch Schilfmatten sichtgeschützt. In den ersten leben spanische Juden. Diese Abteilung heißt »Benadon-Lager«.** Etwas weiter in Block 2 sind »*Mischlinge*« bzw. tschechische und polnische Halbjuden. Dann kommen die ungarischen Juden. Und schließlich durcheinander, ab Block 16, die holländischen, griechischen und albanischen Juden und zweihundert Französinnen, ebenfalls jüdisch, Ehefrauen von Kriegsgefangenen. Obwohl es ausdrücklich verboten ist, gelingt es uns, einige Worte mit ihnen zu wechseln. Keine Galanterien, denn daran denken wir kaum jemals, sondern Nachrichten über aktuelle Ereignisse.

* Friedrich (Fritz) Rau war von 1943 bis 1945 Arbeitsdienstführer in Bergen-Belsen und gehörte dort zu den meistgehassten SS-Leuten.
** Der spanische Athener Benadon war »Judenältester« in einem Teil des Austauschlagers.

Zu den letzten Baracken ihrer Abteilung hin fällt das Gelände etwas ab, und nach einer weiteren Reihe unbewohnter Baracken, die als Depot für Militärkleidung dienen, sehen wir am unteren Ende des Lagers einen hohen Schornstein aus Blech, der von Drähten gehalten wird und aus einer Schilfumfriedung aufragt. Zu gewissen Zeiten steigt ein leichter grauer Rauch aus ihm auf, zuerst zögerlich, dann mit dem Wind frei und unbekümmert, ein Abbild der Seele unserer Kameraden, die auf tragische Weise aus der Sklaverei befreit wurden. Es ist das Krematorium.

Weiter weg zwischen den Kleidermagazinen und dem äußeren Stacheldrahtzaun erstreckt sich eine weite, mit Heidekraut bedeckte Landschaft. Dort müssen wir riesige Gestelle aufbauen, die untereinander durch dünne Holzlatten verbunden sind. Diese Gestelle sollen Planen aus Segeltuch tragen. Das riesige Gerippe steht nie richtig gerade. Wir fragen uns, was wohl passiert, wenn es einmal windig ist!

Wenn eins von den Dingern fertig ist, streuen wir etwas Stroh auf den Boden und machen uns an das nächste Exemplar. Was haben sie bloß mit all diesen Zelten vor? Tiere unterbringen? Pferde? Kühe?

Eines schönen Tages erfahren wir die Wahrheit: Hier sollen Frauen wohnen. Diese Frauen sollen aus dem Lager Auschwitz in Polen kommen, evakuiert vor dem sowjetischen Vormarsch.*

Nach dem Nachmittag, den ich bei dieser Arbeit verbracht habe, reicht es mir. Die SS-Leute sind wegen der

* Die meisten der Frauen aus Auschwitz wurden nach kurzem Aufenthalt von Bergen-Belsen aus zur Zwangsarbeit in andere Lager weiterverteilt.

Anwesenheit des Lagerkommandanten und des *Lagerführers* ganz aufgeregt. Der Kommandant ist riesengroß, und sein Äußeres erinnert an die Goten, wie sie auf altertümlichen Stichen dargestellt sind.

Grieu, der an diesem Tag mit mir mitgekommen ist, verliert bei einer falschen Bewegung das Gleichgewicht und tritt ihm auf den Fuß. Für so etwas kann man auf der Stelle umgebracht werden. Stellen Sie sich das nur einmal vor: Ein Hund von Häftling tritt einem SS-Offizier auf den Fuß, dabei darf man dem Offizier nicht einmal ins Gesicht sehen! Der aber flucht nur in seinen Schnauzbart: »*Donnerwetter!*« Der arme Grieu hat sehr viel weniger Angst als bei der Erhängung von Karl.

Am nächsten Tag werde ich in aller Ruhe im Block bleiben und lieber auf die Ernährungsvorteile verzichten, die die Arbeiter genießen.

Seit der Landung [der Alliierten] in Frankreich kommen weniger Pakete, und einige Zeit später konfisziert die SS sie uns vollständig. »Ihr unterschreibt diese Quittung, aber ihr bekommt nichts«, wird den Franzosen, den Belgiern und den Holländern erklärt. Diese Maßnahme ist gegen diejenigen gerichtet, die aus den Küstenländern stammen, und hat sicher einen Zusammenhang mit den Ereignissen. Möglicherweise verhalten unsere Landsleute sich nicht nach dem Geschmack der Deutschen. Die Maßnahme wird erst nach zwei Wochen wieder aufgehoben, und Roger und ich unterschreiben für vier Pakete, darunter eines vom Roten Kreuz! Und dann wird von der Genfer Konvention gesprochen für Leute, die das viel weniger benötigen als wir!

Bis Ende August bleibe ich auf meinem Posten als Schreiber. Die Zeit vergeht ziemlich schnell, da ich beschäftigt bin; und bei Leo verdienen wir unsere Suppe voll und ganz.

Da ich mit ihm im selben Raum lebe, kann ich mich erkundigen und ihn beobachten, so viel ich möchte. Er ist schon seit zwanzig Jahren eingesperrt. Er stammt aus Hindenburg in Oberschlesien;* dort hat er eine Frau umgebracht. Zwar war er vor seiner Krankheit von einer unerhörten Brutalität gewesen, doch jetzt prügelt er selten bzw. nur aus einem wichtigen Grund wie etwa dem Diebstahl von Essensrationen.

Was die Gerechtigkeit bei der Essensausgabe betrifft, hat sein Block den besten Ruf. Wie schon gesagt, lässt er sich nicht darauf ein, dass die Stubenältesten die Brotrationen schneiden, und eines Tages wirft er einen von ihnen raus, den er auf frischer Tat ertappt hat. Er hat das nicht nötig, denn der Lagerälteste versorgt ihn nach Belieben. Er ist ganz vernarrt in die jungen Männer, und die »Favoriten« folgen aufeinander je nach seinen Launen. Im Allgemeinen sind es Russen, aber ich habe auch einen Franzosen gesehen. Mit diesen Vorlieben steht Leo nicht allein da. Jeder Blockchef hier hat wenigstens einen »Liebling«, den er mit Nahrung mästet, die den anderen abgezogen wird. Nur von Joseph, der inzwischen Chef von Block 11 ist, und von Walter, dem Lagerältesten, sind derartige Geschichten nicht bekannt.

Gegen Ende August kommt der erste Frauentransport aus Auschwitz. Es sind alles Jüdinnen, die meisten Polinnen. Sie sollen in den Zelten wohnen. Die Kameraden, die weiterhin draußen arbeiten, berichten alle übereinstimmend, dass dort derselbe erbitterte Kampf

* Heute die polnische Stadt Zabrze.

ums Überleben herrscht wie bei uns. Auch dort gibt es Schläge, unverschämten Essensdiebstahl durch die »Blockowas« (Blockältesten), Elend und denselben Dreck. Entsetzliche Berichte sind in Umlauf. Dort* wird vergast. Millionen Juden sind schon gleich nach ihrer Ankunft ins Gas gegangen, ohne auch nur im Lager registriert worden zu sein. Ganze Transporte werden von dieser riesigen Mordmaschinerie verschlungen. Alle: Kinder, Mütter, Greise. Die Krematoriumsöfen und die Scheiterhaufen brennen ununterbrochen. Und selbst für diejenigen, die das Glück haben, ins Lager zu gelangen, gibt es Selektionen, um diejenigen ins Gas zu schicken, die zu schlecht aussehen. Aber es steht mir nicht zu, mich darüber zu verbreiten, das ist die Sache derer, die dort gelebt haben.

All diese Frauen haben außerdem ihre Häftlingsnummer auf dem linken Arm eintätowiert; so wurde ihnen deutlich klar gemacht, dass sie für immer oder zumindest für eine gewisse Zeit wie Vieh den Scherzen von Hitler und seiner Bande von Abenteurern ausgeliefert sein würden. Nach den Zelten kommen neue Baracken, mit deren Aufbau gerade begonnen wird. Mehr und mehr Arbeiter werden gebraucht. Der Pole, der uns im April im Hof umhergejagt hat, ist Oberkapo geworden und rekrutiert das Personal mit Knüppelschlägen. Arbeitschef Rau scheucht auf dieselbe Weise die Kranken aus den Blocks. Roger kann sich immer arrangieren, um den zugewiesenen Arbeiten zu entgehen. Ich selbst werde nicht belästigt, weil es erforderlich ist, dass ich bei jeder Essensausgabe anwesend bin. Und ich richte es so ein,

* Gemeint ist Auschwitz-Birkenau.

dass niemand außer mir selbst sich in meinen Unterlagen zurechtfindet! Und mein Bein tut mir auch ziemlich weh. Seit Müller mich verprügelt hat, ist es noch nicht geheilt; die Wunde ist sogar noch größer geworden. Im Grunde genommen geht es mir nicht allzu sehr darum, dass es heilt. Auf diese Weise kann ich mir eine Menge Arbeiten ersparen. Außerdem ist die Versorgung, die wir in der Krankenstation bekommen, einfach ein Witz. Ob Phlegmone, Geschwür, Wunde, Bläschen oder was auch immer – der Pfleger sieht es sich an, tastet die Umrisse ab und versenkt sich in tiefe Meditation. Dann stürzt er sich mit einem Ausdruck plötzlicher Eingebung auf eine rote Salbe, schmiert die Stelle damit ein, ohne sie gewaschen oder auch nur desinfiziert zu haben, legt Gaze darauf und umwickelt das ganze mit einer Bandage aus Papier. Und weiter geht's, der Nächste, bitte! Beim Nächsten, der sich vorstellt, dieselbe Komödie. Derselbe Gesichtsausdruck tiefer Meditation und dieselbe plötzliche Eingebung bezüglich desselben Salbentopfs. Für alle anderen Arten von Krankheiten verabreicht er einem eine der zwei oder drei Tabletten, die er zur Verfügung hat und die an Ort und Stelle geschluckt werden müssen, manchmal auch alle drei auf einmal.

Gegen Anfang Oktober werden die Blocks 5 und 6 mit den Tuberkulosekranken belegt. Zusammen mit den Nichtkranken aus meinem Block muss ich in Block 2 zu Joseph umziehen. Zum Glück behalte ich meine Arbeit.

Auch Joseph hat Typhus gehabt, aber seine Brutalität ist dadurch nicht weniger geworden. Dennoch verhält er sich mir gegenüber gutmütig. Während der drei Wochen, die ich bei ihm verbringe, kann ich ihn studieren. Er ist ein dicker polnischer Bauer, gewalttätig, aber

– und das kommt bei diesem Volk selten vor – nicht scheinheilig. Vielleicht ist er einfach zu doof, als dass er seine Gefühle verbergen könnte. Dieser Kuhhirte, der in seiner Heimat nie für mehr als eine Herde verantwortlich war, ist hier der Herrscher über Leben und Tod von dreihundert menschlichen Wesen. Die Art und Weise, wie er sie behandelt, unterscheidet sich in nichts von der der SS-Leute. Sofern seine Instinkte nur schlecht genug sind, kann er ihnen freien Lauf lassen. Das gilt nicht nur für Joseph, sondern für fast alle hohen Tiere in den Lagern. Die Funktion als Blockchef, Kapo oder *Stubendienst* gibt ihnen die Möglichkeit, ganz nach Lust und Laune ihre Brutalität denen gegenüber auszuleben, mit denen sie zu tun haben. Die Befehlsgewalt über die anderen haben hier Wesen, die in einer Armee nicht den geringsten Grad bekleiden könnten. Diese Verantwortung macht sie besoffen, und in unserer kleinen Welt halten sie sich für Götter. Aber die meisten sind dermaßen dumm und eingebildet, dass sie sie sich vormachen, es würde ewig so weitergehen. Manche wünschen nicht einmal die Befreiung und sehen sie nur vage in einer sehr fernen Zukunft und keineswegs heiter. Ich habe einige gekannt, denen es materiell besser ging als vielen Zivilisten. So viel Brot wie gewünscht, jede Woche mehrere Packungen Margarine, ein Napf mit Marmelade, der niemals leer wird, Zigaretten nach Belieben und Diener.

Reden wir nicht über die Suppe; die würden sie nicht einmal mehr essen. Eine wunderbare Armbinde betont marktschreierisch ihren Titel. Was kann sich ein »Muschik«*

* »Muschik«: Im Russischen bezeichnet der Begriff einen Angehörigen sehr niederer Herkunft.

denn mehr erträumen, der zuhause das ganze Jahr lang Kartoffeln gegessen hat und sich mit einem »Favoriten« ebenso gut vergnügt wie mit seiner Frau? Oder ein zu »lebenslänglich« Verurteilter, der eigentlich an der Front in der Normandie sein müsste oder in Gefahr, von den Partisanen in einem Wald in Polen erwürgt zu werden?

Joseph hat ein unermüdliches Bedürfnis, sich zu verausgaben. Er meldet sich freiwillig zur Aufsicht über ein Kommando, das die Baracken aufbaut, und arbeitet dort mit seinen Männern. Ich bin ihm sympathisch und nutze das aus, um von ihm alles zu bekommen, was ich nur kriegen kann. Meine Ration als Schreiber reicht aus, aber da ist noch Roger, und der hat noch keine Arbeit gefunden!

Wenn Joseph abends zurückkommt, ist es selten, dass er mir nicht ein paar gute Fausthiebe verpasst, und um ihm nicht zu missfallen, kriegt er von mir eine Gerade in den Magen. Es braucht kaum mehr, um ihn in gute Laune zu versetzen, und wir beginnen die Schlägerei. Klar, solange er damit beschäftigt ist, kommt er nicht auf die Idee, die armen Kerle im Raum zu ärgern, die noch nicht für die Nacht ausgezogen sind oder zu viele Decken haben.

Er ist ein Dieb, wie ich selten einen gesehen habe. An den Tagen, an denen es Margarine gibt, schafft er es manchmal, von 20 Ein-Pfund-Paketen zwölf für sich abzuzweigen! Diese Beute verteilt er an seine Busenfreunde oder an seine polnischen Freunde, oder er tauscht sie gegen Zigaretten und Kleidung ein. Und das ganz offen vor uns allen und völlig ungestraft. Der Unglückliche dagegen, der versucht, zwei Portionen Suppe zu ergattern, wird erbarmungslos verprügelt!

Es war die Zeit, zu der Karl gehängt wurde.

Unter dem Vorwand, ich verstünde nichts von meiner Arbeit, schafft es kurz darauf ein stellvertretender Blockältester, ein BVer, der mich nicht leiden kann, dass ich meinen Posten verliere. Mein Fehler hatte darin bestanden, einen Stubenältesten zu melden, der sich zwei Mal um Brot angestellt hatte! Nur, dass der sein »Favorit« war.

Trotzdem gibt Joseph mir wieder einen Posten; der ist vielleicht weniger angesehen, bietet aber andere Vorteile. Im Waschraum reinige ich zusammen mit einem Russen die ungefähr 200 Behälter, aus denen unsere Kameraden gegessen haben.

Immer noch kommen Transporte aus Auschwitz an. In den Zelten sind inzwischen fast 10000 Frauen zusammengepfercht. Ihre Lage ist noch schlimmer als unsere. Wir haben November, es regnet oft und ist schon kalt. Die Erde ist purer Schlamm.

Während einer Arbeit, der ich nicht ausweichen konnte, gehe ich in der Nähe ihrer Abteilung vorbei und kann mir darüber klar werden, was dort los ist. Die Toiletten sind einfache, in den Boden gegrabene Löcher, über die man sich vor aller Augen hinhocken muss, aber das ist etwas, worauf weder sie noch wir überhaupt noch achten. Für ihre Hygiene sind eilig Waschbecken unter freiem Himmel aufgestellt worden. In den Zelten ist das Stroh längst zu Staub zerfallen, und der Boden ist oft durchgeweicht.

In einer Gewitternacht reißt der Wind einige dieser Zelte um, und sie stürzen auf ihre Bewohnerinnen, gleichzeitig mit dem Wolkenbruch.

Mein Bein, das nicht heilt, macht mir gegen Anfang

November immer stärkere Schmerzen. Es ist beunruhigend, wie die Wunde sich immer tiefer frisst. Ich habe etwas Angst, dass es bis auf den Knochen geht. Ich bin unfähig, meine Arbeit im Block fortzusetzen, und muss sie zu meinem Bedauern aufgeben und in Block 4 umziehen. Nichtsdestoweniger habe ich von Joseph das Versprechen erhalten, dass er mich wieder nimmt, wenn ich rauskomme, und ich denke, er wird es halten.

Wisner, der tschechische Arzt, stellt, nachdem er mich untersucht hat, die Diagnose: ulcus cruris.[*]

Ich verbringe ein paar ruhige Wochen in der Krankenstation, ohne das Bett zu verlassen. Einige Kameraden sind dort, unter ihnen Eliot und Georges Hourdiaux,[**] der eine Operation glücklich überstanden hat, bei der er die Hälfte eines Fußes verloren hat; die wenigen Operationen, die hier durchgeführt werden, führen nämlich meist zum Tod des Patienten, weil der immer zu geschwächt ist, um den Blutverlust zu überleben.

Die Zeit vergeht schnell mit Plaudereien und dem Basteln von Weihnachtsspielzeug. Das Spielzeug bekommen die SS-Leute für ihre Kinder, und Walter bezahlt uns dafür mit Brot, Konserven und Zigaretten. Die Russen sind die großen Lieferanten. Sie bearbeiten das Holz sehr gut, dabei haben sie nur behelfsmäßiges Werkzeug.

Viele Kameraden aus dem Dora-Transport bekommen zu dieser Zeit Pakete vom Internationalen Roten Kreuz, die noch nach Buchenwald gegangen waren. Diese kleinen Pakete von drei Kilo rufen große Freude

* Umgangssprachlich »offenes Bein«.

** Georges Hourdiaux, geboren 1924 in Domène/Isère, starb nach der Befreiung in Bergen-Belsen.

hervor, denn seit einer gewissen Zeit kommt aus Frankreich nichts mehr an Briefen oder Paketen.

Als letzten Ausweg schreibe ich der Elsässerin, die mich vom siebten bis zum achtzehnten Lebensjahr aufgezogen hat, und die angesichts der drohenden Beschlagnahmung ihrer Habe unser Haus hatte verlassen und in ihre Heimat zurückkehren müssen. Daraufhin schickt sie mir mehrere Pakete und Geld, was dazu beiträgt, mich zu retten. Diese gute Frau hat ganz schlicht und einfach keine Angst gehabt, sich zu kompromittieren.

Als ich wieder aus der Krankenstation herauskomme, gehe ich zu Joseph und erinnere ihn an sein Versprechen:

»Hör zu, komm mittags zu mir. Im Moment habe ich keine Zeit«, sagt er.

Zehn Minuten später allgemeiner Appell für einen Transport. Die zweite Nummer, die aufgerufen wird, ist die von Joseph. Der neue Blockälteste ist ein Franzose, ein Jude, dem es gelungen ist, seine Abstammung zu verbergen. Dennoch kann ich meinen Platz nicht wieder bekommen und bin vierzehn Tage lang gezwungen, zur Arbeit zu gehen.

Beim Aufbau der Baracken, in denen die Frauen unterkommen sollen, werde ich dazu eingesetzt, Papierstreifen über die Fugen der Fenster zu kleben, damit der Schwefel, der im Inneren zur Desinfektion verbrannt wird, nicht herausdringt. Ich habe ein paar Russen und Polen unter meinem Befehl, die die Hälfte des Kleisters essen! Tatsächlich wird dieser unter anderem mit Mehl zubereitet, und sobald er angerührt ist, sieht er aus wie Brotteig. Es fehlte nicht viel, und sie hätten ihn gleich löffelweise verschlungen. Als es das erste Mal passiert, denke ich, sie werden alle in der Nacht daran verrecken. Denkste! Diese Wesen haben einen Pferdemagen. Der SS-Mann, bei dem ich das Pulver bestelle, wundert sich, wie schnell es aufgebraucht ist, und eines Tages wird ihm der Grund klar. Zum Glück ist er nicht schrecklich und lässt sie weitermachen.

Ende November fängt es an, richtig kalt zu werden, und da ich mich mit dem Kapo Belunek, einem Tschechen, nicht sehr gut verstehe, reiße ich lieber meine Narbe wieder auf und lasse mich nach Block 5 einweisen, in dem die Halbkranken sind.

Dort verbringe ich noch eine gewisse Zeit in Frieden. Der Schreiber ist ein Kamerad aus Le Havre, Jean Fafin,* der mir jeden Tag etwas Brot und Suppe bringt, und das hilft mir durchzuhalten. Ich stehe nur auf, um den Stubenältesten zu helfen, die Bottiche vom Lagereingang bis in den Block zu tragen. Für diese zehn Minuten Arbeit bekomme ich noch einen Liter Suppe extra! In Block 5 sind viele Tuberkulosekranke, und wenn der Tod naht, werden sie in Block 6 geschickt, der den sterbenden Tuberkulosekranken vorbehalten ist. Dort sind 400 Männer, und am Ende eines jeden Monats ist er beinahe leer. Drinnen herrscht ein entsetzlicher Geruch. In diesem finsteren Loch röcheln, husten und spucken 300 oder 400 Tuberkulosekranke, jeweils zu zweit in einem Bettenabteil. Diejenigen, die hier hi-

* Jean Fafin, geboren 1916 in Sanvic (Le Havre), wurde am 15. April 1945 in Bergen-Belsen befreit. Er blieb – wie der Arzt G.-L. Fréjafon, Henri Mulin und einige andere – noch nach der Befreiung in Bergen-Belsen, um denjenigen beizustehen, die zu krank oder zu schwach für die Rückkehr in die Heimat waren.

neinkommen, wissen, dass sie verdammt sind und überlassen sich dem Tod mit verblüffender Teilnahmslosigkeit. Hier ist das Reich einer Art Häftlinge, die Roger die »Nekrophagen« nennt, d.h. die sich von den Rationen der Sterbenden ernähren. Als Lohn für die paar Gefälligkeiten, die sie ihnen erweisen (ihren Spucknapf auszuleeren oder sie auf die Toilette zu begleiten), verschlingen die »Nekrophagen«, was die Tuberkulosekranken, die im Allgemeinen keinen Appetit mehr haben, in ihrem Napf übrig lassen. Und wenn einer tot ist, kümmern sie sich um einen anderen, manchmal um mehrere gleichzeitig. Mit der größten Gleichgültigkeit der Welt bestehlen sie also einen Sterbenden nach dem anderen.

Mein Bett geht zu einem Fenster hin, und oft betrachte ich die Baracke gegenüber, in diesem grauen Himmel, aus dem ununterbrochen ein dünner Novemberregen fällt. Die tief hängenden Wolken scheinen alles in diesem Lager erdrücken zu wollen, gerade wie der Bannfluch der Nazis, der auf uns lastet. Die wenigen Nachrichten, die wir erhalten, erscheinen uns äußerst ungewiss und stellen für uns etwas dar, auf das wir hoffen, aber ohne dass wir glauben, es könne uns wirklich eines Tages passieren. Man gewöhnt sich rasch an die Vorstellung eines immer gleichförmigen Lebens. Wenn wir das hier überstehen, ist es wirklich purer Zufall, und was wir dann noch erleben werden, wird eine Dreingabe sein, die wir ohne nachzurechnen für die Verwirklichung noch der extravagantesten Vorhaben ausgeben können. Manchmal frage ich mich, ob ich jetzt nicht eher aus Furcht vor dem Tod kämpfe als um der Aussicht willen, eines Tages frei zu sein. Und außerdem, selbst wenn die Alliierten bis hierher kommen sollten, werden sie uns dann noch lebend antreffen? Warum setzen die Nazis alles daran, mit Gewaltmärschen oder unter Verwendung ganzer Transporte die Lager zu räumen, die vom Vorrücken der Feinde bedroht sind, wo ihr Eisenbahnmaterial und ihre Verbindungswege doch von überlebenswichtiger Bedeutung sind? Das ist eine sehr beunruhigende Frage. Was wird es ihnen ausmachen, uns binnen weniger Tage verschwinden zu lassen? An Mitteln und Wegen dafür mangelt es ihnen nicht.

Im Lager Belsen* sind alle Vertrauensstellungen mit den Juden aus den anderen Abteilungen besetzt. Sie arbeiten in den Küchen, den Kleider- und Nahrungsmagazinen, der SS-Kantine usw. usw. ... Als um den 15. Dezember herum eine ganze Mannschaft neuer SS-Leute ankommt, angeführt vom Kommandanten Josef Kramer,** werden diese Posten neu besetzt, zu unseren Gunsten. Die Juden werden überall weggeschickt, nur nicht aus dem Lebensmitteldepot. Die Posten besetzen jetzt Männer von uns und Frauen aus Auschwitz, die in die Gaskammer zu schicken Kramer nicht mehr die Zeit hatte, und denen er plötzlich kleine Aufmerksamkeiten zuteilwerden lässt. Und da im Lager der holländischen, griechischen und albanischen Juden große Verwirrung herrscht, wird außerdem unser Ältester Walter zusam-

* Gemeint ist das »Austauschlager«.

** Josef Kramer, geboren 1906 in München, war seit 1934 als SS-Mann in mehreren Konzentrationslagern tätig, ab Mai 1944 als Kommandant des Vernichtungslagers Birkenau, ab Dezember 1945 des KZ Bergen-Belsen. Wegen Verbrechen in Auschwitz und Bergen-Belsen wurde er im britischen Bergen-Belsen-Prozess (in Lüneburg, vom 17. September bis 19. November 1945) zum Tode verurteilt und am 13. Dezember im Zuchthaus Hameln hingerichtet.

men mit zwei Franzosen und zwei Polen damit beauftragt, dort nach dem Rechten zu sehen.*

Um all diese Posten zu besetzen, sind gesunde Männer nötig, und natürlich werden die Stubenältesten dafür ausgesucht. Das bietet die Chance, irgendwie klarzukommen. Roger wird zur Elektrowerkstatt eingeteilt, um Radioapparate zu reparieren.

Die SS-Leute brauchen einen Wachtposten am Kontrollpunkt, um die Unterlagen zu befördern und die Befehle in die verschiedenen Abteilungen des Lagers zu übermitteln. Einer meiner Kameraden, André Gruber,** soll hingehen. Aber das passt ihm nicht besonders. Er ist hier Krankenpfleger und fühlt sich hier wohler. Daher bittet er mich, an seiner Stelle hinzugehen, da ich ganz ordentlich Deutsch spreche.

Es ist ein unverhoffter Glücksfall. Auf so einem Posten kommt man überall im Lager herum und kann auch mal Pause machen und die Freunde in der Küche besuchen. Das ist das Allerwichtigste. Im Nullkommanichts bin ich mit einer roten Armbinde ausgestattet, auf der in Frakturbuchstaben »*Läufer*« steht, die Bestätigung meiner neuen Stellung. André stellt mich Walter vor. Der kennt mich gut, denn er hat mir oft meine Pakete oder mein Geld überreicht, und ich erheitere ihn ein bisschen mit meiner Art, durch die Nase zu sprechen:

* Im »Austauschlager« handelte es sich bei den von der SS eingesetzten Funktionshäftlingen wie Lagerältesten oder Blockältesten zunächst ausschließlich um jüdische Häftlinge, die für einen Austausch vorgesehen waren. Der neue Kommandant des KZ Bergen-Belsen, Josef Kramer, setzte kurz nach seinem Amtsantritt im Dezember 1944 diese jüdischen Funktionshäftlinge ab. Nun übernahmen nichtjüdische Häftlinge aus dem Männerlager ihre Funktionen im »Austauschlager«.

** André Gruber, geboren 1922 in Saverne, wurde am 15. April 1945 in Bergen-Belsen befreit und später repatriiert.

»Gut! Geht in Ordnung«, sagt er, »wenn die SS-Leute jemand brauchen, rufe ich dich.«

Von Amts wegen werde ich in die »Stube« von Block 3 überstellt, wo die »hohen Tiere« des Lagers untergebracht sind. Der Blockälteste, ein alter mürrischer Pole, sieht mich missmutig ankommen, denn die Franzosen mag er prinzipiell nicht. Stubenältester ist ein Franzose mit einem sprichwörtlich guten Herzen: Aimé Blanc.* Er ist auch aus dem Dora-Transport. Viele Male hat er sich mit Kameraden für das Essen zusammengetan, aber diese haben ihn jedes Mal schändlich übers Ohr gehauen. Im Übrigen kommen solche Geschichten im KZ häufig vor. Unzählig sind diejenigen, die ihre Pakete geteilt haben und dann, als ihre Partner selbst etwas bekommen haben, kein Krümchen davon sahen. Im zivilen Leben nennt man das Missbrauch von Vertrauen oder Betrug. Aber bei wem sollten wir uns hier beklagen?

Ich habe erlebt, wie Menschen jeden Schlages und jeden Standes, von den Hochgestellten bis zu den Arbeitern, derartige Taten begingen. Es ist entmutigend zu sehen, wie der Mensch, der doch seit so vielen Generationen und so viele Jahrhunderte hindurch gebildet, kultiviert und verfeinert wurde, durch das leibliche Elend und die Aussicht auf den Tod in eine bösartige Bestie verwandelt wird. Unter den unzähligen Deportierten, die ich gekannt habe, bin ich nur wenigen Fällen von Uneigennützigkeit begegnet. Möchte man auch nur ein wenig misanthropisch sein, so kommt man rasch

* Aimé Blanc, geboren 1923 in Lugrin, wurde am 15. April 1945 in Bergen-Belsen befreit. 1947 veröffentlichte er einen Bericht unter dem Titel »Français, n'oubliez pas!« (Neuauflage 2004).

zu jenem Allgemeinplatz, dass die Zivilisation nur eine Lackschicht ist, die heuchlerisch die niedrigsten Instinkte überdeckt, die im Zaum zu halten sie nicht fähig ist. Als Bestätigung dafür beziehe ich mich nicht allein auf den Egoismus derer, die sich weigerten, ihr Paket im entscheidenden Augenblick zu teilen, sondern auch auf die Sitten der »Nekrophagen«. Ich habe sie bei den Sterbenden am Werk gesehen: während sie dem Auge das Bild tiefster Traurigkeit darboten, wünschten sie insgeheim, der Kranke solle möglichst wenig Nahrung zu sich nehmen, und hassten ihn schließlich, wenn er zu viel Appetit hatte. Es wird heißen: »Er übertreibt!« Nein! Es ist die schreckliche Wahrheit. Ich habe gesehen, wie die Gesichter von Männern den Ausdruck der monströsen Gefühle zeigten, von denen sie beseelt waren, sobald sie mit einem Sterbenden allein waren und sich unbeobachtet glaubten. Ich habe bei ihnen untrügliche Ausdrücke gesehen, wie sie ein Mann hat, wenn er, angesichts seines Schicksals wahnsinnig geworden, mit einem Mal alle Prinzipien über Bord wirft, die bis dahin die Würde seines Wesens ausgemacht und ihn über das Tier erhoben hatten. Und manchmal kommt einem dann der Gedanke, dass Typen wie dieser José im Fort du Hâ* nicht die schlimmsten sind, sondern nur die freimütigsten.

In den Lagern war ich mit den unterschiedlichsten Elementen der sozialen Leiter zusammen, von den »feinen« Leuten über das Kleinbürgertum und die Arbeiterklasse bis hin zu den »Ganoven« und sogar den »Schlächtern«.

Überall war ich fassungslos angesichts des allgemeinen Egoismus und der Leichtigkeit, mit der der Mensch

* Vgl. Seite 18 f.

die Prinzipien seiner Zivilisation vergisst, sobald seine Existenz auf dem Spiel steht. Die Unterschiede in der Bildung, die draußen eine unüberwindliche Hürde zwischen den Klassen an den Enden des gesellschaftlichen Spektrums zu sein scheinen – im KZ werden sie zunichte. Der Lack blättert ab und legt die wahre Natur des Individuums frei. Wenn alle kahl geschoren und alle in derselben Uniform des Zwangsarbeiters sind, verschwindet jegliche gekünstelte Persönlichkeit, und dann muss sich jeder mit seinen eigenen Mitteln eine neue aufbauen, wenn er es kann. Und das Ergebnis lässt sich nicht immer vorhersagen!

Und doch bin ich sicher, dass manche von denen, die vor dem ruhmlosen Tod in Belsen oder anderswo so feige waren, vor einem Erschießungskommando Helden gewesen wären. Das bedeutete einen beunruhigenden Faktor für eine neue Definition von Heldentum …

Mit Aimé habe ich also inmitten der slawischen und germanischen Horde einen sehr guten Gefährten, und so warte ich auf ein Zeichen von Walter. Aber auf dieses Zeichen muss ich mehr als zwei Wochen warten. Da habe ich ausreichend Grund zum Verzweifeln, aber auch zum Nachdenken. Tatsächlich habe ich diese Gelegenheit ein bisschen vorschnell angenommen. Ich spreche nicht so gut Deutsch, dass ich alles verstünde, und den SS-Leuten gegenüber kommt es nicht in Frage, etwas zwei Mal wiederholen zu lassen oder das Gegenteil des Befohlenen zu tun, denn ich bekäme die Konsequenzen zu spüren. Trotz des Jahres, das inzwischen vergangen ist, tut mir mein Hintern noch weh von den Schlägen, die ich in Dora bekommen habe! Nun ja, es heißt abzuwarten.

Diese beiden Wochen lang lasse ich es mir in der *Stube* in Block 3 gut gehen. Es gibt reichlich Suppe.

Eines Tages kommt ein Transport aus Magda an, einem der Außenkommandos von Buchenwald. Es sind 400 ungarische Juden. Ich gehöre zu denen, die sich um die Dusche und die Desinfektion für sie kümmern, bevor sie mit zu uns kommen. Diese Arbeit ist immer interessant. Da die Neuen die Kleidung ablegen, die sie getragen haben, und neue aus dem Lager Belsen bekommen, können wir uns auf dem Karren aus der Kleiderkammer eine Hose, eine Jacke oder, noch besser, einen passenden dicken Mantel aussuchen. Bei dieser Gelegenheit kleide ich mich, zumindest für Lagermaßstäbe, angemessen ein. Ich habe einen tollen Dreiviertel-Mantel in Fischgrätenmuster gefunden, völlig neu und mit zwei vertikalen Brusttaschen. Auf dem Rücken ist natürlich ein großer Kreis aus dem Stoff herausgeschnitten und durch ein Stück »Zebra-Fell« ersetzt worden, diesen blauweiß gestreiften Uniformstoff der Arbeitskommandos. All diese Ungarn kommen in Block 3. Sie sprechen eine krächzende Sprache, in der wir keinen einzigen vertrauten Laut erkennen können, sei er lateinischen, germanischen oder slawischen Ursprungs. Es scheint, das Ungarische stammt vom Mongolischen ab, ebenso wie das Finnische.

Ich glaube, die ersten Worte, die sie im Deutschen lernen, sind »*bitte schön*«. Bei jedwedem Anlass flüstern sie dieses »*bitte schön*«. Irgendwann geht es einem auf die Nerven.

Trotz dieser – hier im Übrigen lächerlichen – Bezeugung von Höflichkeit sind sie von überraschender Schamlosigkeit. Bei der Essensausgabe, bei der doch jede Nummer pflichtgemäß abgehakt wird, finden sich immer einige, die sich ganz ans Ende der Schlange gestellt haben und sich in weinerlichem Tonfall beklagen:

»*Bitte schön*! Ich habe meine Ration nicht bekommen.«

»Aber deine Nummer ist abgehakt!«

»*Bitte schön!* Das kann nicht sein.«

»Ist dir alles scheißegal?«

»*Bitte schön!* Ich versichere Ihnen, ich habe meine Ration nicht bekommen.« Es sind solche Kletten, dass sie manchmal mit Gewalt rausgeworfen werden müssen. Fast alle sind verwundet, haben Ödeme. Sie sind also keine Schwindsüchtigen. Aber binnen kurzer Zeit werden sie sterben wie die Fliegen.

Einige Tage später kommt wieder ein Transport, diesmal mit 1 000 ungarischen Juden, direkt aus Buchenwald. Diese sind überhaupt nicht krank, aber da unten wird der Platz knapp. Bei der Desinfektion erbe ich eine gute Jacke aus Schaffell. Ich werde den Winter über nicht allzu sehr leiden müssen.

Während dieser Zeit haben die Frauen aus Auschwitz die neu aufgebauten Baracken bezogen. Es gibt durch den Zustrom viele Veränderungen im Lager, und allen beginnt es ein wenig eng zu werden. Die Unterwäsche, die für uns mehr oder weniger regelmäßig jede Woche gewechselt wurde, wird seit einer gewissen Zeit nicht mehr ausgegeben. So sollten wir vier bis fünf Monate lang dasselbe Hemd tragen. All diese Umstände begünstigen die Läuse, und der Typhus taucht wieder auf. Dieses Mal verpasse ich es sicher nicht, ihn zu bekommen.

Walters Bedeutung wächst immer mehr. Er ist jetzt Lagerältester des ganzen Lagers Belsen: für die politischen Häftlinge, die Juden und die Frauen.

Eines schönen Morgens im Januar 1945 kommt er in den Block gestürzt und ruft:

»Wo ist der Franzose?«

»Anwesend!«

»Komm mit in mein Büro, ich brauche eine Ordonnanz.«

So werde ich, ohne im Mindesten intrigiert zu haben, auf einen der besten Posten des Lagers befördert.

Ordonnanz für Walter – traumhaft! Er ist der geborene Pfiffikus. Er steht sich gut mit dem SS-Mann vom Vorratslager und hat einen rappelvollen Schrank mit allem, wovon ein Häftling nur träumen kann: Brot, Speck, Wurst, Zucker, Kondensmilch und was weiß ich nicht noch alles. Zigaretten bekommt er zu tausenden. Und er ist großzügig zu seiner Umgebung! Sein Büro ist im Judenlager.* Ich habe nie gesehen, dass er einer Mutter, die ihn um Grieß oder Zucker für ihr Kind bat, die Bitte nicht erfüllt hätte.

Die beiden Polen, die zu ihm gehören, spielen Polizei, und wie! Die Frauen und die Greise bekommen heftige Knüppelschläge. Es sind die beiden Kasimirs. Der erste, der »große Kasimir«, war Pförtner in der Abteilung der Häftlinge, und ich habe schon von ihm gesprochen.** Der andere, der kleine Kasimir,*** ist im Juni mit einem Transport aus Ravensbrück gekommen. Er ist aus Lodz und wie viele seiner Landsleute hier betrügerisch, feige und boshaft. Im Übrigen haben die SS-Leute selbst, die ihre Brutalität sehr wohl kennen, sie hier untergebracht.

* Gemeint ist das »Austauschlager«, in dem ausschließlich jüdische Häftlinge waren.

** Vgl. Seite 186.

*** Diese Person kann nicht sicher identifiziert werden. Vermutlich handelt es sich um einen 1920 geborenen, aus Polen stammenden Häftling, der über die Konzentrationslager Sachsenhausen und Ravensbrück im Juni 1944 in das Männerlager des KZ Bergen-Belsen kam.

In ihrer Funktion als Lagerpolizisten nutzen sie all ihre Bosheit, um den Gefangenen das Leben zu vergällen. Eine kriminelle Bosheit, denn sie kommt von anderen Gefangenen. Für die Juden gibt es nur zwei Mal die Woche Appell. Nur die Gesunden gehen nach draußen. So nutzen viele die Gelegenheit, in den Baracken zu bleiben, wo sie anschließend von den SS-Leuten kontrolliert werden.* Trotzdem muss immer eine bestimmte Anzahl auf dem Appellplatz sein, und wenn die Reihen zu sehr gelichtet sind, gehen die beiden Kasimirs in den Blocks auf die Jagd, bewaffnet mit langen Knüppeln, und stoßen ihre Kuhhirten-Rufe aus: »Hulai! Hulai!« Alle kommen dran, auch die Kranken, die Frauen und die Greise. Einmal habe ich gesehen, wie der große Kasimir eine Frau mit Stockschlägen aus einer Baracke jagte, und als die Unglückliche nicht schnell genug flüchtete, schlug er sie zusammen.

Er hat großes Vergnügen daran, zu den Toiletten zu laufen, sobald der Pfiff zum Appell erklungen ist. Dort angekommen, beginnt er mit entsetzlichen Flüchen zu brüllen: »Appell, Appell, alles raus, schneller, schneller!« Diejenigen, die gerade sitzen, wissen, was das bedeutet, und ziehen es vor, mit noch halb heruntergelassener Hose zu flüchten, statt unter Kasimirs Hieben zusammenzubrechen. Offensichtlich ist das ein erheiterndes Schauspiel, aber wenn man bedenkt, dass so etwas von Häftlingen angerichtet wird, ist man niedergeschmettert davon, wie tief das menschliche Wesen sinken kann. Und die Kasimirs sind keine Ausnahmen.

Ein anderes Mal erwischt der große Kasimir einen Ju-

* Tatsächlich mussten – so die Grundregel – auch die jüdischen Häftlinge im »Austauschlager« täglich Appell stehen. Lediglich Kranke und Kinder unter drei Jahren mit ihren Müttern wurden in den Baracken gezählt.

den bei einer Verfehlung und verpasst ihm einen Schlag mit dem Stock. Dies ereignet sich bei einem Wachturm in der Nähe der Baracke mit den ansteckend Kranken, und da der Posten oben sich über das Schauspiel amüsiert, macht Kasimir mit seiner Brutalität weiter. Er befiehlt dem Juden:

»Geh runter auf alle Viere und bitte um Verzeihung!«

Der andere befolgt den Befehl, und nach einem Tritt Kasimirs rollt er über die Erde.

»Steh wieder auf und geh weg. Schnell!« Der Jude rennt weg, aber ein sorgfältig gestelltes Bein lässt ihn wieder hinfallen. Dann zerrt Kasimir ihn am Kragen hoch, und indem er von Zeit zu Zeit nachsieht, ob der »Boche« die Szene immer noch beobachtet, überzieht er ihn mit unglaublich brutalen Prügeln auf den Rücken und den Kopf. Der andere verrenkt sich und fällt wie eine Puppe in sich zusammen. Endlich lässt Kasimir ihn los und betrachtet den SS-Mann mit selbstgefälliger Miene.

Was den kleinen Kasimir betrifft, habe ich gesehen, wie er einer netten kleinen sechzehnjährigen Griechin den Mund mit Fausthieben blutig schlug, weil sie sich geweigert hatte, einen seiner Befehle auszuführen.

Die gesamte Verwaltung des Lagers wird in Walters Büro erledigt. Die Listen für den Appell und die Aktualisierung der Totenliste – die Hauptarbeit – werden in mehreren Exemplaren auf der Maschine getippt und an die Politische Abteilung, den Kontrollposten, die SS-Krankenstation und das Krematorium geschickt. Meine Arbeit besteht darin, die Listen zu übergeben.

Jeden Morgen gehe ich mit der Totenliste des Vortages zum Krematorium hinunter; ich muss sie dem SS-Mann persönlich übergeben, der, assistiert von einigen russischen und polnischen Häftlingen, die Einäscherung überwacht.

Dieses Krematorium ist ein abstoßender Schuppen, auf dessen Tür in Deutsch steht:

»Eintritt strengstens verboten.

Der Lagerkommandant«.

Ich gehe trotzdem hinein. Den größten Teil des Raumes nimmt ein riesiger Heizkessel ein, der ununterbrochen brennt. Wenn ich dem SS-Mann die Papiere übergeben habe, halte ich einen Schwatz mit einem der Russen, einem prächtigen und sehr sympathischen Jungen; er hat eine Mütze aus Persianerfell aufgetan, die ihm sehr gut steht. So wie ein Winzer seinen Keller präsentiert, zeigt er mir das Innere des Ofens. Das Dutzend Leichen, das immer darin ist, liegt auf einem gusseisernen Gitter aufgehäuft, darunter weißglühende Anthrazitkohle. Diese unförmigen brutzelnden Fleischklumpen sind kein schöner Anblick. Nach und nach verbrennen sie, und andere werden mit einer langen Eisenschaufel nachgeschoben. Hier herrscht ein Geruch von verbranntem Fleisch, der alles in allem erträglich wäre, wenn man nicht wüsste, woher er kommt.

Insgesamt habe ich an die zwei Stunden Arbeit damit, meine Papiere zu befördern und in den einzelnen Abteilungen des Lagers die Appellberichte abzuholen.

Die übrige Zeit verbringe ich im warmen Büro.

In meiner neuen Arbeit kann ich die SS-Leute aus der Nähe betrachten. Ehre, wem Ehre gebührt – ich erwähne als Ersten den Kommandanten Josef Kramer. Er ist ein Riese von 1,90 Metern mit außerordentlich rohem und grausamem Äußeren. Er hat kein Gesicht, sondern die Schnauze einer Bestie. Fast immer trägt er jenen weiten deutschen Mantel, der bis zu den Fußknöcheln reicht und gerade noch den unteren Teil der Stiefel sehen lässt und senkrechte Taschen auf der Brust hat. Auf dem Kopf hat er die Gebirgskappe, die in der deutschen Armee die Feldmütze ersetzt hat, und unter der er den oberen Teil seiner Ohren einquetscht. Man nimmt in ihm nicht mehr den Menschen wahr, sondern ein kaltes, berechnendes Monster ohne Erbarmen. Auf den Fotos nach der Befreiung hat er nicht mehr diese erbarmungslose Miene wie damals, wenn er mit seinem langsamen Schritt, eine Zigarre im Mund und die Hände in den Taschen, im Lager zum Krematorium hinunter gegangen war.

Manchmal bringt er seine Frau und eines seiner Kinder mit, vielleicht vier Jahre alt, und lässt sie die albtraumhaften Szenen betrachten, die sich in bestimmten Lagerteilen abspielen.

Ich kann nur sagen, dass sich die Lage, seit wir mit ihm zu tun haben, unaufhörlich verschlechtert. Die SS-Posten, die zusammen mit ihm gekommen sind, sind noch grausamer als die früheren. Sie schießen bei jedem Anlass, bei einer Ansammlung oder wenn ein Mann zu nah an den Stacheldraht geht, oder nachts, wenn ein Lichtstrahl aus einer Baracke dringt. Und fast jedes Mal gibt es ein Opfer, denn sie sind sehr gute Schützen.

Unter seinen [Kramers] Gehilfen ist der *Rapportführer* Emrich, ein unverbesserlicher Säufer, dem der Revolver locker sitzt.

Dann noch ein paar Unteroffiziere; im Lager sind sie die Polizei und für unseren Geschmack viel zu neugierig; ein Häftling hat immer irgendetwas Verbotenes bei sich!

Auch SS-Frauen sind aus Auschwitz gekommen, unter

ihnen Irma Grese.* Den Frauen gegenüber sind sie ebenso grausam, wie die Männer es uns gegenüber sein können.

Kurz nachdem Auschwitz vollständig geräumt ist, kommen die ersten Transporte aus Oranienburg, nördlich von Berlin, »Saxo«** nennen es die Häftlinge. Tatsächlich heißt es, dass die Russen aus dieser Richtung gefährlich vorrücken. Einer nach dem anderen treffen Transporte zu 2000 Mann ein. Sie werden in einem Teil der neuen Baracken zusammengepfercht, ohne Betten, ohne Strohsäcke und sogar ohne Decken. Sie sind alle bei guter Gesundheit, aber den Krankheiten und der Erschöpfung fallen rasch entsetzlich viele von ihnen zum Opfer. Was für ein Glücksfall ist solches Zusammengepferchtsein für den Typhus! Bald ist dieser Lagerteil mit 10000 Mann belegt. Und noch immer kommen neue Transporte an. Die SS-Leute sind in größter Anspannung. Das Lager der russischen Kriegsgefangenen neben dem Konzentrationslager wird geräumt, und die Frauen aus Auschwitz werden dort untergebracht. Der Teil des Lagers, den sie verlassen, wird sofort mit den holländischen, griechischen und ungarischen Juden belegt. Und dahin, wo sie zuvor waren, kommen jetzt die Transporte aus Oranienburg.

Im Lauf des Februars fahren einige tausend Männer aus Oranienburg wieder ab, mit ungewissem Ziel.

* Irma Grese, geboren 1923 in Wrechen, hatte sich freiwillig zum KZ-Dienst gemeldet. Zunächst war sie Aufseherin im Frauen-KZ Ravensbrück, dann wechselte sie nach Auschwitz-Birkenau, wo sie an Selektionen für die Gaskammer beteiligt war. Im März 1945 kam sie nach Bergen-Belsen. Im *Belsen Trial*, das in Lüneburg vom 17. September bis 17. November 1945 stattfand, wurde sie zum Tode verurteilt und am 13. Dezember 1945 im Zuchthaus Hameln hingerichtet.

** Sachsenhausen.

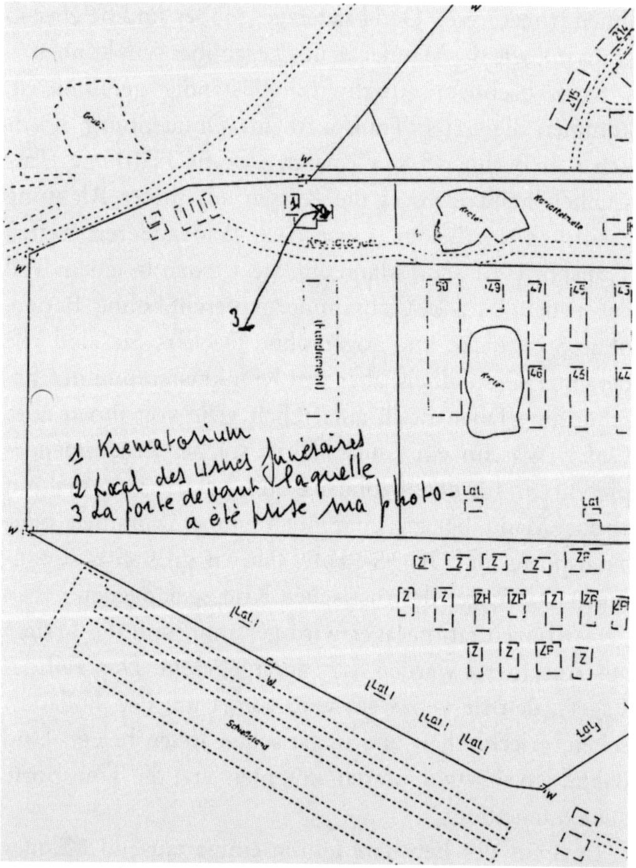

Plan des Lagers Bergen-Belsen (Ausschnitt: Frauenlager) nach 1945, mit handschriftlichen Eintragungen von Michel Fliecx. Eingezeichnet sind: 1) das Krematorium, 2) der Lagerraum der Urnen und 3) der Eingang, von dem aus das Foto in den Lagerraum hinein gemacht wurde (1709Fliecx NA 111-SC-264664.jpg). Quelle: Gedenkstätte Bergen-Belsen/Stiftung niedersächsische Gedenkstätten

Bergen-Belsen, in der zweiten Aprilhälfte 1945: das Krematorium mit Schornstein; im Anbau vorn wurden laut Fliecx' Bericht die Urnen aufbewahrt. Foto: National Archives Washington, U.S. Signal Corps, Photographer: Sgt. Gwin, ETO-HQ-45-26828, RG 153, Entry 143, Box 271_30A

Fotokopie der Aufnahme mit handschriftlichem Eintrag von Michel Fliecx: »Depot des urnes« (Urnenlager). Quelle: Gedenkstätte Bergen-Belsen/Stiftung niedersächsische Gedenkstätten

Bergen-Belsen, in der zweiten Aprilhälfte 1945: Der Einäscherungsofen in der Krematoriumsbaracke. Foto: National Archives Washington, U.S. Signal Corps, Photographer: Sgt. Gwin, 111-SC-Still Picture Branch_72A

Bergen-Belsen, 28. April 1945: Blick in das Urnenlager. Foto: National Archives Washington, U.S. Signal Corps, Photographer: Sgt. Gwin, ETO-HQ-45-26824, 111 Still Picture Branch_74A

Fotokopie der Aufnahme mit handschriftlichen Einträgen von Michel Fliecx. Über dem Foto: »Depot des urnes funeraires« (Lager der Graburnen); unter dem Foto: »a gauche de l'entrée, un monticule (1 M^3 environ) de cendres issues du crematoire. Non visible sur la photo.« (Links vom Eingang ein kleiner Haufen Asche, etwa 1 m^3, aus dem Krematorium. Auf dem Foto nicht sichtbar.) Quelle: Gedenkstätte Bergen-Belsen/Stiftung niedersächsische Gedenkstätten

Bergen-Belsen, 28. April 1945: Laut eigener Aussage erkannte Michel Fliecx sich auf diesem Foto wieder. Bei einem Rundgang hatte er amerikanischen Soldaten auch das Urnenlager gezeigt.
Auf der Rückseite des Fotos ist folgender Text vermerkt: »[...] INTERNEE OF FORMER NAZI PRISON CAMP LOCATED AT BELSEN, GERMANY, HOLDS CLAY URN IN WHICH HUMAN ASHES ARE PLACED AFTER CREMATION. MANY TIMES THE URNS WERE NEVER USED. [...]«. Foto: National Archives Washington, U.S. Signal Corps, Photographer: Sgt. Gwin, ETO-HQ-45-26825, 111-SC-264664 Still Picture Branch_50A

Kapitel acht

Belsen

Von dieser Zeit an werden die Lebensbedingungen in Belsen entsetzlich.

Festzuhalten ist, dass das Lager für die Unterbringung von 15 000 Gefangenen ausgelegt ist, einschließlich der Kriegsgefangenen, und plötzlich erhöht sich die Gesamtbelegstärke des Lagers auf 45 000!* Der gesamte Betrieb wie auch die Ausstattung sind überlastet. Die Rationen werden immer kleiner. Die Suppe wird zu unmöglichen Zeiten gebracht und ist in ihrer Zusammensetzung praktisch ohne Nahrungsbestandteile. Die Duschen sind nicht mehr in Betrieb, denn das wäre zu viel Arbeit, und Wäsche – sie wird schon lange nicht mehr an uns ausgegeben – bekommen wir bis zum Schluss nicht mehr. Medikamente sind fast keine mehr in Umlauf. Keine Seife mehr. Elend, Hunger, Dreck und Läuse herrschen über die 45 000 Männer und Frauen.

Die Toten werden immer zahlreicher. Im Büro sehe ich in den Verzeichnissen des Lagers nach. Oft nehme ich gleich das erste, das von dem Transport aus Dora. Nur noch mit Rotstift eingetragene Krückenkreuze! Beinahe ganze Seiten. Am 27. März 1945, dem Jahrestag unserer Ankunft in Belsen, zähle ich die Überlebenden: 52

* Fliecx' Einschätzung trifft zu; vgl. die Aufstellung von Jacob de Heer für Anfang März 1945: NIOD Instituut voor Oorlogs-, Holocaust- en Genocidestudies, Amsterdam, c [11]; Abschrift in: *Eberhard Kolb, Bergen-Belsen. Geschichte des »Aufenthaltslagers« 1943-1945*, Hannover 1962, S. 312.

von 1000! Und von den 600 Franzosen sind nur noch 17 übrig. Drei Prozent. Das letzte Karree, »die Unkaputtbaren«. Der Pferdekarren verkehrt täglich und bringt seine makabre Ladung aus den verschiedenen Teilen des Lagers.

Im Krematorium herrscht Hochbetrieb. Inzwischen wird Tag und Nacht in zwei Schichten gearbeitet. Oben aus dem Kamin, der doch gut fünf Meter hoch ist, leuchtet oft eine schreckliche rote Flamme.

Die Listen werden rasch jeden Tag länger: 150, 200, 300. 200 Leichen kann der Ofen höchstens verbrennen.* Da nehmen die SS-Leute den Scheiterhaufen zu Hilfe. Wir haben Anfang März.

Von diesem Augenblick an erreichen die Listen jeden Tag die unglaublichen Zahlen von 600, 700 und 800 Toten. Und dies, nicht zu vergessen, bei einer Belegstärke von insgesamt 45000. Die Kurve der Vernichtung zeichnet sich klar und deutlich ab.

Für den Monat März sollte die offizielle Todeszahl bei 17337 liegen.

Kramer geht jetzt jeden Tag mehrmals zum Krematorium hinunter. Und wenn ich morgens hinuntergehe, achte ich darauf, ihm aus dem Weg zu gehen, denn wegen des Schildes an der Tür möchte ich ihm nicht drinnen begegnen. Einmal sehe ich ihn nicht hinuntergehen, und als ich gerade hineingehen will, öffnet er selbst die Tür und brüllt:

»Was willst du?«

»Ich bringe die Totenliste.«

»Gib her!«

* Zur Kapazität des Krematoriumsofens von Bergen-Belsen weichen die Angaben in mehreren Zeitzeugenberichten stark voneinander ab. Sie lassen sich jedoch nicht verifizieren.

Er nimmt sie selbst entgegen und schließt gewaltsam die Tür.

Drinnen erteilt er Ratschläge, und beim Aufbau des Scheiterhaufens legt er notfalls selbst mit Hand an. Seit Auschwitz ist er daran gewöhnt!

Diese Scheiterhaufen sind große Gräben innerhalb der Umzäunung der Krematoriumsbaracke. Sie sind ungefähr 20 mal zehn Meter groß und drei Meter tief. Unten werden Holz und Äste ausgelegt. Darüber kommt eine Schicht Leichen, dann wieder eine Schicht Holz, eine Schicht Leichen, eine Schicht Holz usw., mehrere Schichten übereinander. Zuoberst werden nur noch Tote geworfen. Bis ungefähr fünf Meter Höhe. Und jeden Morgen muss ich dem Chef des Krematoriums meine Liste überbringen, diesem Dummkopf, der ständig um sein Feuer herumläuft und nachsieht, ob alles gut läuft. Ich nehme einen tiefen Atemzug und gehe in den grauen Qualm hinein. Neben mir brutzeln* die Leichen, verbrennen, brechen entzwei; Gliedmaßen lösen sich und fallen manchmal von dem Haufen herunter. Ein Häftling, der hier angestellt ist, hebt sie mit einer Forke auf und wirft sie wieder zurück.

Der SS-Mann knurrt jedes Mal.

»Sch…! Noch mehr als gestern. Ich komme nicht mehr nach. Guck! Ich bin schon mit 2500 im Rückstand.«

Tatsächlich, etwas weiter weg sind Leichen in allen Farben wie Knüppelholz aufgestapelt, einen Meter hoch und 30 Meter weit, und warten darauf, verbrannt

* Fliecx benutzt hier das Wort *grésiller*; üblicherweise verwendet für das Brutzeln etwa von erhitztem Fett in einer Pfanne.

Sprache

zu werden; nur durch ein paar Tannenzweige vor der Sonne geschützt. Davon gibt es drei oder vier Reihen. Wir können von Glück sagen, wenn wir bei all dem nicht noch die Pest oder die Cholera bekommen.

Auf dem Scheiterhaufen werden fünfhundert Leichen pro Tag verbrannt, und wie ich schon sagte, es gibt auch Tage mit achthundert Toten.

Ununterbrochen kippen die Karren Tote über Tote aus. Alle unglaublich mager, bläulich-rot oder grün, schmutzig, Mund und Augen weit offen.

Bevor ich wieder hinausgehe, besuche ich noch die fünf »Spezialisten«, die auf einer Zementplatte mit Pflasterstampfern die Schädel und Schienbeinknochen zerbrechen, die dem Feuer widerstanden haben.

Oder den mit einer Zange bewaffneten einäugigen Ukrainer, der mir mit einem ordinären Grinsen zeigt, wie geschickt er mit dem Absatz den Mund eines Toten öffnet, das Gebiss inspiziert und die Goldzähne mit einem Krachen herausbricht, das mir trotz meiner Abstumpfung noch Übelkeit verursacht. So füllt er ganze Töpfe, Beute für die SS.

Es wurde behauptet, auch Lebende seien auf die Scheiterhaufen von Bergen-Belsen geworfen worden.

Das kam selten vor, und hier die näheren Umstände:

Wenn ein Transport ankommt, werden diejenigen, die noch Lebenszeichen von sich geben, auf Lastwagen geladen und ins Lager gebracht, wo sie den Formalitäten der Registrierung unterzogen werden. Die übrigen, Tote und Sterbende, bleiben im Inneren der Waggons. Das eigens aus Belsen herbeigeeilte *Totenkommando* kommt und lädt sie auf den Anhänger eines Traktors. Dann werden sie direkt zum Krematorium gebracht. Wenn sie abgeladen werden, tauchen manche aus ihrer Benommenheit auf und bewegen oder wehren sich angesichts des furchtbaren Endes, das für sie bestimmt ist. Aber es ist schon zu spät. Mit geradezu monströser stumpfer Gleichgültigkeit entscheidet der SS-Mann, es sei zu viel Aufwand, den Irrtum zu korrigieren, und der Unglückliche wird mit Gewalt in die Flammen geworfen. Außer mir steht für die Zweifler noch ein anderer Zeuge dieser Dinge zur Verfügung, ein Franzose, nämlich der Fahrer des Traktors, ebenfalls aus dem Département Eure in der Normandie.

Wenn Kramer von seinem Inspektionsgang ins Krematorium zurückkommt, bleibt er oft bei dem Garten stehen, der in der Länge zwischen den Küchen 1 und 2 liegt und in der Breite zwischen der Hauptlagerstraße und dem Frauenlager. Nachdem er sich an der Verbrennung seiner Tausenden von Opfern ergötzt hat, betrachtet dieses Monster in fälschlicher Gefühligkeit zärtlich die Pflanzen, wie sie wachsen. Das ist allerdings ein sehr unvermuteter Zug an einem Josef Kramer, dass er den jungen Werther spielt oder den kleinen Rentner, der sich aufs Land zurückgezogen hat.

Welcher Zug vermöchte besser den Charakter des »Boche« zu zeichnen, der sich selbst einbilden möchte, für Gefühle empfänglich zu sein und in seiner eigenen Feinfühligkeit zu schwelgen?

Was immer er tut, der Deutsche wird *délicatesse* [Feinfühligkeit] immer genau so denken wie er es schreibt: Delikatesse.

Mehrmals sehe ich, wie er, begleitet von einer ganzen Schar höherer Offiziere, die nicht zum Lager gehören, zum Krematorium hinuntergeht. Vermutlich eine Kontrollkommission, »ob alles gut läuft«.

Ein Tag mit 800 Toten						
	Politische Häftlinge		Häftlinge aufgrund ihrer Rasse (Juden) [Austauschlager]			Frauen [Frauenlager]
	Abteilung 1	Abteilung 2	Benadon-Lager (Spanier) [Neutralenlager]	Albala-Lager (Holländer, Französinnen, Griechen, Albaner) [Sternlager]	Ungarn *Mischlinge* Sonder-Lager [Ungarnlager und polnisches Sonderlager]	
Bestand (gerundet)	3.000	10.000	400	2.800	4.000	28.000
Tote pro Tag (gerundet)	75	550	1 pro Woche	20	5	150
Tote anteilig	1 von 40	1 von 18	1 von 2.800	1 von 140	1 von 800	1 von 186

Aus den Listen, auf denen der Name des Toten steht, seine Vornamen, Staatsangehörigkeit, Alter und aufs Geratewohl seine Todesursache, kann ich Schlüsse ziehen auf die Sterberaten in den einzelnen Abteilungen des Lagers (vgl. die Übersicht).

Ich nehme diese Übersicht als Beispiel für einen Tag im März 1945.* Ich muss hinzufügen, dass die jüdischen Häftlinge in der Abteilung der Holländer ziemlich oft Pakete vom schweizerischen und schwedischen Roten Kreuz bekommen und über Leibwäsche im Überfluss verfügen. Die ungarischen Juden genießen eine spe-

* In der Aufstellung von Jacob de Heer (vgl. Anm. Seite 247) sind 800 oder mehr Tote verzeichnet für den 15., 17., 22., 26. und 31. März.
Die Bezeichnungen in eckigen Klammern entsprechen den in der Dauerausstellung der Gedenkstätte Bergen-Belsen verwendeten Termini.

zielle Behandlung und bekommen zahlreiche Zuschläge bei der Nahrung; dies erklärt, warum ihre Sterberate so niedrig ist. Was sich aus dieser Übersicht ergibt, ist die entsetzlich hohe Todesrate bei den männlichen Häftlingen, insbesondere im Lager 2.* Binnen weniger Wochen hat sich diese Abteilung geleert. Aber sie wird sofort wieder mit neuen Transporten aufgefüllt. Die Atmosphäre in diesen paar Baracken, in denen Schmutz, Gestank und der Tod herrschen, übersteigt jede Vorstellungskraft.

In jedem Winkel, hinter jeder Baracke und in den Gräben liegen Leichen. Die lebenden Toten, die in Erwartung ihres letzten Stündleins dahinvegetieren, werden jeden Morgen um fünf Uhr weggejagt, zum Appell, bei Nacht und Kälte. Oft stehen sie dort vier Stunden lang in Reih und Glied. Wenn die Prüfung vorbei ist, liegen viele von ihnen leblos im Schlamm.

Was für ein Schauspiel bieten diese Reihen von albtraumhaften Gesichtern, gefoltert und vom Leiden entstellt, schmutzig und struppig, und die sich zu dem abscheulichen Tod von Belsen verurteilt wissen!

In dieser Abteilung ist das *Totenkommando* völlig überlastet. Die Registrierung der Toten ist mit mehreren Tagen im Rückstand. In den erstellten Listen heißt es für fast ein Drittel: unbekannt. Das kommt daher, dass die meisten Toten ihre Häftlingsnummer nicht mehr haben oder dass sie mehrere haben, weil sie zuvor die Kleider anderer Toter an sich genommen und sich nicht die Mühe gemacht hatten, die Häftlingsnummer abzureißen.

* Gemeint ist Abteilung 2 des Männerlagers.

Die Ernährungslage wird entsetzlich. Das Brot verschwindet allmählich. Keine Rede von Margarine. Die Suppe ist zum Verzweifeln dünn, aber erst mal muss man sie kriegen, denn die Stärksten gewinnen. Die Schwachen bekommen gar nichts mehr und sterben schlechterdings an Hunger.

Im Frauenlager ist die Todesrate erstaunlich niedrig, obwohl die Ernährungssituation dort dieselbe ist wie bei uns. Manche von ihnen, ungefähr fünfzehnhundert, arbeiten in den Magazinen hinter den letzten Baracken und dem Krematorium. Man kann schlussfolgern, dass sie widerstandsfähiger sind als wir. Allerdings darf man nicht vergessen, dass viele Männer aus Krankheitsgründen hierher gekommen sind. Die Frauen dagegen sind bei guter Gesundheit aus Birkenau oder Auschwitz evakuiert worden oder sind mit den Transporten aus Ungarn von Ende Dezember direkt von ihrem Wohnort aus hierher gekommen.

Eines Tages sehen wir, wie Frauen aus Ravensbrück ankommen, fast alle sind *Arierinnen* und wurden vor dem Vormarsch der Russen evakuiert. Unter ihnen sehen wir ungefähr dreißig Zigeunerinnen;* sie bilden die letzten Reihen und halten ihre Babys im Arm, die unterwegs verhungert sind.** Die SS-Leute, die sie am Eingang des Lagerteils zählen, sind ratlos:

* Vgl. Anm. S. 49.

** Im KZ Bergen-Belsen waren mindestens 1800 Sinti und Roma inhaftiert. Die Frauen mit ihren Kindern und die Männer waren in getrennten Lagerteilen untergebracht. Die große Mehrzahl der weiblichen Sinti und Roma kam mit ihren Kindern erst im Februar und März 1945 nach Bergen-Belsen und bildete hier die Häftlingsgruppe mit dem höchsten Anteil an Kindern.

»Müssen die toten Babys mitgezählt werden oder nicht?«

»Lohnt sich nicht!«, sagt einer mit ordinärem Lachen, »sie werden nicht abhauen!«

Viele Zigeunerinnen kommen übrigens mit zahlreichen Kindern jeden Alters.

Mit all diesen Transporten, die in Belsen zusammenströmen, wird dieses Lager zu einem echten Turm von Babel. Man sieht alles: Spanier, Russen, Griechen, Italiener, Franzosen, Belgier, Holländer, Norweger, Mongolen, Polen, Usbeken, Leute aus dem hohen Norden Russlands, einen Kanton-Chinesen, Araber, Tschechen, Ungarn und sogar einen Senegalesen und einen Mann aus Martinique!

Die Verpflegung wird immer schlechter, und man entdeckt Fälle von Kannibalismus. Die ersten dabei überraschten Häftlinge werden von SS-Leuten erhängt. Einer wurde eines Tages mit einer Leber in seinem Beutel entdeckt und erklärte seelenruhig:

»Es erschien mir schade, dass so gutes Fleisch verbrannt würde.« Für diejenigen, die Deutsch verstehen, entfaltet dieser Satz seine ganze Würze. Die französische Übersetzung kann das nicht voll wiedergeben. Es war ein Arzt, ein polnischer Jude!

Diejenigen, die man danach entdeckt, werden von den Häftlingen selbst an einem Balken in der Ecke irgendeiner Baracke aufgehängt.

Ich sollte jenen Russen erwähnen, der überrascht wurde, wie er gerade einen Toten in Stücke teilte, und den die SS-Leute mehrere Stunden lang vor dem Kontrollposten knien ließen, zwischen den Zähnen das Ohr der Leiche, die er gerade zerteilt hatte.

Und dann achtet man nicht einmal mehr darauf. Bei zahlreichen Toten ist der Bauch aufgeschnitten worden, um die Leber herauszunehmen. Die Leber und die Gesäßhälften werden von den Menschenfressern am meisten geschätzt. Ich habe gesehen, wie eine Leiche einmal vier Tage lang im Hof lag, bei der der gesamte Schenkelknochen vom Knie bis zum Becken mit dem Messer abgekratzt worden war.

Meines Wissens war aber nie ein Franzose in die zwei- bis dreihundert Fälle von Kannibalismus verwickelt, die in Belsen entdeckt wurden.

Der Hunger wurde derart tyrannisch, dass manche bei einer Wahrscheinlichkeit von 75 Prozent ihr Leben riskieren, um zu essen. Das geht so:

Zwischen dem Lagerteil 2 und der Abteilung der holländischen Juden liegt Walters Büro, und dort ist eine Stacheldrahtumzäunung, an der ständig ein Posten Wache hält. Die Häftlinge von Lager 2* haben den Draht der Umzäunung entlang der Lagerstraße bearbeitet und ein Loch gemacht, das hundert Mal geschlossen und hundert Mal wieder geöffnet wurde und das ihnen erlaubte, dreißig Meter weiter gegenüber eine Steckrübe aus dem Haufen in der Nähe der Küche zu holen. Nachts ist ein Posten an diesem Haufen, also ist es unmöglich, hinzugehen. Aber tagsüber geht dieser Posten weg, und nur noch der bleibt, der die Abtrennung zwischen den Lagerteilen bewacht. Also wartet der Mann ab, bis dieser Posten weiter nach hinten geht, schlüpft durch das Loch, rennt zu den Steckrüben, packt eine und kommt zurück. Der Auflauf, der sich vor dem Loch gebildet hat und den

* Gemeint ist Abteilung 2 des Männerlagers.

mutigen Freiwilligen erwartet, um ihm in einer erbitterten Schlacht sein Hab und Gut abzunehmen, hat jedoch die Aufmerksamkeit des Postens erregt:

»Haut ab!« Wie ein Schwarm Spatzen stieben alle auseinander. Nur der Unglückliche bleibt zurück und hängt im Draht fest. Das Gewehr knallt, und der Mann regt sich nicht mehr, und sein Blut strömt über das dicke erdverkrustete Stück Gemüse, das neben ihm liegt. Fast jedes Mal wird jemand getötet. Und wenn nicht, dann nützt ihm seine Tat auch nichts, denn sobald er wieder durch den Draht schlüpft, wird ihm, was er unter Einsatz seines Lebens geholt hat, von hundert gierigen Händen entrissen. Auch dies ist das Gesetz des KZ.

Solche Vorfälle ereignen sich jeden Tag mehrmals.

Eines Abends sieht ein Posten einen Mann vorbeigehen und befiehlt den beiden Kasimirs, ihn bei der Rückkehr abzufangen. Sie führen den Befehl aus und bemächtigen sich des Mannes gerade, als er durch den Draht will. Ich bin etwas weiter seitwärts, zwischen der Gruppe und dem Posten.

»Bringt ihn auf die Straße. Gut, wegtreten.«

Kaum sind diese Worte ausgesprochen, und noch bevor ich es realisiert habe, legt er sein Gewehr an und schießt dem Mann eine Salve in den Rücken. Dann geht er zu dem Toten und schießt ihm noch nacheinander zwei Kugeln in den Kopf.

Und dann hängt er sich sein Gewehr mit einer ruhigen Bewegung wieder über die Schulter und geht wieder auf seinen Posten.

Diese zynische und kalte Grausamkeit erschüttert mich. Die Salve ist vor meinem Gesicht vorbeigegangen und hat das Opfer mit einem dumpfen Geräusch getroffen. Der Mann ist mit ausgebreiteten Armen und nach vorn geneigtem Kopf hingefallen. Ich hatte gedacht, der Posten hätte ihn ergreifen lassen, um ihm eine Tracht Prügel zu verpassen, aber nicht, um ihn auf diese Art zu ermorden.

Auf dem Rückweg zum Büro denke ich traurig an diesen unbekannten Gefährten, der gerade getötet worden ist, weil er Hunger hatte und leben wollte. Wie fragil erscheint mir da unser Schicksal in den Händen solcher Verbrecher!

Dank Roger, dem es ohne Wissen der SS und unter eigener Lebensgefahr gelungen ist, an den Radios, die er repariert, die BBC zu hören, bekomme ich jeden Tag die BBC-Nachrichten: Die Alliierten rücken an der Ruhr und in Schlesien vor, die Russen in ganz enormen Sprüngen. Jeden Tag steige ich in seine Werkstatt hinauf, und ganz überdreht kommentieren wir die neuesten Bekanntmachungen: »Wenn das weiter so geht, sind sie in vierzehn Tagen hier! Ach, Roger, Alter, stell dir das mal vor! Stell dir das nur mal vor!«

»Ja, aber was werden die *Boches* mit uns machen? Sie fangen jetzt schon an, die Kranken aus der Krankenstation der SS zu evakuieren. Die Arbeitsführer Rau, Müller und Hammer, die Typhus hatten, sind schon weg.«

»Schade! Die hätte ich gern alle bei der Befreiung festgehalten!«

»Ja, wenn du dann noch lebst!«

»Stimmt. Diese Schweine werden uns vielleicht noch in letzter Minute evakuieren, wie bei den anderen Lagern, oder sie stellen es so an, dass wir alle noch krepieren.«

»Ich will nicht aus dem Lager raus. Wenn es sein muss, verstecke ich mich nackt in einem Haufen Toter.«

»Du hast Recht, ich mache das auch lieber, als dass ich mich erschießen lasse, wenn ich beim Transport nicht mithalten kann. Und mit unseren Wunden an den Beinen wäre das nicht angezeigt.«

Jeden Tag gibt es immer sensationellere Nachrichten, vor allem in dem Bereich, der uns betrifft.

Inmitten dieser Lawine von großartigen Bekanntmachungen erreicht uns wie eine kalte Dusche die traurige Nachricht vom Tod des Präsidenten Roosevelt. Wir alle denken an das grausame Schicksal, das es diesem größten Freund der Freiheit nicht vergönnt hat, sein Werk siegreich beendet zu sehen. Aber nur wenigen ist in diesem Augenblick klar, dass Frankreich ebenso wie die Vereinigten Staaten mit seinem Tod einen Freund verliert.

»Die britischen Truppen haben gestern die noch qualmenden Ruinen von Münster eingenommen und sind, nicht zufrieden mit diesem Erfolg, weiter vorgestoßen und haben Osnabrück eingenommen. Die beiden Städte, die als nächste fallen werden, sind Bremen und Hannover.« Dieser Text ist aufgrund des wahnsinnigen Jubels, den er auslöste, in meine Erinnerung eingebrannt. Hannover! Das ist für uns.

Die *Boches* fangen hier an, die Disziplin zu lockern. Jeden Abend gehen *Rapportführer* Emrich und einige andere sich in Walters Büro besaufen und bringen auch die Chefin von Abteilung 2 des Frauenlagers* mit, die üppige Katja, eine Polin. Vor der Orgie übergibt Emrich seine Pistole an Walter: »Da, nimm das und geh zurück

* Gemeint ist das ab Mitte Januar 1945 von der Wehrmacht an die SS übergebene Areal des Kriegsgefangenenlagers. In den dortigen Baracken wurden weibliche Häftlinge untergebracht.

in dein Zimmer. Wenn ich besoffen bin, schieße ich. Auf die Art habe ich in Auschwitz meine besten Kumpel getötet.«

Die Verpflegung kommt nicht mehr im Lager an. Sogar bei Walter ist es hart. Eines Tages höre ich, wie der Fahrer des Lastwagens, der manchmal sogar aus Hannover (60 Kilometer weit) Proviant holt, zu einem anderen SS-Mann sagt:

»Unterwegs gab es nichts mehr. Es hat nicht viel gefehlt, und ich wäre rüber gegangen.«

Dieses »rüber« bedeutet: jenseits der Frontlinie.

Dann verschwindet Kramer eines Tages. Sollte das schon die wilde Flucht sein?

Nein, denn zwei Tage später ist er wieder da und sieht immer noch genauso blutdürstig aus.

Ich spreche mit Roger über meine Befürchtungen:

»Sag nur, der Chef ist zurück. Er hat wohl Befehle entgegengenommen. Das stinkt, und es sollte mich wundern, wenn sie jetzt räumen, denn es ist zu spät: Die Engländer stehen vor Hannover, und wir sind immerhin vierzig- oder fünfzigtausend hier drin! Und wie viele von uns können denn laufen? Höchstens 2000. Ich fürchte sehr, dass sie uns hinrichten werden. Lass uns Verbindung halten. Wenn irgendetwas passiert, versuchen wir herauszufinden, wo wir durchkommen. Man kann nicht 50 000 Leute binnen einer Stunde abmurksen!«

Die Scheiterhaufen haben ihre Arbeit einstellen müssen. Der riesige Schein, den sie in die Nacht geworfen haben, hat Flugzeuge der Alliierten angezogen, und die haben die Gegend überreichlich eingedeckt.

Daher wurde begonnen, am Ende des Lagers, dort, wo vor einigen Monaten die Zelte der Frauen aus Auschwitz gestanden haben, riesige Massengräber auszuheben, die seither durch die Abbildungen in der Presse allgemein verbreitet worden sind. Dort hinein werden durcheinander Männer, Frauen und Kinder geworfen, nackt oder bekleidet.

Dann kommt plötzlich der Befehl, die jüdischen Häftlinge* zu evakuieren. Innerhalb von zwei Tagen werden die Abteilungen der Holländer und der Ungarn mit unbekanntem Ziel weggebracht, und es heißt, es sei Theresienstadt. Wir denken, sie werden in irgendeinem Winkel hingerichtet, und obwohl es so leicht ist, sich unter sie zu mischen, verzichten wir darauf.

Von nun an sind wir allein, Walter, Max, Marcel, die beiden Kasimirs und ich, in der Abteilung der Holländer. Walter hat Typhus bekommen und dann auch der kleine Kasimir.

Von diesem Augenblick an gibt es keinen Appell mehr, und das ist bei den Deutschen eines der besten Zeichen, dass alles schiefgeht. Die SS-Posten verschwinden nach und nach. Andererseits kommen massenhaft Transporte aus Arbeitskommandos in Hannover und Braunschweig, die auf Fußmärschen nach Belsen getrieben werden. Die Marschunfähigen sind an Ort und Stelle getötet worden. Aber zugleich mit den beunruhigenden Überlegungen, die derartige Manöver bei uns auslösen, bringen diese Transporte uns auch Worte der Hoffnung:

»Sie sind nur noch 30 Kilometer entfernt!«

Mit all diesen Transporten muss die Belegstärke jetzt bei 50 000 oder darüber liegen. Ich kann keine genaue Zahl angeben, weil keine Appelle mehr stattfinden und ich daher keine offiziellen Listen mehr in die Hand bekomme.

* Gemeint sind die jüdischen Häftlinge im »Austauschlager«.

Wer wird dieses Wettrennen gewinnen, von dem das Leben von 50 000 Menschenwesen abhängt? Inzwischen machen wir uns nämlich keine Illusionen mehr über die Pläne der SS. Sie wollen uns verschwinden lassen und aus Belsen eine riesige Leichengrube machen … wenn die Engländer ihnen die Zeit dazu lassen.

Bald sind nur noch die Posten auf den Wachtürmen da, der diensthabende Unteroffizier, ein paar SS-Frauen und Kramer.

Da im Inneren des Lagers keine Posten mehr sind, herrscht praktisch Aufruhr. Nachts werden die Umzäunungen überklettert, die Steckrüben- und Kartoffelmieten geplündert, die Küchen aufgebrochen und die Mehlsäcke zerfetzt. Am Morgen ziehen sich weiße Spuren durch das ganze Lager, und man kann die Spur der Urheber dieser nächtlichen Spaziergänge verfolgen.

Tagsüber ist es etwas ruhiger. Um Suppe zu machen, müssen wir mit den Karren, auf denen die Toten transportiert werden, nach draußen fahren, um Steckrüben zu holen. Somit werden Hunderte und dann Tausende Leichen in allen Ecken des Lagers liegen gelassen.

Tagsüber gehen Emrich und der Lagerarzt, der sich dabei sehr viel wohler zu fühlen scheint als wenn er uns behandelte, und einige andere im Lager umher, im Braunhemd und die Maschinenpistole in der Hand, und bei der kleinsten Menschenansammlung verteilen sie großzügige Salven.

Dann kommen ungarische Soldaten* und lösen die evakuierten SS-Posten ab. Diese Neuankömmlinge sind

* Es handelte sich um Soldaten, die sich zu Übungszwecken auf dem benachbarten Truppenübungsplatz aufgehalten hatten.

ebenso blutdürstig wie ihre Vorgänger. Am ersten Tag geht eine Gruppe von ihnen an einer Baracke des Frauenlagers vorbei, und beim Anblick der Uniformen glauben die Frauen, es seien Alliierte, und stoßen begeisterte Schreie aus. Die Ungarn bleiben stehen, und einige laden ihre Gewehre und schießen aus allernächster Nähe in die Fenster, auf diese Frauen, von denen viele Ungarinnen sind.

Wir beginnen uns ernstlich zu sorgen:

»Wo bleiben die Engländer nur?«

Das frage ich Roger schon seit Tagen, denn normalerweise müssten sie schon hier sein, und diese Verspätung kann für uns alle den Tod bedeuten.

»Ich weiß nicht. Sieht so aus, dass sie vor Hannover auf der Stelle treten. Dabei gibt es eine Kolonne, die in Richtung Braunschweig abgebogen ist. Lieber Gott! Wenn sie uns nur nicht im Stich lassen.«

Die Toten liegen zu Tausenden überall im Lager, vor den Türen der Baracken, wohin sie einfach geworfen werden, entlang der Wege und in den Toiletten. Block 11 ist ganz voll von ihnen. Dieser Block dient als Leichenhalle für Abteilung 2 des Männerlagers. Manche Leichen sind schon seit vierzehn Tagen dort. Aber wegen ihrer extremen Magerkeit zersetzen sie sich nur sehr langsam.

Um diesen Verhältnissen abzuhelfen, richten die SS-Leute dann das gigantischste und makaberste *Totenkommando* ein, das ich je gesehen habe.

Alle Häftlinge, die sich auf den Beinen halten können, werden aus den Blocks getrieben, und zu viert befestigen sie Bindfäden oder Teile von Hosenträgern oder Gürteln an den Gliedmaßen eines Toten und ziehen die Leiche so mehr als einen Kilometer weit bis zu den Massengräbern. Hätte es doch nur einen Zeichner gegeben, diese außergewöhnliche Prozession für immer festzuhalten, die noch die morbideste Phantasie überstieg![*]

Auf dem Weg gehen sie einer hinter dem anderen inmitten des Staubes, den die über den Boden geschleiften Leichen aufwirbeln, diese Grauen erregenden Gruppen lebender Gespenster; zu seiner letzten Heimstatt, die bald auch ihre sein wird, ziehen sie diesen unbekannten Kameraden an seinen vier skelettartig abgemagerten Gliedmaßen, sein Kopf schlägt auf die Steine des Weges und schrappt mit einem rauen Kratzen über die Erde.

Den ganzen Weg entlang stehen ungarische Soldaten; sie brüllen und prügeln mit dem Gewehrkolben auf die Unglücklichen ein, um sie voranzutreiben.

Sobald diese es können, nutzen sie einen Augenblick der Unaufmerksamkeit bei den Wärtern, stehlen sich davon und lassen den Leichnam auf dem Weg liegen; mit zum Kreuz gebreiteten Armen und die Bänder an den Gliedmaßen, die offenen Augen trüb vom Staub, wartet er auf neue Begleiter.

Den ganzen Tag über wird diese Arbeit ohne Unterbrechung verrichtet. Die Männer fallen vor Erschöpfung um. Manchmal brauchen sie mehr als eine Stunde, um ihre doch recht leichte Last (durchschnittlich 35 bis 40 Kilo) bis zu den Gruben zu schleppen.

Am Abend dieses ersten Tages erblicken wir vier »Spitfires« am Himmel; sehr tief unten fliegen sie langsam vorbei, als staunten sie über das Schauspiel, das unter ihren Flügeln stattfindet. In immer noch demselben

* Unmittelbar nach seiner Befreiung hat beispielsweise der Franzose René Baumer derartige Zeichnungen angefertigt. Die Werke gehören zur Sammlung des Musée de l'Ordre de la Libération (Paris).

langsamen Tempo verschwinden sie gen Westen. Große Aufregung erfüllt mich: Sie haben uns gesehen! Jetzt werden sie ihr Möglichstes tun, um uns zu befreien. Ach, liebe Engländer, jede Stunde, die ihr jetzt gewinnt, wird hunderte Unglückliche retten. All meine Kameraden teilen mit mir diese wunderbaren Minuten. Mein Herz ist zu hart geworden, und meine Tränendrüsen sind es nicht mehr gewohnt, sonst würde ich vielleicht weinen.

Als ich am Sonntag, dem 15. April, morgens aus der Baracke trete, herrscht ungewohnte Ruhe. Kein SS-Mann in Sicht, überhaupt ist kaum jemand draußen außer den Leichen, die überall herumliegen. Das »Fließband der Toten« hat nicht alles weggenommen, und auf der gesamten Fläche des Lagers sind noch ungefähr 5 000 übrig. Zusammen mit einigen Kameraden betrachte ich diese schreckliche und vertraute Dekoration. Ein Sonnenstrahl kündigt uns einen schönen Tag an. Ach ja, ein schöner Tag, der allerschönste überhaupt!

In der Ferne, in Richtung Winsen, hören wir auf der Straße nach Celle eine wütende Schießerei, hin und wieder unterstrichen von Kanonenschüssen; SIE sind da! Sie kommen und kämpfen für uns. Wer sind sie? Amerikaner oder Engländer? Unwichtig, mögen sie gesegnet sein. Sei's drum, wenn es hier eine Schlacht gibt. Oft genug haben wir gesagt: »Wenn es sein muss, soll es ruhig noch ordentlich Stunk geben, wenn es nur aufhört!«

Vor Aufregung völlig überdreht entwickeln wir tausenderlei Hypothesen, auf welche Art und Weise das Lager wohl befreit wird. Den Kameraden, die sich erkundigen, rufen wir zu:

»Es ist so weit, Alter, diesmal sind sie es. Sie kommen, und bestimmt schon heute. In ein paar Tagen geht's nach Frankreich! Ach, Kumpels, was werden wir alles nachholen!«

Die SS-Leute und die Ungarn tauchen wieder im Lager auf. Alle haben eine weiße Binde am linken Arm – was hat das wohl zu bedeuten?

Der neue Lagerälteste, ein Luxemburger, denn Walter wird bald an Typhus sterben, muss wohl auf dem Laufenden sein.

»Sie übergeben das Lager kampflos«, erklärt er mir, »und betrachten sich als Gefangene auf Ehrenwort. Aber ich glaube, es bleibt ihnen gar nichts anderes übrig. Zwei Kolonnen sind schon in nordwestlicher und nordöstlicher Richtung am Lager vorbeigefahren. Wir müssen sogar schon eingekreist sein. Ich denke, es ist besser so, denn andernfalls hätten sie uns alle vernichtet.«

Im Lager herrscht schon das große Tohuwabohu. Die Kleidermagazine ganz unten beim Krematorium stehen weit offen. Die SS-Leute bedienen sich und wir auch. Es ist unglaublich, was es hier alles an Kleidung und Wäsche gibt! Zehntausende Hosen, hunderttausende Strümpfe, Jacken und wattierte Tarnanzüge, kubikmeterweise Schuhe, Lederstiefel von der Luftwaffe, von denen ich ein Paar mitgenommen habe (als Entschädigung für die 10.000 Franc, die die Gestapo mir bei meiner Verhaftung abgenommen hatte), Schaffellmäntel vom Russlandfeldzug und was weiß ich nicht noch alles.

Rapportführer Emrich kommt völlig betrunken ins Schuhmagazin, wo zwei Meter hoch tausende ganz neue Skischuhe aufgehäuft sind.

»Holt mir alle Häftlinge her«, brüllt er.

Seine Untergebenen bemerken seine Trunkenheit und bringen ihm ungefähr dreihundert.

»Bringt alle diese Schuhe raus. Nehmt sie. In zehn Minuten will ich alles draußen sehen. Macht hin, bedient euch. Heute ist Geschäftsauflösung!«

Und auf dem Höhepunkt der Aufregung nimmt er seine Maschinenpistole und durchlöchert die Decke mit einigen Salven. Dann geht er weg und fängt woanders von Neuem mit seinen gefährlichen Späßen an.

Aus den Magazinen kommen Häftlinge, die ganz verblüffend gekleidet sind. Sie ziehen sofort alles an, was sie finden, und das ergibt die verrücktesten Zusammenstellungen.

Ich selbst sitze auf einer Kiste und probiere mein Paar Stiefel an. Ein SS-Mann erscheint: »Wer hat mein Paar Stiefel genommen, das auf dem Deckel gelegen hat?« Die Kiste verdeckt meine Stiefel, und ganz unschuldig antworte ich: »Ein anderer SS-Mann, der vor fünf Minuten vorbeigekommen ist, hat sie mit aufs Fahrrad genommen und ist weggefahren.« Er flucht und bedient sich anderweitig.

Die SS-Leute scheinen sich jetzt überhaupt nicht mehr für uns zu interessieren. Ihr eigenes Schicksal muss ihnen mehr Sorge bereiten als unseres, denn sie haben verloren. Wir werden bald sehen, ob sie gute Verlierer sind.

Untereinander sprechen wir schon von »Abrechnungen« bezüglich gewisser Kapos und Blockältester. Aber leider! Einige sind schon mit einer SS-Kompanie abgerückt, der alle Häftlinge deutscher Staatsangehörigkeit angeschlossen worden waren, die das Lager verlassen wollten. Auch manche der Despoten aus dem Frauenlager haben diesen Weg eingeschlagen, in Vorahnung der

Rache derer, deren Hunger sie noch verschlimmert und die sie geprügelt hatten.

Das Frauenlager ist offen. Häftlinge schließen schon Bekanntschaft untereinander. Zusammen mit ein paar Kameraden besuche ich einige Französinnen, die noch in halbwegs guter Verfassung sind. Auch diese erneute Kontaktaufnahme mit dem weiblichen Element macht das Ende spürbar und ruft uns die Freiheit in Erinnerung.

Gegen Mittag ist der Schlachtenlärm verstummt. Nichts mehr. Unsere Besorgtheit erwacht von Neuem. Werden sie kommen? Wenn sie nur nicht eine andere Richtung einschlagen und uns noch mehr Tage so lassen.

Im Lager gibt es fast kein Wasser mehr. Das für die Suppe schöpfen wir aus verseuchten Becken.

Als wir um halb vier Uhr nachmittags, während der Suppenausgabe, am Waldrand der Straße nach Celle sehen, wie eine lange Reihe Panzer in untadeliger Ordnung und mit lautem Krach ankommt, bricht der Wahnsinn aus. Sofort sind sie identifiziert: die Engländer!

Da verwandeln uns Freudenschreie, das Bedürfnis, zu weinen und frenetisches Klatschen für ein paar Minuten in vor Glück und Dankbarkeit völlig trunkene Wesen.

Endlich lösen wir uns von der Umzäunung und gehen ins Lager zurück, und allen, denen wir begegnen, und die uns fragend ansehen, rufen wir es zu, noch bevor sie eine Frage gestellt haben, ebenso denen, die unfähig sind zu laufen und sich aus den Blocks schleppen, und denen, die sterbend auf der Erde liegen, die Augen von wahnsinniger Hoffnung erneut ein wenig belebt, dieser gesamten Menschheit, für die sich das Wunder der Auferstehung ein zweites Mal ereignen wird, rufen wir es zu:

»*Es sind die Engländer, alles ist fertig*!«

Eine Stunde später, als wir unser Glück noch besprechen, scheucht ein riesiger Lärm uns aus der Baracke: Ein Lautsprecherwagen der britischen Armee – ach, wie schön ist der mit seinem Wappen des heiligen Georg – fährt vorbei, und der doppelte Lautsprecher wiederholt in allen Sprachen die Segensworte: »Ihr seid frei! Ihr seid frei!«

Kramer sitzt noch ganz arrogant auf dem Trittbrett seines Wagens, auch er trägt eine weiße Armbinde, aber am Gürtel hat er noch seine Pistole.

Als der Wagen auf der Höhe unserer Abteilung ankommt, brandet die Masse der fahlen, verdreckten, zerlumpten und ausgemergelten lebenden Toten wie eine Springflut auf, bricht durch die Umzäunungen, sprengt das Tor und stürzt sich auf die Suppenkübel vor dem Eingang zur Abteilung. Weil alle zugleich ihre Schöpfkelle eintauchen wollen, kippt alles um. Aber die große Mehrheit rennt in einer Staubwolke zu den Küchen und den letzten Haufen Steckrüben. So wimmeln zwei- oder dreitausend dieser Gespenster in dem engen Raum zwischen den Baracken und der Küche.

Der Strom reißt mich mit, nah zu den englischen Wagen, der angehalten hat. Und da sehe ich jene Szene, die für immer und ewig den mörderischen Wahnsinn der SS-Leute bestätigt.

Kramer steigt ab, nimmt seinen Revolver und macht ein paar Schritte. Ohne zu zielen, schießt er vor sich hin, in der Gewissheit, in dieser Menge zwangsläufig jemanden zu treffen. An der Küchentür schießt der Küchenchef, noch mit seiner weißen Schürze, wie ein Irrer mit seinem Gewehr und tötet aus nächster Nähe. Etwas entfernte Posten schießen ebenfalls. Männer wälzen sich im Staub.

Ein Engländer steigt aus dem Wagen. Die Ereignisse haben ihn offensichtlich überrollt. Er weiß nicht, was er tun soll. Von hinten sehe ich, wie er seinen Colt zieht, in die Luft schießen will, zögert, den Arm wieder sinken lässt. Ich kann seine Verwirrung gut verstehen. Er zumindest wird sich an Belsen erinnern! Die Menge ist unter dem mörderischen Beschuss durch den Küchenchef von der Küche zurückgeströmt. Auf dem Boden liegen mehrere Leichen. Da geht der Chef wieder in die Küche zurück und schießt dort noch ein paar Häftlinge nieder, von denen einige sogar zu seinem Personal gehören. Für die Bezeichnung eines Irren solcher Sorte hat die deutsche Sprache ein sehr glücklich und sehr ausdrucksstarkes zusammengesetztes Wort: *Lustmörder*. Im Französischen gibt es nichts Entsprechendes.

Hinter mir kratzen diejenigen, die die Suppenkübel umgeworfen haben, frenetisch deren Wände mit ihren Löffeln ab. Ein anderer tropft von Kopf bis Fuß. Einige kratzen auf allen vieren die verschüttete Suppe auf.

Der Engländer ist wieder in sein Auto gestiegen und Kramer auf das Trittbrett. Sie fahren wieder ans Ende des Lagers. Als sie zurückkommen, hat Kramer weder seine Pistole noch seine Schnauze eines jagenden wilden Tieres, sondern die Schnauze eines dreckigen Viehs in der Falle und ist womöglich schon an den Füßen gefesselt. Die Engländer werden die Massengräber gesehen und die entsetzliche Tragödie von Belsen begriffen haben.

Einige von denen, die als Opfer der vorangegangenen Schießerei auf der Erde liegen, sind nur verletzt. Sie werden an den Straßenrand gebracht, und bald kommt ein Ambulanzfahrzeug. Das dunkelgrüne Automobil hält auf seinen dicken Reifen an. Ein englischer Arzt steigt aus und kümmert sich um die Verletzten. In dem gut verschlossenen Wagen bieten zwei Offiziere einander Zigaretten an und tauschen ihre Eindrücke aus wie Forscher, deren kleines Raumschiff sich in einer befremdlichen Welt verirrt hat. Ich betrachte sie ganz aus der Nähe, durch die Scheiben hindurch, die wie ein Schrein die Atmosphäre dieses kleinen Bereichs einfassen, in dem – man kann es erraten – all die diskrete und feine Sanftheit des englischen Komforts herrscht, und die eifersüchtig diesen Kubikmeter Luft einer zivilisierten Welt vor den heimtückischen übelriechenden Ausdünstungen der Verwesung und den todbringenden Erregern aus dem Reich der Barbarei bewahren.

Als ich mich umdrehe, sehe ich den britischen Arzt, wie er im Knien den Frauen und Männern Verbände anlegt. Um ihn herum stehen ein paar SS-Offiziere, die Hände auf dem Rücken, und rühren keinen Finger. Nein, für diese armseligen Wesen, die sie jahrelang gefoltert haben, und die ganz verwundert lächeln, weil ein schmucker Offizier kommt und Anteil nimmt, für diese Wesen haben sie nur Geringschätzung übrig. Wie symbolisch ist dieses Bild! Der Symbolgehalt sollte ausreichen, all diejenigen, die sich gerühmt hatten, Nazis zu sein, in Verwirrung und Gewissensbisse zu stürzen.

Der Lautsprecherwagen kommt wieder vorbei und verkündet: »Geht ruhig in eure Baracken zurück. Verpflegung und Medikamente sind unterwegs. Die englischen Truppen werden das Lager wegen der ansteckenden Krankheiten nicht betreten.« So eine Enttäuschung! Wir werden uns also nicht brüderlich unter unsere Befreier mischen können.

Immerhin fahren abends einige Panzer im Lager herum und werden von »Vivat!«-Rufen begleitet. Englische Soldaten kommen und sehen sich sprachlos um. Am nächsten Tag heißt es im Radio: »Die Zweite Britische Armee hat das Lager Belsen entdeckt, usw. ... Seit El Alamein haben die ›Wüstenratten‹ nichts Schlimmeres gesehen.«*

Nie werde ich diese braven Jungs mit ihren roten oder manchmal noch vom Pulverdampf schwarzen Gesichtern vergessen, die so voller Bedauern den Kopf schütteln, so voller Bedauern ... beim Anblick dieser verelendeten Menschheit, die sich durch den Staub schleppt und dank des blinden Mystizismus der SS diesen Grad von Verfall erreicht hat. Um sie herum bilden sich Gruppen, begierig, etwas von ihnen zu hören, auch wenn sie vielleicht nichts verstehen. Alle sprechen ihre jeweilige Sprache, und die Engländer machen Gesten, dass es ihnen unmöglich ist, so viele Fragen zu beantworten. Ich treffe auf einen Soldaten, der Französisch spricht. Er wird von Fragen bestürmt:

»Bekommen wir bald etwas zu essen?«

»Ist der Krieg bald zu Ende?«

»Wann können wir wieder nach Hause?«

Ich entferne mich. Ich habe so schon genug Glück. In der ersten Abenddämmerung, die über diesem ver-

* »Wüstenratten« (Desert Rats) nennen sich die Angehörigen der Zweiten Britischen Armee bis heute.

fluchten Lager anbricht, gehe ich ganz langsam in meine Baracke zurück. Was interessiert mich die Zeit, die wir noch werden warten müssen! Schließlich sind wir frei; den Terror der Nazis, der hier geherrscht hat, haben unsere englischen Freunde weggefegt, und auf die Nacht ist das Licht gefolgt. Oben im Lager dröhnen die Motoren der Panzer, die uns befreit haben. Ich drehe mich ein letztes Mal um und sehe nach gegenüber, dorthin, wo so furchtbar viele meiner Kameraden gebrannt haben, zum Krematorium, dessen nun leerer Ofen nur noch das Leuchten des Magnesiums vom Blitzlicht der Reporter sehen wird und sich in den Hintergrund des Lagers duckt wie ein bösartiges Tier. Dieses Grauen erregende Leben, das ich zwei Jahre lang geführt habe, all dies ist vorbei. Es ist unglaublich, dass ich von einem Tag auf den anderen wieder zu einem Menschen wie alle anderen geworden bin. Und doch ist es wahr, unsere Prüfung ist zu Ende. Unermesslich stolz stehen wir auf der Schwelle zur Freiheit. Wer oder was sollte uns jetzt noch Angst machen können? Und wer oder was vermöchte uns jetzt noch zu rühren? Und doch: Als zwei Tommys dicht an mir vorbeigehen und mir mit so unendlicher Freundlichkeit zulächeln, schnürt es mir das Herz zusammen, ein lange vergessenes Gefühl bemächtigt sich meiner, und Tränen strömen aus meinen Augen.

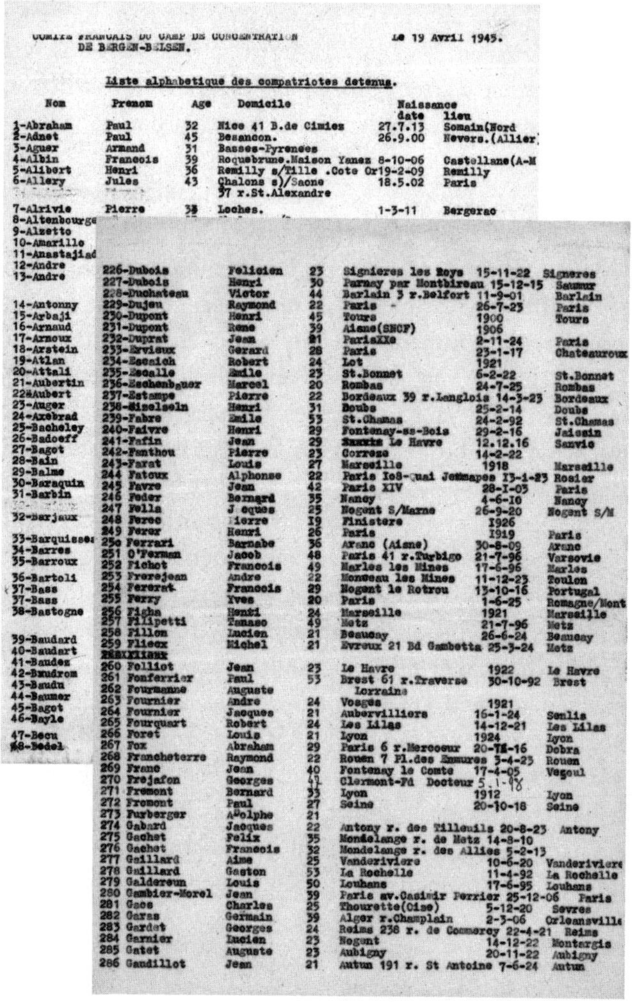

COMITE FRANCAIS DU CAMP DE CONCENTRATION DE BERGEN-BELSEN.

Le 19 Avril 1945.

Liste alphabetique des compatriotes detenus.

Nom	Prenom	Age	Domicile	Naissance date	lieu
1-Abraham	Paul	32	Nice 41 B.de Cimiez	27.7.13	Somain(Nord
2-Adnet	Paul	45	Besancon.	26.9.00	Nevers.(Allier
3-Aguer	Armand	31	Basses-Pyrenees		
4-Albin	Francois	39	Roquebrune.Maison Yanez	8-10-06	Castellane(A-M
5-Alibert	Henri	36	Remilly s/Tille .Cote Or	19-2-09	Remilly
6-Allery	Jules	43	Chalons s)/Saone 37 r.St.Alexandre	18.5.02	Paris
7-Alrivie	Pierre	33	Loches.	1-3-11	Bergerac
8-Altenbourge					
9-Alzetto					
10-Amarillo					
11-Anastajiad					
12-Andre					
13-Andre					
14-Antonny					
15-Arbaji					
16-Arnaud					
17-Arnoux					
18-Arstein					
19-Atlan					
20-Attali					
21-Aubertin					
22-Aubert					
23-Auger					
24-Axebrad					
25-Bacheley					
26-Badoeff					
27-Bagot					
28-Bain					
29-Balme					
30-Baraquin					
31-Barbin					
32-Barjaux					
33-Barquisse					
34-Barres					
35-Barroux					
36-Bartoli					
37-Bass					
37-Bass					
38-Bastogne					
39-Baudard					
40-Baudart					
41-Baudez					
42-Baudrom					
43-Baudu					
44-Baumer					
45-Bagot					
46-Bayle					
47-Becu					
48-Bedel					

226-Dubois	Felicien	23	Signieres les Roys	15-11-22	Signeres
227-Dubois	Henri	30	Parnay par Montbireau	15-12-15	Saumur
228-Duchateau	Victor	44	Barlain 3 r.Belfort	11-9-01	Barlain
229-Dujeu	Raymond	22	Paris	26-7-23	Paris
230-Dupont	Henri	45	Tours	1900	Tours
231-Dupont	Rene	39	Aisne(SNCF)	1906	
232-Duprat	Jean	21	ParisXXe	2-11-24	Paris
233-Ervieux	Gerard	28	Paris	23-1-17	Chateauroux
234-Escaich	Robert	24	Lot	1921	
235-Escalle	Emile	23	St.Bonnet	6-2-22	St.Bonnet
236-Eschenbauer	Marcel	20	Rombas	24-7-25	Rombas
237-Estampe	Pierre	22	Bordeaux 39 r.Langlois	14-3-23	Bordeaux
238-Eiselseln	Henri	31	Doubs	25-2-14	Doubs
239-Fabre	Emile	53	St.Chamas	24-2-92	St.Chamas
240-Faivre	Henri	29	Fontenay-ss-Bois	29-2-16	Jaissin
241-Fafin	Jean	29	Le Havre	12.12.16	Sanvic
242-Fanthou	Pierre	23	Correze	14-2-22	
243-Farat	Louis	27	Marseille	1918	Marseille
244 Fatoux	Alphonse	22	Paris Io8-Quai Jemmapes	I3-1-23	Rosier
245 Favre	Jean	42	Paris XIV	28-I-03	Paris
246 Feder	Bernard	35	Nancy	4-6-I0	Nancy
247 Fella	Jacques	25	Nogent S/Marne	26-9-20	Nogent S/M
248 Ferec	Pierre	I9	Finistere	I926	
249 Ferer	Henri	26	Paris	I919	Paris
250 Ferrari	Barnabe	36	Arsnc (Aisne)	30-8-09	Arsnc
251 O'Ferman	Jacob	48	Paris 41 r.Turbigo	21-7-96	Varsovie
252 Fichot	Francois	49	Marles les Mines	17-6-96	Marles
253 Frerejean	Andre	22	Monceau les Mines	11-12-23	Toulon
254 Fererat	Francois	29	Nogent le Rotrou	13-10-16	Portugal
255 Ferry	Yves	20	Paris	1-6-25	Romagne/Mont
256 Ficha	Henri	24	Marseille	1921	Marseille
257 Filipetti	Tanaso	49	Metz	21-7-96	Metz
258 Fillon	Lucien	21	Beaucay	26-6-24	Beaucay
259 Fliecx	Michel	21	Evreux 21 Bd Gambetta	25-3-24	Metz
260 Folliot	Jean	23	Le Havre	1922	Le Havre
261 Fonferrier	Paul	53	Brest 61 r.Traverse Lorraine	30-10-92	Brest
262 Fourmanne	Auguste				
263 Fournier	Andre	24	Vosges	1921	
264 Fournier	Jacques	21	Aubervilliers	16-1-24	Senlis
265 Fourquart	Robert	24	Les Lilas	14-12-21	Les Lilas
266 Foret	Louis	21	Lyon	1924	Lyon
267 Fox	Abraham	29	Paris 6 r.Mercoeur	20-12-16	Dobra
268 Francheterre	Raymond	22	Rouen 7 Pl.des Emmures	3-4-23	Rouen
269 Franc	Jean	40	Fontenay le Comte	17-4-05	Vesoul
270 Frejafon	Georges	47	Clermont-Fd Docteur	5.1-98	
271 Fremont	Bernard	33	Lyon	1912	Lyon
272 Fromont	Paul	27	Seine	20-10-18	Seine
273 Furberger	Adolphe	21			
274 Gabard	Jacques	22	Antony r. des Tilleuils	20-8-23	Antony
275 Gachet	Felix	35	Mondelange r. de Metz	14-8-10	
276 Gachet	Francois	32	Mondelange r. des Allies	5-2-13	
277 Gaillard	Aime	25	Vanderiviere	10-6-20	Vanderiviere
278 Gaillard	Gaston	53	La Rochelle	11-4-92	La Rochelle
279 Galdereun	Louis	50	Louhans	17-6-95	Louhans
280 Gambier-Morel	Jean	39	Paris av.Casimir Perrier	25-12-06	Paris
281 Gaos	Charles	25	Thourette(Oise)	5-12-20	Sevres
282 Garas	Germain	39	Alger r.Champlain	2-3-06	Orleansville
283 Gardet	Georges	24	Reims 238 r. de Commercy	22-4-21	Reims
284 Garnier	Lucien	23	Nogent	14-12-22	Montargis
285 Gatet	Auguste	23	Aubigny	20-11-22	Aubigny
286 Gaudillot	Jean	21	Autun 191 r. St Antoine	7-6-24	Autun

Deckblatt und Einzelseite aus der Liste der befreiten französischen Häftlinge, gesondert nach Frauen und Männern, die ein französisches Lagerkomitée am 19. April 1945 erstellte. Michel Fliecx ist darin mit der laufenden Nummer 259 eingetragen. Fotos: Gedenkstätte Bergen-Belsen/ Stiftung niedersächsische Gedenkstätten

DEMANDE D'ADHESION A L'AMICALE

de ....
affiliée à la F.N.D.I.R.P.
10, rue Leroux – PARIS XVI°

69

Circ. n° 444 bis
D.2522

DEPORTE OU INTERNE

DEMANDE D'ADHESION A L'AMICALE DE ....

NOM ..Fliecx.......... PRENOMS ..Michel..............

DATE ET LIEU DE NAISSANCE ....25.3.24....................

SITUATION DE FAMILLE...... ~~Marié~~..... ~~Enfants~~..... Célibataire .

ADRESSE ....14 rue Washington 8e..........................

DATE ET LIEU D'ARRESTATION 22.11.43 – St Jean de Luz.......

MOTIFS D'ARRESTATION .Tentative de rejoindre les F.F.L.......

DATE DE CONDAMNATION ..../...........................

CONDAMNE PAR ..../...............................

PEINE ENCOURUE ..../.................................

PRISONS EN FRANCE ..Fort du Hâ (Bordeaux)..................

DEPORTE DE ..~~27 juin 43~~.....Compiègne.....................

DATE DE DEPORTATION ...27 juin 43.........................

CAMPS EN ALLEMAGNE (Kommandos) Buchenwald, Ravensbrück, Dora, Belsen

N° MATRICULE ......14.234 – 6707 – 28.190 – 217...........

TEMOINS DE MORALITE AU CAMP ...Trachet – Fafon – Dr Frejafon –
Mulin – Grüber ....

DEUX PHOTOS D'IDENTITE.

COTISATION ANNUELLE .... FRS.

Antrag von Michel Fliecx aus dem Jahr 1946 oder 1947 auf Mitgliedschaft in einem Überlebendenverband innerhalb der Fédération Nationale des Déportés et Internés Résistants et Patriotes (FNDIRP). Das Foto war dem Antrag beigefügt. Fotos: Gedenkstätte Bergen-Belsen/ Stiftung niedersächsische Gedenkstätten

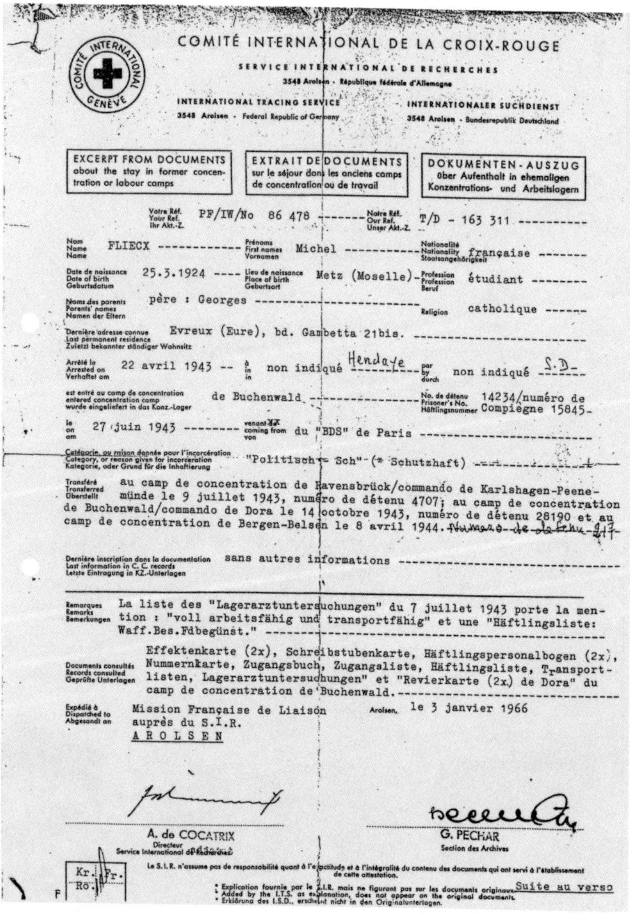
COMITÉ INTERNATIONAL DE LA CROIX-ROUGE

SERVICE INTERNATIONAL DE RECHERCHES

3548 Arolsen · République fédérale d'Allemagne

INTERNATIONAL TRACING SERVICE
3548 Arolsen · Federal Republic of Germany

INTERNATIONALER SUCHDIENST
3548 Arolsen · Bundesrepublik Deutschland

EXCERPT FROM DOCUMENTS about the stay in former concentration or labour camps

EXTRAIT DE DOCUMENTS sur le séjour dans les anciens camps de concentration ou de travail

DOKUMENTEN-AUSZUG über Aufenthalt in ehemaligen Konzentrations- und Arbeitslagern

Votre Réf. / Your Ref. / Ihr Akt.-Z.: PF/IW/No 86 478 — Notre Réf. / Our Ref. / Unser Akt.-Z.: T/D - 163 311

Nom / Name / Name: FLIECX — Prénoms / First names / Vornamen: Michel — Nationalité / Nationality / Staatsangehörigkeit: française

Date de naissance / Date of birth / Geburtsdatum: 25.3.1924 — Lieu de naissance / Place of birth / Geburtsort: Metz (Moselle) — Profession / Profession / Beruf: étudiant

Noms des parents / Parents' names / Namen der Eltern: père : Georges — Religion: catholique

Dernière adresse connue / Last permanent residence / Zuletzt bekannter ständiger Wohnsitz: Evreux (Eure), bd. Gambetta 21bis.

Arrêté le / Arrested on / Verhaftet am: 22 avril 1943 — à / in / in: non indiqué Hendaye — par / by / durch: non indiqué S.D.

est entré au camp de concentration / entered concentration camp / wurde eingeliefert in das Konz.-Lager: de Buchenwald — No. de détenu / Prisoner's No. / Häftlingsnummer: 14234/numéro de Compiègne 15845

le / on / am: 27 juin 1943 — venant de / coming from / von: du "BDS" de Paris

Catégorie, ou raison donnée pour l'incarcération / Category, or reason given for incarceration / Kategorie, oder Grund für die Inhaftierung: "Politisch - Sch" (* Schutzhaft)

Transféré / Transferred / Überstellt: au camp de concentration de Ravensbrück/commando de Karlshagen-Peenemünde le 9 juillet 1943, numéro de détenu 4707; au camp de concentration de Buchenwald/commando de Dora le 14 octobre 1943, numéro de détenu 28190 et au camp de concentration de Bergen-Belsen le 8 avril 1944. ~~Numero de detenu 917~~

Dernière inscription dans la documentation / Last information in C. C. records / Letzte Eintragung in KZ.-Unterlagen: sans autres informations

Remarques / Remarks / Bemerkungen: La liste des "Lagerarztuntersuchungen" du 7 juillet 1943 porte la mention : "voll arbeitsfähig und transportfähig" et une "Häftlingsliste: Waff.Bes.Fdbegünst."

Documents consultés / Records consulted / Geprüfte Unterlagen: Effektenkarte (2x), Schreibstubenkarte, Häftlingspersonalbogen (2x), Nummernkarte, Zugangsbuch, Zugangsliste, Häftlingsliste, Transportlisten, Lagerarztuntersuchungen" et "Revierkarte (2x) de Dora" du camp de concentration de Buchenwald.

Expédié à / Dispatched to / Abgesandt an: Mission Française de Liaison auprès du S.I.R. AROLSEN — Arolsen, le 3 janvier 1966

A. de COCATRIX
Directeur
Service International de Recherches

G. PECHAR
Section des Archives

Le S.I.R. n'assume pas de responsabilité quant à l'exactitude et à l'intégralité du contenu des documents qui ont servi à l'établissement de cette attestation.

Kr. | Fr. | Rö.

* Explication fournie par le S.I.R. mais ne figurant pas sur les documents originaux.
* Added by the I.T.S. as explanation, does not appear on the original documents.
* Erklärung des I.S.D., erscheint nicht in den Originalunterlagen.

Suite au verso

Auskunftsblatt des ITS vom 3. Januar 1966
zu Michel Fliecx. Quelle: privat

De plus, nous avons trouvé le renseignement suivant :

FLIEC Michel, né le 25.3.1924 à Metz, domicile :Evreux, se trouvait le 19 avril 1945 au camp de Bergen-Belsen.

<u>Document consulté :</u>
"LISTE AYANT TRAIT AUX DEPORTES FRANÇAIS DU CAMP DE BELSEN".----------------------

MISSION FRANÇAISE DE LIAISON

6. Jan. 1966

10P122

Erläuterungen zu Mittelbau-Dora

Michel Fliecx gehörte zu den 600 KZ-Häftlingen, die die SS in zwei Transporten im Juni und Juli 1943 aus dem KZ Buchenwald zur Zwangsarbeit nach Peenemünde auf die Insel Usedom verschleppte.[1] Seit 1936 entwickelten hier deutsche Ingenieure unter der Leitung von Wernher von Braun im Auftrag des Heereswaffenamtes die Fernrakete A4. Propagandaminister Goebbels versprach seit 1943 den Einsatz der sogenannten Vergeltungswaffe 2 (V2), welche die Wende in dem für Deutschland bereits verlorenen Krieg bringen sollte. Die Serienfertigung der Rakete war im Sommer 1943 im Versuchsserienwerk der Heeresanstalt Peenemünde und anderen Produktionsstandorten angelaufen.[2] Bereits im Vorfeld hatten die Rüstungsmanager im Heereswaffenamt und die Raketeningenieure beschlossen, KZ-Häftlinge als Zwangsarbeiter einzusetzen, um so den empfindlichen Arbeitskräftemangel in der Raketenproduktion auszugleichen. Zudem schien die Geheimhaltung durch den Einsatz

1 Zum Außenlager des KZ Ravensbrück in Peenemünde: Angelika Meyer, Karlshagen II (Juni 1943 bis Oktober 1943), in: Wolfgang Benz, Barbara Distel, Der Ort des Terrors. Geschichte der nationalsozialistischen Konzentrationslager, Bd. 4, München 2006, S. 562ff; Bernhard Strebel, Das KZ Ravensbrück. Geschichte eines Lagerkomplexes, Paderborn/München/Zürich 2003, S. 433 und 456.

2 Zur Geschichte der Heeresanstalt Peenemünde und der Entwicklung der Raketentechnik vgl. Michael Neufeld, Die Rakete und das Reich. Peenemünde und der Beginn des Raketenzeitalters, Berlin 1997; Ders., Wernher von Braun. Visionär des Weltraums, Ingenieur des Krieges, München 2009; Johannes Erichsen, Bernhard M. Hoppe (Hg.), Peenemünde. Mythos und Geschichte der Rakete 1923-1989, Katalog des Museums Peenemünde, Berlin 2004; Volkhard Bode, Gerhard Kaiser, Raketenspuren. Peenemünde 1936-2000, Berlin 2001.

von KZ-Zwangsarbeitern besser gewährleistet zu sein, denn eine Entlassung der Häftlinge war nicht geplant.[3] Am 17. Juni 1943 wurde in Peenemünde ein Außenlager des KZ Ravensbrück gegründet, in dem überwiegend aus der Sowjetunion und Frankreich stammende männliche Häftlinge untergebracht waren.

Zwei Monate später, in der Nacht vom 17. auf den 18. August, zerstörte ein Luftangriff der Royal Air Force einen Teil der Produktions- und Versuchsanlagen in Peenemünde. Kurz darauf ordnete Adolf Hitler nach einer Besprechung mit SS-Chef Heinrich Himmler und Rüstungsministier Albert Speer die Verlagerung der Raketenproduktion in unterirdische Anlagen an. Gleichzeitig einigte man sich darauf, dass sowohl bei den erforderlichen Baumaßnahmen als auch bei der Produktion der Waffe KZ-Häftlinge eingesetzt werden sollten. Auch ein Standort zur Verlagerung der A4-Raketenproduktion war schnell gefunden: Eine bereits vorhandene unterirdische Anlage im Kohnstein bei Nordhausen, die 1936 als unterirdisches Treibstofflager der Wehrmacht angelegt worden war und über einen Reichsbahnanschluss verfügte, schien für das Vorhaben bestens geeignet zu sein.[4] In zwei Hauptstollen, die

3 Jens-Christian Wagner, Zwangsarbeit in Peenemünde (1939-1945): Praxis und Erinnerung, in: Zeitgeschichte regional. Mitteilungen aus Mecklenburg-Vorpommern (2000), S. 15-21, hier S. 19f.

4 Zur Geschichte des KZ Mittelbau-Dora: Jens-Christian Wagner, Produktion des Todes. Das KZ Mittelbau-Dora, Göttingen 2001; Ders. (Hg.), Konzentrationslager Mittelbau-Dora 1943-1945. Begleitband zur ständigen Ausstellung in der KZ-Gedenkstätte Mittelbau-Dora, Göttingen 2007; André Sellier, Zwangsarbeit im Raketentunnel. Die Geschichte des Lagers Dora, Lüneburg 2000; Manfred Bornemann, Geheimprojekt Mittelbau. Vom zentralen Öllager des Deutschen Reiches zur größten Raketenfabrik im Zweiten Weltkrieg, Bonn 1994.

durch 46 Querkammern miteinander verbunden waren, stand eine Produktionsfläche von etwa 100.000 Quadratmetern zur Verfügung. Als die ersten Häftlinge aus dem KZ Buchenwald am 28. August 1943 am Kohnstein eintrafen, war die Untertageanlage weitgehend fertiggestellt. Ein Umbau des Treibstofflagers in eine Raketenfabrik erforderte jedoch umfangreiche Arbeiten. Einige Querkammern mussten vertieft werden, und in einem der beiden Hauptstollen musste noch ein 200 Meter langes Teilstück ausgebrochen werden. Zudem wurden die Häftlinge zu umfangreichen Planierungs-, Betonierungs- und Gleisbauarbeiten im Inneren der Stollenanlage herangezogen. Nach Abschluss der Ausbauarbeiten mussten Maschinen und schweres Gerät in die Anlage hineingeschafft und installiert werden. Vor der Stollenanlage waren Zufahrtsstraßen und Unterkünfte für die Wachmannschaften zu bauen.[5]

Die Häftlinge des neu gegründeten Lagers Dora, das zunächst dem etwa 90 Kilometer entfernten KZ Buchenwald unterstellt war, waren zunächst in provisorischen Zeltunterkünften vor dem Eingang zur Stollenanlage untergebracht. Fast täglich kamen Hunderte KZ-Zwangsarbeiter aus Buchenwald nach Dora. Mitte Oktober 1943 trafen zwei Transporte mit rund 650 Häftlingen aus Peenemünde ein, unter ihnen Michel Fliecx.[6] Angesichts der rasant steigenden Häftlingszahlen verlegte die SS die Gefangenen in die Stollenanlage, wo nach und nach vier »Schlafstollen« eingerichtet wurden. Ende 1943 vegetierten bis zu 10.000 Menschen in

5 Wagner, Produktion, S. 184ff.
6 Transportliste vom 14. Oktober 1943, National Archives Washington, Mikrofilm 34, Frame 0030540.

dem unterirdischen Konzentrationslager unter unvorstellbaren Lebens- und Arbeitsbedingungen. Bis einschließlich März 1944 starben SS-Unterlagen zufolge rund 3000 Häftlinge.[7]

Aus Zeugenaussagen und Erinnerungsberichten ist bereits vieles über die »Hölle von Dora« bekannt, wie Überlebende die harte Zeit des Stollenausbaus bezeichneten. An erster Stelle ist hier der von dem tschechischen Überlebenden Jiří Beneš bereits 1945 publizierte Bericht *»V Německém Zajetí«* (In deutscher Gefangenschaft) zu nennen.[8] Zeugenaussagen geben Auskunft über die katastrophalen Arbeitsbedingungen, die Unterbringung in den Stollen und die desolaten sanitären Bedingungen.[9]

Michel Fliecx schildert in seinem Bericht schonungslos und sehr eindrücklich den Kampf auf Leben und Tod, den die Häftlinge jeden Tag aufs Neue auszufechten hatten. Der Autor verharrt nicht in der deskriptiven Darstellung der Lebensumstände in der Anfangsphase des Lagers Dora, sondern reflektiert die Verhaltensweisen seiner Mitgefangenen wie auch seine eigenen. Er vermittelt so einen (subjektiv geprägten) Eindruck von den herrschenden Gesetzen innerhalb der Häftlingsgesellschaft, die vor allem vom Überlebenskampf des Einzelnen geprägt waren.[10] Darin liegt der besondere Wert dieses Erinnerungsberichtes.

7 Wagner, Produktion, S. 187 und 189.

8 Jiří Beneš, *V Německém Zajetí*, Prag 1946 (2. Ausgabe). Deutsche, unveröffentlichte Übersetzung von Otakar Litomiský 1992, KZ-Gedenkstätte Mittelbau-Dora, P1, Bd. 62.

9 Vgl. exemplarisch: Aussage des Überlebenden Cecil Francis Jay im Dachauer Dora-Prozess, 7. August 1947, National Archives Washington, Mikrofilm 1079, Rolle 6, Frame 13ff.

10 Zum Kampf der Dora-Häftlinge um Nahrung und andere lebenswichtige Güter vgl. Wagner, Produktion, S. 457f.

Den eigenen Tod stets vor Augen, musste die Mehrheit der Gefangenen alle zivilisatorischen Werte über Bord werfen, um das eigene Überleben zu sichern. Verrat an Freunden, das Bestehlen von Leidensgenossen, die Schändung von Leichen – Handlungen, die im »normalen«, zivilen Leben als unverzeihlicher Tabubruch gelten – stellten im Inferno der Ausbauphase vielfach die einzige Möglichkeit dar, dem Hunger- und Entkräftungstod zu entgehen. Die gezielte Unterversorgung mit Nahrung, Trinkwasser und Kleidung durch die SS hatte zur Folge, dass die verbleibende Energie vor allem auf den Erhalt des eigenen Lebens gerichtet war und weniger auf die Bekämpfung der Peiniger. Demzufolge schien das dem System der SS zugrunde liegende Kalkül aufzugehen. Michel Fliecx macht andererseits deutlich, dass nur derjenige, der die Lagerordnung der SS systematisch zu unterlaufen versuchte, eine Chance zum Überleben hatte. Hierzu gehörte vor allem und an erster Stelle, schwerer körperlicher Arbeit aus dem Weg zu gehen, langsam zu arbeiten und jede Gelegenheit zum Ausruhen zu nutzen. Angesichts der Hungerrationen und der körperlichen Schwerstarbeit war es für jeden Häftling lebenswichtig, Körperkraft zu sparen. Der Autor beschreibt sehr eindringlich seine stetigen Bemühungen, der harten Zwangsarbeit zu entgehen. Einfallsreichtum und Mut – bei mangelndem Arbeitseifer drohten drakonische Prügelstrafen – waren nötig, um die so dringend benötigten Ruhepausen zu erlangen.

Desorganisation und Massensterben prägten die Phase des Stollenausbaus. Die Bauarbeiten unter Tage mussten zumeist ohne technische Hilfsmittel mit reiner Körperkraft und primitiver Ausrüstung verrichtet werden. Da jedoch das Hauptlager Buchenwald immer wieder neue KZ-Zwangsarbeiter zur Verfügung stellte, sah sich die SS nicht dazu veranlasst, die Arbeits- und Lebensbedingungen zu verbessern und so die hohe Sterblichkeitsrate zu senken. Das änderte sich, als Anfang 1944 die Raketenmontage in der unterirdischen Fabrik aufgenommen wurde. Die für das Raketenprogramm verantwortlichen Manager und die SS hatten nun ein Interesse daran, die Arbeitskraft der Häftlinge, die qualifizierte Arbeit in der Produktion zu leisten hatten, zumindest annähernd zu erhalten. Dies setzte voraus, dass die KZ-Zwangsarbeiter nicht mehr in den unterirdischen Schlafstollen untergebracht waren. Bereits im Dezember 1943 wurde daher mit der Errichtung eines oberirdischen Barackenlagers begonnen. Seit Anfang 1944 verlegte die SS die Häftlinge nach und nach aus den unterirdischen Unterkünften in das im Bau befindliche Barackenlager. Die letzten Häftlinge konnten die unterirdischen Unterkünfte erst im Juni 1944 verlassen – falls sie bis dahin überlebt hatten.

Zeitgleich zum Aufbau des oberirdischen Lagers erfolgten mehrere Selektionen, im Zuge derer die SS insgesamt 3000 schwerkranke, als »arbeitsunfähig« ausgemusterte Häftlinge abschieben ließ. Den Anfang machte ein Transport am 6./7. Januar 1944 mit 1000 Männern in das KZ Lublin-Majdanek, dem einen Monat später ein zweiter Transport mit weiteren 1000 Häftlingen mit demselben Ziel folgte.[11] Etliche Gefangene starben bereits während der Fahrt. Die Überlebenden ließ die SS von Lublin nach Auschwitz überstellen. Die über-

11 Transportlisten vom 6./7. Januar 1944 und vom 6. Februar 1944, Hauptkommission Warschau, Mikrofilm syg. 10.

wiegende Mehrheit der Dora-Häftlinge, die im Frühjahr 1944 nach Lublin abgeschoben wurden, dürfte die KZ-Haft nicht überlebt haben.[12] Am 8. April 1944 erreichte ein letzter Selektionstransport mit 1000 völlig geschwächten Menschen aus dem Lager Dora das »Genesungslager« Bergen-Belsen. Unter ihnen befand sich auch der an Ruhr erkrankte Michel Fliecx. Rund 100 seiner Mithäftlinge, die mit demselben Transport in Bergen-Belsen eingetroffen waren, ließ die SS Ende Juli 1944 zurück in das KZ Buchenwald bringen.[13]

Durch das massenhafte Abschieben von todkranken Häftlingen im Frühjahr 1944 sank die Sterberate im Lager Dora vorübergehend. Die Arbeits- und Lebensbedingungen der Häftlinge, die nun in der unterirdischen Raketenproduktion arbeiten mussten, verbesserten sich im Vergleich zur Phase des Stollenausbaus. Nichtsdestotrotz blieb auch in der Rüstungsproduktion die KZ-Zwangsarbeit für viele letztlich todbringend. Die Arbeitsleistung der geschwächten Gefangenen blieb weit hinter den Erwartungen der Rüstungsmanager zurück. Der geplante Produktionsumfang wurde nie erreicht.

12 Eine Ausnahme bildete der Franzose André Rogerie, der ein Jahr später, im Februar 1945, mit einem Räumungstransport aus Auschwitz über das KZ Groß-Rosen zurück nach Dora verschleppt wurde. André Rogerie, *Vivre c'est Vaincre*, Hérault Editions 1992. Rogerie verfasste seinen Erinnerungsbericht bereits im Jahr 1945. Außerdem: Transportliste vom 6. Februar 1944, Hauptkommission Warschau, Mikrofilm syg. 10, sowie Haftnummernliste des Internationalen Suchdienstes, undatierte Nachkriegsaufstellung, ITS Arolsen, KL Mittelbau-Dora, Ordner 47, Bl. 56. Dieser Liste ist zu entnehmen, dass André Rogerie in der Zeit vom 13. bis 17. Februar 1945 aus dem KZ Groß-Rosen in das KZ Mittelbau eingeliefert wurde. Zum Transport nach Lublin vgl. auch: Wagner, Produktion, S. 492.

13 Datenbank Gedenkbuch Bergen-Belsen, ergänzt und zur Verfügung gestellt von Bernhard Strebel (Hannover), 2002.

Dennoch galt die unterirdische Raketenfabrik im Kohnstein als Vorzeigeprojekt der SS, und schon bald fiel die Entscheidung für weitere Untertageverlagerungen, die in erster Linie der Luftrüstung zugute kommen sollten. In der Folge entstand im Harz ein ausgedehnter Lagerkomplex, der im Oktober 1944 zum selbstständigen KZ Mittelbau zusammengefasst wurde und bei Kriegsende rund 40 Außenlager umfasste. Die Mehrheit der Häftlinge musste kräftezehrende Bauarbeiten auf nahe gelegenen Baustellen verrichten. Obwohl sie nicht in den entstehenden Stollenanlagen untergebracht waren, litten sie unter ähnlich mörderischen Arbeits- und Lebensbedingungen wie Michel Fliecx in der »Hölle von Dora«.

Dr. Regine Heubaum
KZ-Gedenkstätte Mittelbau-Dora

Erläuterungen zu Bergen-Belsen

Das Konzentrationslager Bergen-Belsen war die letzte Station auf dem Weg des politischen Häftlings Michel Fliecx durch mehrere nationalsozialistische Lager. Mit dem Namen Bergen-Belsen verbanden die seit Frühjahr 1944 aus anderen Konzentrationslagern hierher deportierten Häftlinge keine näheren Kenntnisse über seine Funktion im NS-Lagersystem oder über die Lebensbedingungen. So konnten Michel Fliecx und seine Mithäftlinge, die am 27. März 1944 in Bergen-Belsen eintrafen, nicht wissen, dass mit ihrem Transport ein neues Kapitel in der Geschichte dieses Konzentrationslagers begann.

Entstanden war das Konzentrationslager Bergen-Belsen im Frühjahr 1943 im Rahmen einer geplanten Intensivierung des Austausches von Juden aus dem deutschen Machtbereich gegen im Ausland internierte Deutsche. In einem Teil des seit 1940 bestehenden Kriegsgefangenenlagers von der SS eingerichtet, wurde Bergen-Belsen zunächst offiziell nicht als »Konzentrationslager«, sondern als »Aufenthaltslager« bezeichnet. Bestimmte Gruppen jüdischer Häftlinge, die als wertvolle Geiseln galten, wurden in dieses »Aufenthaltslager« gebracht, um ausgetauscht zu werden, darunter großenteils Familien mit Kindern. Die Lebensbedingungen waren zunächst besser als in anderen Konzentrationslagern: Die hier als Geiseln festgehaltenen jüdischen Häftlinge mussten am Leben bleiben, um später ausgetauscht werden zu können.

Zu diesen besseren Lebensbedingungen gehörte auch, dass die Häftlinge in ihrem Gepäck persönliche Gegenstände ins Lager bringen konnten. Daher besaßen einige beispielsweise Bücher, Papier, Stifte oder auch religiöse Texte, die über einen längeren Zeitraum ein heimliches kulturelles und religiöses Leben im »Aufenthaltslager« ermöglichten. Insgesamt 27 Häftlingstagebücher sind aus diesem Lagerteil überliefert, die mit Abstand größte Zahl solcher Aufzeichnungen aus einem nationalsozialistischen Konzentrationslager.

Trotz seiner spezifischen Funktion hatte das »Aufenthaltslager« Bergen-Belsen nicht nur von Beginn an die Gestalt und Organisation eines Konzentrationslagers, sondern unterstand auch dem Kommando der SS und war in das System der nationalsozialistischen Konzentrationslager eingegliedert. Dies erleichterte es, vom Frühjahr 1944 an die Funktionen von Bergen-Belsen zu erweitern, zumal das Programm für den Austausch von Zivilpersonen ins Stocken geraten war. Der erste Schritt in diesem Prozess war die Einrichtung eines neuen Teillagers. In das »Häftlingslager« wurden kranke, nicht mehr arbeitsfähige männliche Häftlinge aus anderen Konzentrationslagern abgeschoben. Der erste Transport in das neue Teillager umfasste 1.000 Häftlinge aus dem KZ Mittelbau-Dora. Er kam am 27. März 1944 in Bergen-Belsen an. Mit diesem Transport erreichte Michel Fliecx das Konzentrationslager Bergen-Belsen.

Die SS hatte für dieses Teillager den zynischen Begriff »Genesungslager« eingeführt. Die kranken Häftlinge, so die Theorie, sollten sich hier erholen, um später erneut in der KZ-Zwangsarbeit eingesetzt werden zu können. Tatsächlich jedoch gab es hier, wie auch aus dem Bericht von Michel Fliecx deutlich abzulesen, keinerlei ernst zu nehmende medizinische Betreuung. Das »Häftlingslager« wurde von Beginn an als typisches Konzentrationslager betrieben und unterschied sich radikal von der Situation im benachbarten »Aufenthaltslager«: Bei völlig unzureichender Ernährung und katastrophalen hygienischen Verhältnissen waren die Häftlinge hier einem sadistischen Regime von SS und Kapos ausgeliefert. Die Sterblichkeit im »Häftlingslager« war deshalb erschreckend hoch. Schon vier Wochen nach der Ankunft in Bergen-Belsen waren mehr als die Hälfte der Häftlinge des Transportes aus Mittelbau-Dora gestorben.

Nur in geringem Umfang führte die SS im »Häftlingslager« Selektionen durch, angeblich, um wieder genesene Häftlinge zur Zwangsarbeit zurückzutransportieren. Im Laufe des Jahres 1944 wurden insgesamt nur etwa 400 Männer aus dem »Häftlingslager« in andere Konzentrationslager zum Arbeitseinsatz zurückgebracht. Ein Transport mit rund 200 Männern, der etwa zur Hälfte aus Häftlingen des Transportes aus Mittelbau-Dora von Ende März bestand, verließ Bergen-Belsen Ende Juli 1944 nach Buchenwald.

Bis kurz vor der Befreiung riss der Strom kranker Häftlinge, die in das Lager eingewiesen wurden, nicht ab, und das Lager wurde schrittweise vergrößert. Gleichzeitig verschlechterten sich die Lebensbedingungen auch in den anderen Teillagern zusehends, vor allem seit Bergen-Belsen ab Ende 1944 zu einem der Hauptzielorte für die Räumungstransporte aus den aufgelösten frontnahen Konzentrationslagern wurde, obwohl es für die Aufnahme mehrerer zehntausend Häftlinge in keiner Weise geeignet war.

Noch kurz vor der Befreiung gelang es der SS, nahezu die gesamte Lagerregistratur einschließlich der Häftlings-Personalkartei zu vernichten. Daher lässt sich weder eine genaue Gesamtzahl der in das »Häftlingslager« Deportierten angeben, noch eine exakte Zahl der Todesopfer in diesem Teillager nennen. Es wird geschätzt, dass mindestens 43.000 Männer in das »Häftlingslager« gebracht wurden; die Sterberate lag hier insgesamt bei über 50 Prozent.

Die Quellenverluste werden nur zum Teil durch Selbstzeugnisse von Häftlingen bzw. Überlebenden des »Häftlingslagers« kompensiert. Während aus dem »Aufenthaltslager« neben den Tagebüchern, anderen dokumentarischen Aufzeichnungen und Kopien von Transport- bzw. Häftlingslisten auch zahlreiche Gedichte und Häftlingszeichnungen überliefert sind, fehlt es an solchen Quellen aus dem »Häftlingslager« völlig. Auch ist die Zahl der Erinnerungsberichte nicht zuletzt aufgrund der hohen Todesrate im »Häftlingslager« weitaus geringer als im Fall des »Aufenthaltslagers«.

Umso mehr ragt der Bericht von Michel Fliecx in seiner Bedeutung als historische Quelle zu diesem Teillager heraus. Seine Funktionsposten, die er schließlich im KZ Bergen-Belsen einnahm und die ihm Informationen zugänglich machten, die den meisten anderen Häftlingen verborgen blieben, vor allem aber die zeitliche Nähe zu dem Erlebten machen seinen erstmals 1947 veröffentlichten Erinnerungsbericht zu einem ganz außerordentlich detailreichen, konkreten und unsentimentalen Zeugnis.

Die komplexen Strukturen des gesamten Lagers konnte jedoch selbst Fliecx nicht hinreichend erfassen. So zeigt sein Bericht etwa, dass ihm die Funktion des KZ Bergen-Belsen für den Austausch jüdischer Häftlinge nicht bekannt war. Seine Beobachtungen zu den von ihm als »rassisch Verfolgte« bezeichneten Juden im »Aufenthaltslager« sind eher bruchstückhaft und von Gerüchten inspiriert, wenn er etwa irrtümlich schreibt, die Juden in diesem Lagerteil müssten nur zweimal in der Woche zum Appell antreten und könnten selbst darüber entscheiden, ob sie sich nicht doch lieber in einer der Baracken zählen ließen. Eben dies macht aber auch die Authentizität dieses sehr frühen Erinnerungsberichts aus, da Fliecx keine Vermischung eigener Erinnerung und späterer Informationen aus anderen Quellen vornimmt. Michel Fliecx ist in Bezug auf Bergen-Belsen vor allem ein Chronist der Ereignisse und Zustände im »Häftlingslager« sowie ein genauer Beobachter des Verhaltensspektrums nicht nur seiner Mithäftlinge. Es ist bemerkenswert, wie differenziert auch seine Wahrnehmung der Kapos und der SS-Männer ausfällt.

Die für ihn wichtigste Bezugsgruppe waren seine Landsleute, zumeist wie er politische Häftlinge. Sie verband der gemeinsame Kampf in der Résistance, aber mehr noch die gemeinsame Sprache und die gemeinsame Heimat. In dem Transport, mit dem Michel Fliecx im März 1944 nach Bergen-Belsen kam, bildeten die Franzosen mit rund 30 Prozent die zweitstärkste nationale Gruppe. Auch mit späteren Transporten gelangten immer wieder Franzosen in das »Häftlingslager«. Angesichts der schwierigen Quellenlage lässt sich jedoch keine valide Aussage zu ihrer Gesamtzahl machen. Namentlich bekannt sind bislang rund 2.000 im »Häftlingslager« inhaftierte Franzosen.

Bemerkenswert ist in diesem Zusammenhang jedoch, dass die frühen, schon Ende der 1940er Jahre erschienenen Erinnerungsberichte zum »Häftlingslager« fast alle von französischen Überlebenden veröffentlicht wurden. Neben dem Bericht von Michel Fliecx sind dabei die 1947 veröffentlichten Berichte von Aimé Blanc[1] und G.-L. Fréjafon[2] zu nennen. Ein wesentlicher Grund dafür dürfte die kollektive Identifikation mit der Résistance im Nachkriegsfrankreich sein, die für die Entstehung, Publikation und Resonanz solcher Zeugnisse in besonderer Weise förderlich war.

Anders als im »Aufenthaltslager« war die Häftlingsgesellschaft im »Häftlingslager« Bergen-Belsen nicht von einer gezielten Auswahl durch die SS geprägt, sondern vom Zufall. Weder die Nationalität noch die Zugehörigkeit zu einer der Häftlingsgruppen waren das Kriterium für den Transport hierher, sondern allein der Gesundheitszustand des jeweiligen Häftlings, seine mangelnde Brauchbarkeit für die Zwangsarbeit. So gelangten mit diesen Transporten Häftlingsgruppen in das KZ Bergen-Belsen, die es bisher hier nicht gegeben hatte: »Asoziale« und »Kriminelle«, Sinti und Roma, Homosexuelle, vor allem aber politische Häftlinge. Anders als in Lagern wie Buchenwald oder Sachsenhausen kam es in Bergen-Belsen aber nicht zur Ausbildung einer »Führungsschicht« durch politische Häftlinge, die hier einen organisierten Widerstand hätten aufbauen können. Es waren die Häftlinge mit dem grünen Winkel der »Kriminellen«, die – von der SS protegiert – im »Häftlingslager« die Oberhand behielten und ihre Machtstellung zumeist brutal ausnutzten. Dies hing auch damit zusammen, dass

1 Aimé Blanc, Français, n'oubliez pas!, Thonon 1947, Neudruck 2004.
2 G.-L. Fréjafon, Bergen-Belsen Bagne Sanatorium, Paris 1947.

das »Häftlingslager« ein letztlich funktionsloses Teillager war, da für die »Gesundung« der hierher gebrachten kranken Häftlinge nahezu nichts getan wurde. Anders als die jüdischen Häftlinge im »Aufenthaltslager« hatten sie weder einen Nutzen für einen Austausch gegen Auslandsdeutsche oder eine Freilassung gegen Devisen, noch konnten sie für die Zwangsarbeit in der Rüstungsindustrie eingesetzt werden. Für die SS waren sie nutzlos geworden. Damit war ihr Schicksal besiegelt. Längst bevor das Konzentrationslager Bergen-Belsen seit Ende 1944 durch zahlreiche Räumungstransporte insgesamt zum Inferno wurde, war das »Häftlingslager« bereits zum Ort eines Massensterbens geworden und blieb bis zur Befreiung der Lagerteil mit der höchsten Todesrate.

Dr. Thomas Rahe
Gedenkstätte Bergen-Belsen